本书为国家社科基金重点项目《网络平台提供者侵权责任之立法研究》（18VHJ011）的阶段性研究成果

本书为国家社科基金一般项目《人工智能的国际法问题研究》（18BFX204）的阶段性研究成果

本书为上海市浦江人才计划项目《互联网平台提供商的法律责任研究》（16PJC082）的最终成果

上海政法学院
SHANGHAI UNIVERSITY OF POLITICAL SCIENCE AND LAW

数据视野下的互联网平台提供商法律规制研究

曹阳 著

中国政法大学出版社

2019·北京

声　明　　1. 版权所有，侵权必究。

　　　　　　2. 如有缺页、倒装问题，由出版社负责退换。

图书在版编目（ＣＩＰ）数据

数据视野下的互联网平台提供商法律规制研究/曹阳著. —北京：中国政法大学出版社，
2019.10
　ISBN 978-7-5620-9282-7

　Ⅰ.①数… Ⅱ.①曹… Ⅲ.①互联网服务提供商—企业法—研究—中国
Ⅳ.①D922.291.914

　中国版本图书馆 CIP 数据核字(2019)第 237734 号

出 版 者	中国政法大学出版社
地 址	北京市海淀区西土城路 25 号
邮寄地址	北京 100088 信箱 8034 分箱　邮编 100088
网 址	http://www.cuplpress.com（网络实名：中国政法大学出版社）
电 话	010-58908586(编辑部) 58908334(邮购部)
编辑邮箱	zhengfadch@126.com
承 印	固安华明印业有限公司
开 本	720mm×960mm　1/16
印 张	15.25
字 数	265 千字
版 次	2019 年 10 月第 1 版
印 次	2019 年 10 月第 1 次印刷
定 价	49.00 元

校庆筹备工作领导小组

组　长：夏小和　　刘晓红

副组长：潘牧天　　刘　刚　　关保英　　胡继灵　　姚建龙

成　员：高志刚　　韩同兰　　石其宝　　张　军　　郭玉生

　　　　欧阳美和　王晓宇　　周　毅　　赵运锋　　王明华

　　　　赵　俊　　叶　玮　　祝耀明　　蒋存耀

To Erika CHENG & Tony CAO

总 序 GENERAL PREFACE

　　35 年的峥嵘岁月，35 载的春华秋实，转眼间，上海政法学院已经走过 35 个年头。35 载年华，寒来暑往，风雨阳光。35 年征程，不忘初心，砥砺前行。35 年中，上海政法学院坚持"立足政法、服务上海、面向全国、放眼世界"，秉承"刻苦求实、开拓创新"的校训精神，走"以需育特、以特促强"的创新发展之路，努力培养德法兼修、全面发展，具有宽厚基础、实践能力、创新思维和全球视野的高素质复合型应用型人才，在中国特色社会主义法治建设征程中留下了浓墨重彩的一笔。

　　学校主动对接国家和社会发展重大需求，积极服务国家战略。2013 年 9 月 13 日，习近平主席在上海合作组织比什凯克峰会上宣布，中方将在上海政法学院设立"中国-上海合作组织国际司法交流合作培训基地"（以下简称"中国-上合基地"），愿意利用这一平台为其他成员国培养司法人才。此后，2014 年、2015 年和 2018 年，习近平主席又分别在上海合作组织杜尚别峰会、乌法峰会、青岛峰会上强调了中方要依托中国-上合基地，为成员国培训司法人才。2017 年，中国-上合基地被上海市人民政府列入《上海服务国家"一带一路"建设、发挥桥头堡作用行动方案》。五年来，学校充分发挥中国-上合基地的培训、智库和论坛三大功能，取得了一系列成果。

入选校庆系列丛书的 35 部作品印证了上海政法学院 35 周年的发展历程，也是中国-上合基地五周年的内涵提升。儒家经典《大学》开篇即倡导："大学之道，在明明德，在亲民，在止于至善。" 35 年的刻苦，在有良田美池桑竹之属的野马浜，学校历经上海法律高等专科学校、上海政法管理干部学院、上海大学法学院和上海政法学院等办学阶段。35 年的求实，上政人孜孜不倦地奋斗在中国法治建设的道路上，为推动中国的法治文明、政治进步、经济发展、文化繁荣与社会和谐而不懈努力。35 年的开拓，上海政法学院学科门类经历了从单一性向多元性发展的过程，形成了以法学为主干，多学科协调发展的学科体系，学科布局日臻合理，学科交叉日趋完善。35 年的创新，在我国社会主义法治建设进程中，上海政法学院学科建设与时俱进，为国家发展、社会进步、人民福祉献上累累硕果和片片赤诚之心！

所谓大学者，非谓有大楼之谓也，有大师之谓也。35 部作品，是上海政法学院学术实力的一次整体亮相，是对上海政法学院学术成就的一次重要盘点，是上政学者指点江山、激扬文字的历史见证，也是上海政法学院学科发展的厚重回声和历史积淀。上海政法学院教师展示学术风采、呈现学术思想，如一川清流、一缕阳光，为我国法治事业发展注入新时代的理想与精神。35 部校庆系列丛书，藏诸名山，传之其人，体现了上海政法学院教师学术思想的精粹、气魄和境界。

红日初升，其道大光。迎着佘山日出的朝阳，莘莘学子承载着上政的学术灵魂和创新精神，走向社会、扎根司法、面向政法、服务社会国家。在佘山脚下这座美丽的花园学府，他们一起看情人坡上夕阳抹上夜色，一起欣赏天鹅一家漫步在上合基地河畔，一起奋斗在落日余晖下的图书馆。这里记录着他们拼搏的青春，放飞着他们心中的梦想。

　　《大学》曰:"古之欲明明德于天下者,先治其国。"怀着修身、齐家、治国、平天下理想的上政师生,对国家和社会始终怀着强烈的责任心和使命感。他们积极践行,敢为人先,坚持奔走在法治实践第一线;他们秉持正义,传播法义,为社会进步摇旗呐喊。上政人有着同一份情怀,那就是校国情怀。无论岁月流逝,无论天南海北,他们情系母校,矢志不渝、和衷共济、奋力拼搏。"刻苦、求实、开拓、创新"的校训,既是办学理念的集中体现,也是学术精神的象征。

　　路漫漫其修远兮,吾将上下而求索。回顾 35 年的建校历程,我们有过成功,也经历过挫折;我们积累了宝贵的办学经验,也总结了深刻的教训。展望未来,学校在新的发展阶段,如何把握机会,实现新的跨越,将上海政法学院建设成一流的法学强校,是我们应当思考的问题,也是我们努力的方向。不断推进中国的法治建设,为国家的繁荣富强作出贡献,是上政人的光荣使命。我们有经世济民、福泽万邦的志向与情怀,未来我们依旧任重而道远。

　　天行健,君子以自强不息。著书立说,为往圣继绝学,推动学术传统的发展,是上政群英在学术发展上谱写的华丽篇章。

上海政法学院党委书记 夏小和 教授

上海政法学院校长 刘晓红 教授

2019 年 7 月 23 日

前言 PREFACE

互联网平台是现今数字经济的主要参与者。如何规制互联网平台的行为是互联网经济时代面临的主要课题。现行各国规制互联网平台责任的规则以传统的互联网服务提供商为核心构建。传统的以互联网服务提供商为基础的规则大多以限制互联网服务提供商的责任为基础。随着互联网经济的发展，以"责任限制"为基础的规则与互联网平台的发展现实相冲突。因而，突破现有规则扩张互联网平台责任就成为各国司法的选择。在前人工智能与大数据时期，这种恣意扩张互联网平台责任的做法既损害了法律的稳定性，也不利于平台商业模式的创新。

本书是国内第一部系统研究互联网平台规制的著作。本书从现有规制互联网平台提供商的制度出发，从民法、刑法、知识产权法、竞争法以及行政法等角度对现行规则及其实践进行了剖析，分析了现有规制与实践的问题，提出了相关改进建议。随着大数据与人工智能成为平台发展的最重要推动力，本书提出需要建立平台特别法来处理互联网平台的相关问题。本书仅仅对平台特别法提出了一些制度框架，未来还需要对平台特别法的具体制度做进一步深入的分析研究。

本书的相关成果曾发表于《东方法学》《WIPO-WTO Colloquium Papers: Research Papers from the WIPO-WTO Colloquium for Teachers of Intellectual Property Law 2017》等刊物。在此对各位编辑的厚爱与支持表示感谢。笔者于2017年代表中国受邀于日内瓦在 WTO 与 WIPO 共同主办的第 14 届全球知识产权教师研讨班上就相关主题发表了演讲并获得广泛好评，相关成果也发表于 WTO 与 WIPO 共同出版的刊物。在此对参加第 14 届全球知识产权教师研讨班的各国同仁的精彩评论表示感谢，对各位匿名审稿人的真知灼见表示谢意。

　　此外，没有浦江人才计划的支持，本项目不可能得以顺利完成。感谢浦江人才计划的各位评委与专家，感谢浦江人才计划提供的资金支持。

　　此外，没有国家社科基金重点项目《网络平台提供者侵权责任之立法研究》以及国家社科基金一般项目《人工智能的国际法问题研究》的资助，本书也不可能顺利出版。本书为《网络平台提供者侵权责任之立法研究》与《人工智能的国际法问题研究》的阶段性成果。

　　今年是上海政法学院建校35周年。本书非常有幸能纳入校庆文集予以出版支持。感谢上海政法学院各位同仁的支持与厚爱。

　　一如既往，在此需要感谢我的家人，感谢他们为我提供的安静书桌，使我可以做一些微不足道的思考与写作。

目 录 / CONTENTS

绪 论

　　互联网平台是现今互联网经济发展的关键支撑要素。合理界定互联网平台的法律责任对互联网经济的发展至关重要。现今司法实践对互联网平台的规制无视互联网平台的双边市场特征、忽视其中介性以及公开性与延展性等特征。其后果就是对互联网平台施以过重的责任，损害了互联网平台的发展与创新。本书提出互联网平台规制必须考虑平台的中介属性，平衡不同用户与平台的利益，关注平台的技术创新，保障平台的开放性与延展性，考虑技术与商业现实等。互联网平台经济的核心是数据的争夺与运用。谁掌握了数据的控制权，谁就掌握了平台的核心资源。因而，互联网平台规制的核心问题应是对数据流动的规制。数据的规制必须坚持数据效率与数据正义平衡原则。本书提出需要构建完整的针对互联网平台的民事、知识产权、竞争法、行政以及刑事责任。

　　在互联网平台的民事责任构建中，需要关注互联网平台的注意义务问题，需要区分民事侵权领域的注意义务与公法上的注意义务的区别。在具体的侵权行为认定中，需关注其是否在收集、加工与利用数据过程中具有违反法律直接规定、约定的以及私法上的其他注意义务的情形。在互联网平台的知识产权侵权责任的构建中，关注互联网平台的间接侵权的主观方面的认定，要求其对具体的知识产权侵权行为具有明确的认知。在具体的知识产权间接责任承担方面，关注互联网平台提供商的不作为责任。现阶段司法实践恣意扩张了互联网平台的不作为责任，损害了法律力图建立的平衡机制。

　　在互联网平台的反竞争法规制中，现行规则忽视了其双边市场特征，导致在互联网平台的市场力与反竞争效果认定上存在偏差。互联网平台的反竞争机制的构建需弱化对相关市场的认定，回归反垄断法的结构主义方式，重视市场结构变化对互联网平台市场力变化的影响。在反竞争效果认定上，重视平台自身开放性与延展性特征，对掠夺性定价、搭售以及拒绝交易等行为的反竞争效果需结合互联网平台的双边市场特征以及商业模式现状进行分析。对于互联网平台的横向合并而言，反垄断审查机构必须关注整合后公司对数据的垄断与滥用的可能。值得注意的是，互联网平台的数据整合不是"一加一等于二"的问题，互联网平台所存在的间接网络效应使得两家企业的数据整合会产生更强大的市场力。芝加哥学派理论认为，对杠杆和排斥效用的担忧存在误导。在"单一垄断利润定理"下，企业从一个市场获得的利润数量是固定的，如果两种产品按固定比例使用，则不能通过扩展到邻近市场来扩大利润。在此前提下，垄断杠杆不会造成任何竞争问题，因为其只能是效率驱动，而不是利润驱动。在互联网平台的纵向合并中存在着所谓的交叉杠杆效用问题。目前的反托拉斯方法没有充分考虑纵向一体化如何引起反竞争性利益冲突，也没有充分解决占支配地位的企业可以利用其在一个领域中的优势来推进另一个业务领域的方式。在垂直整合互联网平台的背景下，这种担忧加剧了，这些平台可以利用通过一个部门获得的数据产生的洞见来破坏另一个部门的竞争对手。解决这一缺陷的潜在方法包括仔细审查将使公司获得有价值数据并可能带来交叉杠杆使用的交易，对引起利益冲突的合并进行预防性禁止。

在互联网平台的行政法规制中，必须坚持以公共利益与公共秩序的维护为原则，严格区分互联网平台公法下的义务与私法下的义务。对于互联网平台而言，其对数据资源具有天然的渴望。这种渴望导致其在数据收集、处理与利用时会追求数据效益的最大化，忽视数据安全、隐私等。因而，互联网平台需要维护的公共利益与公共秩序主要是数据的安全、合法等。现阶段对互联网平台的行政规制主要采取一般法与特别法相结合的方式。规范互联网平台行政责任的一般法试图为平台构建一个合理的注意义务，而特别法如《食品安全法》与《广告法》等为互联网平台在某些领域建立了一些特殊义务。从相关规定以及监管实践来看，在对待互联网平台的行政责任时，我国相关的法律规定与实践存在着一定的非契合性。法律所要求的明显注意义务在实践中转化为普遍的监督义务。对互联网平台的行政监管主要涉及互联网平台收集、处理与利用数据等损害公共利益与公共秩序的行为。互联网平台的行政法义务包括审查义务、保护数据安全的义务、保护用户隐私的义务、算法正义的义务。现阶段对互联网平台所赋予的行政法义务存在着混淆公法义务与私法义务的趋势。公法义务必须是法律所明确规定的义务，是对公共利益的损害。私法义务是针对特定民事主体的义务，其以保护特定的个体利益为核心。将公法义务移植到私法领域扩张了私法领域互联网平台的侵权责任的承担，以保护公共利益的方式为私人利益提供了过于严格的保护。

在互联网平台的刑法规制中，刑法在互联网平台领域的介入必须慎重。现阶段我国在规制互联网平台的刑事责任时，存在着将互联网平台的不作为行为界定为作为行为的趋势，将本不构成犯罪或构成不作为犯罪的行为纳入作为犯罪领域进行规制。严格的刑事责任规则会给互联网平台提供商带来"寒透"的"寒蝉效应"。任何平台经营者都不希望自己因为经营平台上存在的犯罪行为而让自己承担牢狱之灾。其后果是互联网平台提供商将放弃具有某种风险的平台的开发与经营。互联网平台经济发展的核心要素是数据，数据资源是互联网平台争夺的核心资源。从互联网平台的作为犯罪来看，其主要表现为非法获取数据与利用数据的行为。非法获取数据的行为表现在非法收集用户数据、窃取他人数据等。非法利用数据的行为表现为非法出售数据、非法整合数据、非法传播数据、非法利用数据以获取利益以及利用非法的数据等。现行刑法规定了侵犯公民个人信息罪，对于其他类型的数据的非法获取、出售与提供行为并不受刑法规制。对于非法处理与整合数据的行为，现行刑法并无规制措施。此外，互联网平台的作为犯罪还包括对犯罪行为的教唆与帮助行为。对互联网平台用户提供一视同仁的普遍的技术支持与服务行为不构成这里的教唆、帮助行为。这里的教唆、帮助行为必须是互联网平台在明知第三人的行为构成犯罪时，仍然为其提供某种技术支持与服务工作。对于互联网平台知晓犯罪后仍提供技术支持与帮助行为的非法性在于其不履行处理犯罪信息的行为而不是提供技术支持与服务的行为。互联网平台这种行为的不法性显然不能与第三方犯罪主体从事的传播淫秽物品谋利罪等重罪的不法性相提并论。将两种不法性差异巨大的行为纳入共同犯罪并以重罪行为进行处理缺乏正当性。互联网平台的不作为犯罪主要涉及拒不履行信息网络安全管理义务罪。此罪主要涉及互联网平台拒绝履行信息安全管理的义务。对于互联网平台的不履行处理犯罪信息的行为，不能将之纳入共同犯罪的框架中，需要建立单独规则来处理互联网平台不履行处理犯罪信息的行为。基于互联网平台信息的公开性与传播的广泛性，刑法需要建立某种规则来处理互联网平台故意或怠于处理犯罪信息的行为。虽然在民事侵权领域，存在着将互联网平台拒不处理违法信息的行为纳入教唆、帮助行为的趋势，但由于侵权行为的判断与认定不存在所谓的层级性问题，即使将互联网平台的不作为侵权行为作为化处理其法律后果并无多大的差别。但是刑法作为一种最严厉的惩罚当事人的制裁措施，其适用必须审慎与严格。

随着大数据与人工智能技术的飞速发展，互联网经济呈现出与传统经济不同的样态，数据与算法成为平台经济的核心支撑。传统的以规制平台经营者为核心的制度模式已然成为损害互联网平台经济参与者利益的重要推力。在大数据与人工智能时代，规制互联网平台必须从数据与算法入手，以数据正义与算法正义为核心目标，强调从规制平台经营者到平台本身的转变。现行的以互联网服务提供商为基础构建的规则必须向以平台本身规制为基础的平台法转变。平台法强调平台自身的架构必须符合数据正义与算法，强调平台经营管理过程中必须关注数据正义与算法正义。

互联网平台规制的关键要素是数据

第一节 互联网平台是独特的双边市场

一、互联网平台的价值在于多边网络效应

何为平台？现今各方并未对此问题形成共识。[1]有人认为，平台是一种商业模式，该商业模式下平台的外部参与者与消费者能进行创造价值的互动与交流。[2]在海量价值得以创造与交换的互动生态系统中，平台利用技术将人、机构以及资源链接在一起。[3]平台的核心价值在于链接。链接是塑造今日以及可预见的未来数字经济的核心。能否识别、利用与管理链接关乎公司的成败。[4]从经济学角度看，平台被认为是一种双边或多边市场。[5]在此市场中，不同类型的用户因平台而聚合，平台为各方交易提供了便利。互联网平台是一种在线市场，在此市场中，多类型具有明显区别的用户（如卖方与买方）能在此进行货物、服务信息等的交换。在线用户包括买卖方、广告方、

---

〔1〕 Bertin Martens, "An Economic Policy Perspective on Online Platforms", *Prospective Technological Studies Digital Economy Working Paper*, 2016.

〔2〕 Geoffrey Parker, Marshall Alstyne, Sangeet Choudary, *Platform Revolution*, WW Norton, 2016, p. 5.

〔3〕 Geoffrey Parker, Marshall Alstyne, Sangeet Choudary, *Platform Revolution*, WW Norton, 2016, p. 3.

〔4〕 Anand, Bharat, *The Content Trap: A Strategist's Guide to Digital Change*, Random House, 2016, p. 92.

〔5〕 对于双边市场的详细阐述，请参见 Jean-Charles Rochet, Jean Tirole, "Platform Competition in Two-Sided Markets", *4 Journal of the European Economic Association 1*, 990~1209 (2003). David S, Evans, Richard Schmalensee, *Matchmakers: The New Economics of Multisided Platforms*, Harvard Business Review Press, pp. 8~37.

软件开发者以及社交媒体用户等。与传统平台不同的是，互联网平台是一种以软件为支撑的产品或服务，其提供了外部参与者能够建立互补产品或服务的基础。互联网平台是一个具有延展性的由软件支撑的系统。该系统提供了在其上运行的 APP 所需的核心功能并提供互操作的接口。[1]因而，互联网平台不是单边市场，也不是更复杂的供应链版本。

平台是基于促进外部生产者和消费者之间增值互动的业务。[2]在经济学中，平台被称为"双边"或"多边"市场，在此市场中，两种或更多类型的用户通过平台汇集在一起以便利交换或交易。在单边平台中，平台所有者不直接与两个可能需要彼此交互的用户进行交互；相反，它主要与一组用户相互交互。如果最终用户通过协商不承担实际负担分配（the actual allocation of the burden），市场就是单边的。[3]如果平台能够通过向市场一方收取更多费用并减少另一方支付价格而影响交易量，则市场就是"双边的"。换句话说，平台中的价格结构很重要，平台必须设计合理的价格结构以便双方都能参与进来。埃文斯和史马兰奇认为，"多边平台"应有两组或更多的消费群体，他们彼此需要但不能通过相互吸引带来价值，因而其需依靠某种催化剂促进它们的互动。[4]马克·莱斯曼认为，当中介所服务的代理人之间存在某种相互依赖性或外部性时，此时的市场就是多边市场。[5]平台无疑可以从不同的角度定义，如价格结构、源于平台的交易补救以及间接网络外部性等。尽管不同定义之间存在一些差异，但几乎所有学者都认为多边平台市场具有以下要素：

互联网平台并不具有统一的商业模式，不同的商业平台具有不同的商业模式。互联网平台经济与传统的商业模式迥异，将之纳入现有归责体系可能会存在非适应性。监管者因而不仅需要对平台自身有较好的了解，而且需关

〔1〕 Amrit Tiwana, *Platform Ecosystems*: *Aligning Architecture*, *Governance*, *and Strategy*, Morgan Kaufmann, 2013, p. 5.

〔2〕 Geoffrey Parker, Marshall Alstyne, Sangeet Choudary, *Platform Revolution*, WW Norton, 2016, p. 5.

〔3〕 Rochet, Tirole, "Two-Sided Markets: A Progress Report", 37 Rand J. Econ., No. 3, 645, 648 (2006).

〔4〕 David S, Evans, Schmalensee, "The Antitrust Analysis of Multi-Sided Platform Businesses", *Nat'l Bureau of Econ. Research*, 2012.

〔5〕 Marc Rysman, "The Economics of Two-Sided Markets", 23 J. Econ. Perspectives, No. 3, 125~143 (2009).

注平台在市场中的作用，包括其创造的价值来源、其与顾客与竞争者之间的关系，以及其可替代性等。[1]

平台的价值在于其间接网络效应。[2]所谓网络效应意指平台或 APP 额外增加的用户对现存用户价值增加的程度。经济学家称之为网络外部性或梅特卡夫法则。[3]显然，微博的第一个用户会认为其毫无价值，当越来越多的用户加入微博，微博就会越来越有价值。数以百万计的微博用户不仅增加了微博对其自身的价值，也对其他用户带来了价值改变。这意味着每增加一位用户会极大增加平台对于其他用户的价值。这其中的逻辑非常简单，增加一位用户将极大改变用户互动的用户数量。[4]

经济学家现今非常清楚规制传统企业的药方在互联网平台环境中并不能有效适用。规制互联网平台的药方必须考虑平台不同主体的需求是相互依赖而不是竞争的。大多数传统商业模式系统是"管道型"（pipeline）的，具有线性价值链。企业首先设计产品或服务，最后顾客再购买，线性生产的一端是生产者，另外一端则是消费者。而在先平台则能使生产者与消费者双双创造价值。平台的主要目的是媒合使用者，促进商品、服务或社交货币的交流，为所有使用者创造价值。而互联网平台上，生产者、消费者、APP 开发者以及平台自身会发生多样联系。传统经济模式下，如果向他人免费提供产品，产品生产者几乎无盈利的可能。但在多边市场上，这确实可能发生。其可以通过向一方提供免费服务，甚至向参与者付费，但仍然可能盈利。这一切都源于所谓的同边或跨边的网络效应。如果仅仅存在单边效应，无人支付成本；但如果存在跨边效应，一边的参与者能向另一边的参与者提供补偿。跨边网络效应出现于当平台一边增加一位额外的参与者时对另一边所有其他参与者价

〔1〕　Joseph Kennedy, *Why Internet Platforms Don't Need Special Regulation*, Information Technology & Innovation Foundation, 2015, p. 2.

〔2〕　Network effects may be either direct or indirect. To understand the difference between direct and indirect network effect, see Clements, Matthew T., "Direct and Indirect Network Effects: Are They Equivalent?", available at SSRN: https://ssrn.com/abstract = 313928 or http://dx.doi.org/10.2139/ssrn.313928 accessed 29 October, 2017.

〔3〕　Amrit Tiwana, *Platform Ecosystems: Aligning Architecture, Governance, and Strategy*, Morgan Kaufmann, 2013, p. 33.

〔4〕　Amrit Tiwana, *Platform Ecosystems: Aligning Architecture, Governance, and Strategy*, Morgan Kaufmann, 2013, p. 33.

值的增减。[1]比如，越多顾客使用Uber，就会有越多司机希望加入Uber。这就是所谓正跨边网络效应。因而，互联网平台的特征体现为：①两组或两组以上的不同消费者群体；②间接外部性存在于各个消费群体之间；③价格结构是非中性的，这意味着两组消费者没有或有限的可能性改变平台决定的成本分配。[2]

实际上，不同类型的互联网平台有着非常不同的商业模式，这对法律在平台中的运用提出了不同挑战。不同的平台拥有不同的控制机制，这意味着平台运营商可能具有不同的能力来控制其平台信息的创建和传播。一般来说，平台的控制和管理并不总是属于同一个实体的。不同的平台模型有着不同的治理模式。下图说明了用于管理和赞助平台的4种模型。

表1 平台组织模型

		谁提供平台（提供者角色）	
		一个企业	多个企业
谁控制平台技术（赞助者角色）	一个企业	所有者模式	许可模式
	多个企业	合资模式	分享模式

（Source：Eisenmann et al.，"Opening Platforms：How，When and Why？"，available at SSRN：https://ssrn.com/abstract=1264012.）

虽然商业模式仅仅是匹配卖家和卖家的平台也是本书所探讨的平台，但本书更关注基于软件的互联网平台，在这样的平台上，各个参与者都为平台的功能与能力实现作出了贡献。

在线平台因为数字信息成本急剧下降而获得蓬勃发展，许多交易在信息成本高的离线市场上不具有可行性，由于平台出现而变得可能。这为所有用户带来了经济利益。虽然互联网平台与传统平台具有相似性，但它们也存在一些重要区别。其中最重要的差异就是，其以互联网为平台，这使得业务快速增长成为可能。租用廉价云处理与存储设备使得开展新业务不再需要大量

---

[1] Amrit Tiwana，*Platform Ecosystems：Aligning Architecture，Governance，and Strategy*，Morgan Kaufmann，2013，p.33.

[2] Frederic Jenny，"The Economic Analysis of Two-sided Markets and Its Implications for Competition Law"，http://www.ift.org.mx/sites/default/files/final_presentation_two_sided_markets_fjenny_2.pdf accessed Oct 1, 2017.

的固定成本。互联网作为媒介可提供便宜广告并能极大促进地域扩张。此外，许多互联网平台专注于将有意愿的买卖双方链接在一起，而不是直接为消费者提供他们最终想要的商品或服务，这样平台就不必进行大量资本投资。例如，一个出租车公司需要购买大量的汽车并担心维修和保险问题，而一家为乘客与司机提供链接机会的公司则不需要担心这些问题。[1]一个运行良好的在线平台肯定会提高资源利用率，增加竞争，降低交易成本以及买卖双方之间的信息不对称，为市场提供新的买家和卖家。[2]

互联网平台与传统平台非常不同，传统监管体系在互联网平台的监管上存在着非契合。监管机构不仅需要对平台有概括的认知，还需要了解某一具体平台在市场中的作用，包括它们创造的价值源泉，与客户和竞争对手的关系以及替代方案等。[3]

主流的互联网平台都是"多边"市场，需要吸引两个以上不同类型的客户，这些客户之间彼此吸引并愿意进行互动。互联网平台提供者需要让市场"厚"起来，"单薄"的平台无任何价值。互联网平台的价值在于其间接网络效应，[4]这意味着一组客户的价值取决于不同组的成员数量。很明显，Facebook 的第一个用户肯定会认为这个平台对他或她而言是毫无价值。当更多用户加入后，Facebook 的价值将不断提高。Facebook 的第 100 万个用户无疑极大地增加了 Facebook 对自己和此前其他用户的价值。这意味着每增加一个用户将显著增加其对每个其他用户的潜在价值。这里的逻辑很简单：每个额外的用户会显著增加他或她可以与其交互的其他用户的数量。[5]

---

〔1〕　Robert D. Atkinson, "Why Internet Platforms Don't Need Special Regulation", http://www. huffingtonpost. com/robert-d-atkinson-phd/why-internet-platforms-dont-need_ b_ 8912018. html accesse d Oct 9, 2017.

〔2〕　对于互联网平台优势的阐述，请参见 Koopman et al. , "The Sharing Economy：Issues Facing Platforms, Participants, and Regulators", available at SSRN：https://ssrn. com/abstract = 2610875 or http://dx. doi. org/10. 2139/ssrn. 2610875.

〔3〕　Joseph Kennedy, *Why Internet Platforms Don't Need Special Regulation*, Information Technology & Innovation Foundation, 2015, p. 2.

〔4〕　网络效应包括直接网络效应与间接网络效应，对此问题的阐释，请参见 Clements, Matthew T. , "Direct and Indirect Network Effects：Are They Equivalent?", available at SSRN：https://ssrn. com/abstract = 313928 or http://dx. doi. org/10. 2139/ssrn. 313928

〔5〕　Amrit Tiwana, *Platform Ecosystems：Aligning Architecture, Governance, and Strategy*, Morgan Kaufmann, 2013, p. 33.

经济学家现在知道，发端于 20 世纪传统公司的许多经济模型并不适合互联网平台。互联网平台商业模式必须考虑到不同类型客户的需求是相互依赖的事实。大多数传统企业采用的商业模式是"管道"模式，而在线平台中，生产者、消费者、APP 开发者和平台是一组可变关系。传统上，如果我们免费提供产品，我们不可能赚到任何钱。但对于"多边"公司来说，则并非如此。它们可以向一类参与者收取费用，甚至向其支付参与的费用，却仍然可以获取利润。所有这些都源于"同边"与"跨边"网络效应。如果只存在"单边"效应，则无人支付成本。但是如果存在"跨边"网络效应，一边的参与者可以补偿另一边的参与者。当增加一边参与者会增减另一边参与者价值时，"跨边"网络效应便产生了。[1]例如，当越来越多的乘客使用 Uber 时，更多的车手就愿意加入 Uber。这就是所谓积极的"跨边"网络效应。

二、互联网平台经济的发展与现状

互联网开放平台是指互联网企业通过开放 API 接口，即向第三方企业开放入口、用户、数据、计算能力等资源，构建起多方深度协作、利益共同分享的服务平台，进而以自身平台为核心来打造产业生态系统。互联网平台的发展经历了大约三个阶段。第一个阶段是 20 世纪末期以 Microsoft 操作系统为代表的完全开放的平台。在这个时期，没有人希望控制平台，任何公司都可以利用平台开发相关应用。早期互联网发展以开放与信息共享为核心。互联网发展初期的 20 多年是一个开放整合系统。绝大部分早期的互联网利用者与互联网生态组分以及核心应用的开发者都倡导开放与抵制所谓权威的文化。他们共同构建了抵御任何集权施行的文化，不论是在言论自由、自由创新的领域。而这些在某种程度上是互联网构架设计原则的核心。[2]第二个阶段是一些大公司开始利用自己的垄断优势去控制平台。这时候，平台不再是开放的而是受到控制的。第三个阶段是以 Apple、Facebook 和 Twitter 等为代表的平台。这些平台是受到一定限制的开放平台，任何人可以利用该平台，但却受

---

〔1〕 Amrit Tiwana, *Platform Ecosystems: Aligning Architecture, Governance, and Strategy*, Morgan Kaufmann, 2013, p. 33.

〔2〕 Yochai Benkler, "Degrees of Freedom, Dimensions of Power", *American Academy of Arts & Sciences*, 145 (2016).

到一定的约束。以互联网平台为基础的互联网商业模式也存在着三种不同的形式：一是商业经济，以金钱为核心要素；二是分享经济，不涉及金钱问题；三是混合经济，即涉及金钱要素，也涉及非金钱要素。现今，互联网商业模式既存在纯粹的商业经济模式，如传统的单向度的电子商务网站，以宣传企业与线上购物为核心；同时也存在着所谓的纯粹的分享经济模式，以维基百科为主要代表。现今的互联网商业模式更是以混合性经济为主要模式。该模式强调企业的经济利益，但更重视用户的分享与体验。在这种重视用户社区与体验的商业模式下，平台与入口的争夺势必非常惨烈。谁占据了互联网的入口与平台，谁就获得了基本的先发优势地位。与传统商业用户不同，互联网用户存在着极高的黏连性与带动性，当用户习惯一个平台后，其一般不太会转移到其他平台。更为重要的是，由于平台的社区化，更增加了用户的黏连性，一般用户不会轻易脱离原来的平台去尝试新的平台。因为这需要极大的成本来构建新的社区。因而，在此情况下，互联网企业为争夺入口与平台就会不择手段，因为这可能关系到企业的生死存亡。许多互联网竞争的乱象就源于此。从某种意义上讲，互联网平台一直是互联网经济领域竞争的核心。

　　一项研究估计，尽管 G20 大多数国家的经济增长速度缓慢，但互联网经济年增长率达到 8%，远高于传统部门的增长速度。2016 年，互联网对国内生产总值的贡献率增加到了 G20 的 5.3% 左右。[1]Amazon、阿里巴巴、Facebook、Google 和 Uber 等公司正在创建各种在线模式，以便利人类的广泛活动。这些在线平台给我们的工作模式、社交模式以及价值创造模式带来了激烈的变革。平台现已经成为重要的经济力量，总市值达到 4.3 万亿美元，雇员人数至少有 130 万直接雇员和数百万间接雇员。[2]平台已被证明是数字经济的创新者，是推动共享经济的进一步发展的力量。[3]一项研究表明，截至 2015 年底，18 个重要平台占所有互联网流量的 25% 左右。[4]这表明，这些平台确实是整个

　　〔1〕　https://www.bcgperspectives.com/content/articles/media_ entertainment_ strategic_ planning_ 4_ 2_ trillion_ opportunity_ internet_ economy_ g20/ accessed Sep 23，2017.

　　〔2〕　The Center for Global Enterprise，"The Rise of the Platform Enterprise：A Global Survey"，January 2016.

　　〔3〕　European Commission，"Communication from the Commission to the European Parliament，the Council，the European Economic and Social Committee and the Committee of the Regions：A Digital Single Market Strategy for Europe-Analysis and Evidence"，2015，p. 53.

　　〔4〕　Bertin Martens，"An Economic Policy Perspective on Online Platforms"，*Prospective Technological Studies Digital Economy Working Paper*，2016.

网络活动中数量巨大并不断发展的重要组成部分。平台时代已经来临，强大的信息和通信技术的发展降低了成本，延展了平台范围。[1]互联网平台的颠覆性力量正在彻底改变商业、经济和社会样态。根据哈佛大学托马斯·艾斯曼的研究，全球100家大型企业有60家的主要收入来自平台商业模式。全球100多家独角兽企业里，70%以上采用平台模式。因此，有人下过这样的定论：当互联网对产业资源重组进入深水区的时候，传统的线性公司（pipelines）会越来越多地被平台型公司（platforms）所替代。中国政府也意识到平台经济发展的重要性。《国务院办公厅关于促进平台经济规范健康发展的指导意见》（国办发〔2019〕38号）指出，互联网平台经济是生产力新的组织方式，是经济发展新动能，对优化资源配置、促进跨界融通发展和大众创业万众创新、推动产业升级、拓展消费市场尤其是增加就业，都有重要作用。

第二节　互联网平台法律规制的前提界定

互联网平台作为新型经济模式，以传统古典经济的供需理论为基础建立的法律体系必然不能有效适应互联网平台经济的发展与要求。作为一种日益勃兴的数字经济形态，完全放任其发展也不符合公共利益与公共秩序保护的要求。因而，即使有稍许的非适应性，但我们仍然需要利用现行的法律框架来分析与解决互联网平台规制问题。在应用传统法律框架分析互联网平台的责任之前，我们必须对一些前提要素具有一定的共识。

一、互联网平台提供商是网络服务提供商

在计算机领域，网络服务提供者这一概念非常宽泛。有的学者主张，广域网中的子网经营者便是网络服务提供者。还有的学者认为，Internet 由一系列主干、提供者网络和用户网络组成，主干和提供者网络被称为 Internet 服务提供商。甚至还有的学者将网络服务提供者分为三级，认为一旦某个用户能够接入到 Internet，他就被看作是一个网络服务提供者。在德国和欧盟的法律

---

〔1〕　David S, Evans, Richard Schmalensee, *Matchmakers: The New Economics of Multisided Platforms*, Harvard Business Review Press, 2016, p. 40.

中，网络服务提供者这一概念涵盖范围同样非常宽泛。[1] 2000 年，欧盟通过的《电子商务指令》则对网络服务提供者采取了更为细致的分类。该指令第 12~14 条，精确区分了纯粹传输服务、缓存服务和宿主服务这三种不同类型的网络服务提供形式。2005 年，公安部通过的《互联网安全保护技术措施规定》第 18 条第 1 款规定："本规定所称互联网服务提供者，是指向用户提供互联网接入服务、互联网数据中心服务、互联网信息服务和互联网上网服务的单位。"这一条款明确区分了互联网接入服务、互联网数据中心服务、互联网信息服务和互联网上网服务四种服务类型，并对不同类型服务提供者的义务在一定程度上作出了区别性规定。1998 年，美国《数字千年版权法》第 512 条对网络服务提供者的类型（包括数据传输、系统缓存、基于用户要求的网络存储和信息搜索工具）和相应免责条件作出了较为详尽的规定，这种免责条款及其例外被归纳为"避风港原则"和"红旗原则"。在我国，国务院于 2006 年公布的《信息网络传播权保护条例》第 20 至 23 条也作了类似的规定，对网络接入和传输服务提供者、自动存储服务提供者、存储服务提供者、搜索和链接服务提供者的免责条件进行了详细规定。

从现今互联网平台的发展实践来看，互联网平台主要包括提供存储、搜索与链接服务的平台等。与传统的互联网服务提供商相比，互联网平台更具有开放性，其更具有中介服务提供商的属性。但是无论从哪种角度看，互联网平台都提供了某种互联网服务，其行为符合互联网服务提供商的特征，是互联网服务提供商的一种类型。

从现今的司法实践来看，存在着将平台定义为传统公司的情况。如在 C-320/16 案中，欧洲法院就认为 Uber 平台与传统的交通运输企业类似，其不应是互联网服务提供商。主要理由在于平台对司机操作条件的影响。然而，在 C-390/18 案中，欧洲法院认为，Airbnb 平台不是传统的房屋中介，其应是互联网服务提供商。事实上，平台对司机行为的影响并不导致平台属性发生改变，其本质上是信息服务商，与传统的交通运输行业存在巨大差异。

二、互联网开放平台是受控制的平台

许多平台以所谓"技术中立"来否认自己的控制者身份。但实际上并不

---

〔1〕　王华伟："网络服务提供者的刑法责任比较研究"，载《环球法律评论》2016 年第 4 期。

存在所谓的纯粹中立者。从技术角度看，互联网分为物理层、逻辑层与内容层。互联网交流必须利用这三个逻辑层级的功效。物理层是指互联网的物理材料，如计算机、电话、网络等，包括传输渠道和信息生成与交流工具，其一般具有私权属性。物理层一般与平台提供商无关。逻辑层涵盖算法、标准、将人类语言转换成机器语言等。与物理层不同，逻辑层本应根植于开放、非所有权模式的协议与标准中。然而，近年来逻辑层开始逐步权利化，逻辑层的创造者有逐步将逻辑层纳入所有权控制的趋势。对于互联网平台提供商而言，逻辑层更是其控制权的核心所在，其通过算法、技术等手段有效控制用户对逻辑层的利用。内容层则是指互联网上存在的内容。互联网平台内容归属是现今互联网平台发展最具争议的话题。许多平台提供商以"技术中立"为由拒绝对平台内容承担责任，但实践中却又要求对平台内容的控制权。而这种对内容控制权的要求基本都获得了法院的支持。在上海汉涛信息咨询有限公司（以下简称"汉涛公司"）与爱帮聚信（北京）科技有限公司不正当竞争纠纷案（以下简称"大众点评案"）中，北京市第一中级人民法院就认为，爱帮网的商户简介和用户点评已经构成对大众点评网相应内容的实质性替代，必将不合理地损害汉涛公司的商业利益。[1]此案中，法院虽然并没有对网站内容的所有权进行界定，但通过不正当竞争机制的引入，事实上赋予了平台提供商对第三方生产的内容某种意义上的控制权。[2]在另一个类似的案件中，法院认为，大众点评网中的餐厅简介和用户点评内容整体上构成汇编作品。[3]但二审法院认为，大众点评网中的餐厅简介和用户点评文字整体上不构成汇编作品，而对于构成作品的用户点评文字，其著作权由汉涛公司和用户共同享有。[4]此案中，法院明确赋予了平台对第三方生产的内容的所有权。从现有的司法实践来看，法院一般都赋予了平台提供商某种意义上的对第三方生产信息的控制权或所有权。从商业与司法实践来看，平台提供商对内容层具有一定的控制权基本是一种共识，有争议的只是这种控制力的大小与深度。

---

[1] 北京市第一中级人民法院［2011］一中民终字第7512号民事判决书。

[2] 在上海市浦东新区人民法院［2015］浦民三（知）初字第528号民事判决书中，法院也作出了类似的推理。

[3] 北京市海淀区人民法院［2008］海民初字第16204号民事判决书。

[4] 北京市第一中级人民法院［2009］一中民终字第5031号民事裁定书。

网络服务从来都是受控制的服务，以所谓"技术中立"来免除自己的犯罪控制责任并不符合现实。自 2011 年以来，技术中立就被认为是互联网政策的核心原则。[1] 技术中立的核心思想是技术本身没有对错，法律规则不应对某些技术持有偏见。[2] 然而，我们必须认识到中立性常常不是真实的，而是一种假象。[3] 事实上，算法都是人编写的，人们可以把所有的偏见与观点植入其中。[4] 著名科技史学家马尔文·克兰兹伯格提出的"克兰兹伯格第一定律"指出，"技术既无好坏，亦非中立"。算法在编写过程中存在偏见与观点，但在运行过程中确实是客观且不受人偏见影响的。

从技术角度来看，平台提供商也能对信息获取与利用进行控制。平台提供商能控制用户信息的提交、整合与利用。除了强制性要求用户提供相关信息，平台提供商还可以秘密获取大量信息。许多平台提供商通过对元数据监控来获取信息。云服务也是平台提供商获得信息的重要手段。云服务转移了权力的位置，当所有的信息与软件都处于一个位置时，谁控制了该位置，谁就能控制大量的用户信息。斯诺登的报告就曾指出，美国国家安全局就侵入 Google 与 Yahoo! 的云服务窃取了大量的个人与公司信息。此外，互联网平台提供商还能利用所获取的信息谋取商业利益。Facebook 就曾利用大数据控制用户的情感。[5] 通过大数据分析，行为科学家能准确判断出用户偏好，设计出专门针对该用户的平台与内容，从而获得更大利益。[6] 同时，互联网平台提供商还能通过技术手段控制平台的应用。通过技术措施，互联网提供商不但能限制用户对平台的接触，而且能限制对相关内容的使用。

---

〔1〕　See OECD（2011），*OECD Council Recommendation on Principles for Internet Policy Making*，13 December.

〔2〕　Maxwell et al.，"Technology Neutrality in Internet，Telecoms and Data Protection Regulation"，*Computer and Telecommunications Law Review*，November 23，2014.

〔3〕　［美］卢克·多梅尔：《算法时代：新经济的新引擎》，胡小锐、钟毅译，中信出版集团2016 年版，第 216 页。

〔4〕　［美］卢克·多梅尔：《算法时代：新经济的新引擎》，胡小锐、钟毅译，中信出版集团 2016 年版，第 138 页。

〔5〕　Adam Kramer，Jamie Guillory，Jeffrey T. Hancock，"Experimental Evidence of Massive-Scale Emotional Contagion Through Social Networks"，*Proceedings of the National Academy of Sciences*，111（2014）.

〔6〕　Zeynep Tufekci，"Engineering the Public：Big Data，Surveillance，and Computational Politics"，http：//rstmonday. org/ojs/index. php/fm/article/view/4901/4097 accessed May 1，2018.

平台模式实质上就是一个"双边市场"，它撮合了第三方开发者和网民，并从平台服务中渔利，当然平台商的存在极大地缓解了信息不对称问题，有利于促进系统性创新。

虽然互联网入口与平台非常重要与关键，但是企业为了争夺入口与平台采取非正当手段损害基本的商业秩序在任何情况下都不应被宽恕。事实上，如果各个企业都遵守基本的互联网竞争伦理，那么这些互联网企业之间的竞争就会更加文明，也更符合消费者的利益。

三、互联网平台提供商控制力存在差别

近年来，许多开放平台尝试控制这些数据的流动与利用，在某种意义上将内容纳入了控制权的范围。大众点评案中，中国法院明确了对用户内容所有权归用户的规则。然而，平台提供者通过内容元数据监控，间接获得了对内容的某种控制权。当然，不同的平台提供者对内容与数据流动的监控方式与方法并不相同。就开放平台而言，一般包括"链接平台""导航平台""社交平台""存储与应用平台""商业应用平台"等。这些不同的互联网平台与用户之间存在不同的关系。链接中介平台控制了物理层与逻辑层，物理层与商标权关系不大，其更多关涉财产权问题，而逻辑层与著作权关系密切，其关涉平台提供商通过所谓算法与技术措施控制著作权内容的流动问题，但一般不涉及商标问题。因而，在某种意义上链接平台可能构成对他人商标权的侵害行为，如将他人商标作为推广链接关键词等。而导航平台则在某种意义上构成了商品的聚合平台，用户通过这种平台容易找到其所需要的商品。当然，开放导航平台可以通过技术措施控制向用户推荐的商品信息。在这种意义上讲，其对平台商标传播行为也具有一定的控制力。社交平台是消费者进行社交的平台，由于其主要功能在于社交，因而，商标问题不是平台主要的考虑，其一般也不从算法与技术方面控制商标行为的传播。存储与应用平台与商标的关系最为密切，这些平台一般纯粹提供存储与应用服务，虽然，从理论上讲，其可以采取措施限制非法商品的存储与应用，但其后果可能是许多合法的商品也不能存储与应用。从这种意义上说，开放存储与应用平台虽然与商标关系最为密切，但其对用户行为的控制力最弱，除非其获得了商标权利人的配合。开放商业平台包括如淘宝、eBay 类似的纯粹 P2P 平台，平台

不对提供的商品进行任何审查，另外一种是受控制的开放商业平台，平台会对平台使用者的资质进行审查，这样的平台包括 Uber、滴滴、大众点评、饿了么以及 App Store 等。这些开放商业平台都在某种意义上便利了商标信息的流动，促进了合法或侵权商品的传播。但这两种平台提供商对商标信息的控制力是不同的，前者除了通过算法以及技术措施控制商标信息的传播外，基本不能控制非法商标信息的流动与传播。而后一种商业平台既可以通过算法与技术控制非法商标信息的传播，也可以通过人工干预的方式控制非法商标信息的流动。

内容生产商，其商业模式以生产高质量的内容为基础，与其基础设施提供者之间存在着显著的差距。基础设施提供商，其仅仅提供技术服务，因而被认为是"哑管道"。对于这些哑管道，一般都不要求其承担甄别与移除潜在非法信息的责任。对于基础设施提供商而言，一般又分为"纯粹管道"与"提供更为先进与特别服务"，前者仅仅提供互联网链接服务，后者则要求应用传输与内容管理技术来识别传输的类型或选择的内容。而这种基础设施提供者能用技术能力识别一些非法信息并采取措施来阻止它。现在仍有广泛争议的是这种技术能力能在多大程度上转换成一种对政府的注意义务。例如，已经发生的现象如阻止儿童色情以及恶意软件。另外，值得注意的是，有选择或判别内容的能力使得这些中介不能享受"纯粹管道"中介的安全港，其要求中介不得主动发起传输、选择接受者、选择或修改内容。

第三节　数据是互联网平台规制的核心

一、数据是互联网平台争夺的核心资源

互联网平台发展的核心是数据的收集、整合与利用。互联网平台从某种意义上讲就是数据的流通平台。互联网平台提供商通过技术支持向用户提供可以为其带来价值的平台。平台基于用户协议或大数据整合手段获取用户数据，并利用这些数据来获取收益。这就是现今互联网平台经济发展的主要模式。因而，平台的数据收集与整合能力是现今衡量平台价值的主要指标。

基于数据在互联网平台经济中的核心地位，非法收集数据、整合数据与利用数据行为就是互联网平台发展中面临的最主要问题。所有的互联网平台

都具有非法获取数据、整合数据与滥用数据的冲动与现实商业驱动。而这些非法获取数据、整合数据与滥用数据的行为不但给用户带来了巨大的伤害，也对整个社会公共利益与公共秩序带来了危害。因而，只有通过法律的手段限制了互联网平台非法获取数据、整合数据与利用数据的行为，互联网平台的商业生态才会是健康的、可持续的。互联网平台规制的核心问题就是要保证互联网平台收集、处理与利用数据的行为符合用户利益以及社会公共利益与公共秩序。以互联网平台上的数据流为核心要素来规制互联网平台的法律责任符合技术与法律现实，是解决互联网平台问题的合理的技术路径。

二、坚持数据效率

数据效率的核心是坚持数据流转的快捷、便利，对于互联网平台收集、加工与利用数据的行为，法律需提供一定的便捷性。如果对于互联网平台收集、处理与利用数据的信息施加过于严苛的限制，将导致互联网平台投入更多的资源处理数据的流转问题，可能妨碍互联网平台经济的发展。用户的一些个人数据实际上能够帮助互联网企业的同时为之提供更好的服务或产品。百度董事长李彦宏指出，中国的消费者在隐私保护的前提下，很多时候是愿意以一定的个人数据授权使用，去换取更加便捷的服务的。因此，我们需要在保障用户信息安全和运用用户数据的同时为之提供更好的服务之间，找到更好的平衡点。李彦宏在这里提出的问题就是数据效率的问题。事实上，坚持数据效率是保证互联网平台正常发展的基础。互联网平台的商业模式核心是数据的加工与利用。在数据加工与利用过程中，必须要涉及数据安全、隐私等问题。如果以数据安全、隐私等理由严格限制互联网平台处理数据的能力，那么互联网平台就不可能开展任何业务，更遑论技术创新了。现行规则赋予了互联网平台在数据收集、处理与利用中一定程度的灵活性。

三、坚持数据正义

数据正义意味着数据的收集、加工与利用必须符合正义原则，不得不合理损害数据主体的相关合法权益。数据正义意味着数据安全。互联网平台提供商有义务保障数据主体的数据安全与数据隐私。互联网平台应投入一定的资源确保其平台的安全性。数据正义也意味着互联网平台不能违法使用数据，包括故意泄露数据、将数据用于非授权的目的、将数据非法出售给第三方以及非法窃取数据与整合数据。利用大数据获取用户数据已成为现今互联网平台收集数据的主要方式。这些数据行为可能严重侵犯用户隐私，给数据主体带来巨大伤害。此外，数据正义意味着数据利用过程中的非偏见性、透明性。数据主体在互联网平台成为所谓的"数字人"，被数据所记载、表达、模拟、处理、预测。现如今，数据歧视前所未有地制度化和系统化。要识别和挑战数据应用中的歧视和偏见，"数据透明"就不可或缺。换言之，它要求在数据生产和处理日趋复杂的形势下，增强用户知情权，从而修复信息的对称性。

第四节　互联网平台规制的主要问题

如何规制互联网平台的发展是现今互联网经济发展面临的主要挑战。基于互联网平台经济发展的开放性、前沿性与不可预测性等因素，以传统规则规制互联网平台经济的发展必然具有非适应性。现实实践也表明，我们在规制网约车、网络订餐、电子商务平台方面都面临着问题，如如何促进互联网经济健康发展与保护消费者利益、有序的市场秩序之间总是存在着困惑与无力。对互联网平台施加过于严格的责任将有损互联网平台的开放性，而过于宽松的责任将导致互联网平台疏于承担自己理应承担的监管责任，损害消费者利益与竞争秩序。现阶段我国对互联网平台的规制存在的主要问题有：

一、规制过度将损害互联网平台的开放性

互联网平台以开放性为基本特征，开放性、延展性是互联网平台发展的基础。没有开放性与延展性的互联网平台不是真正意义上的平台。然而，现今各国的互联网平台的监管政策都忽视了平台的开放性特征，迫使部分平台转向封闭经济模式，比如在社交媒体平台的监管上，要求社交媒体的经营者监管其平台上的不良言论。在视频分享平台的监管上，要求平台提供者对不良内容承担责任。在共享经济平台的监管上，要求平台对他人的损害承担责任。在搜索平台的监管上，要求对搜索的结果承担法律责任。事实上，赋予平台提供者一定的监管责任具有正当性，但是过度监管，苛以过于严格的责任将带来"寒蝉效应"，损害平台的创新与发展。

二、规制不足将损害社会公众与消费者的利益

现阶段在平台的规制方面，由于我们对于平台经济发展模式认识的不足，导致在某些方面的过度规制的同时，在应进行规制的领域疏于规制。平台经济具有天然的先发优势，一旦在某个领域取得领先地位，其他竞争者想要进入该领域就存在着进入障碍。另外，基于平台的延展性，平台容易扩张其业务范围。而这种扩张可能给其他同类业务经营者带来损害。同时，由于平台的多边市场特征，其可以大规模补贴一边市场方从而对该领域的单边市场经营者带来巨大的伤害。因而，对平台的规制必须警惕平台滥用市场支配地位的情形，在规制时需要考虑平台的独特性。然而，现阶段各国对平台的规制还运用传统的垄断规制思路，导致对平台的反竞争行为规制不足，损害了互联网经济的健康发展。[1]此外，用户数据是平台获利的基础。基于平台的网络效应特征，用户就意味着价值。平台用户越多，价值越大。对于任何平台而言，用户数据都是其发展的基础与宝库。数据被称为"21 世纪的石油"。[2]许多平台都是通过收集用户数据然后向广告商出售或允许其使用这些数据获利的。但许多平台并没有提供有效机制来保护这些数据的安全，同时，由于在收集与处理数据过程中的非透明性，数据泄露与数据偏见[3]时有发生，导致消费者权益受到损害。现今虽然各国制定了保护用户数据的一些法律与规章，但由于对用户数据的定性以及保护范围存在着不同的看法，致使个人数据的保护存在着不足，损害了消费者利益。

三、规制方法存在问题

现今我国对平台经济的规制主要从三个层面出发：一是民事责任；二是行政责任；三是刑事处罚。由于缺乏统一规范，现行有关平台行政责任的规定散见于《互联网信息服务管理办法》《食品安全法》《广告法》等法律法规

---

〔1〕 Lina M. Khan, "Amazon's Antitrust Paradox", 126 Yale L. J., 710 (2017).

〔2〕 https://www. economist. com/news/leaders/21721656-data-economy-demands-new-approach-antitrust-rules-worlds-most-valuable-resource accessed Jan 11, 2018.

〔3〕 BCG (2012) "The value of our digital identity", available at www. libertyglobal. com/PDF/public-policy/ The-Value-of- Our-Digital-Identity. pdf accessed June 12, 2017.

中。行政领域的规范，首先由行政机关进行解释。身负监管压力，又受资源和预算的约束，监管部门自然希望扩张平台注意义务范围，促使其帮助甚至替代自身去审查，从而减轻监管压力。[1]这样做的后果就是本应在民法中处理的侵权责任问题被转化为行政违法行为，导致平台承担更严格的行政责任，损害平台的健康发展。比如平台上出现了一些侵犯他人权利的信息，如果这些信息没有损害社会秩序，显然由当事人自己进行救济是最好选择。但在严格监管的心态下，行政机关可能对平台施加行政责任，监察机关可能以刑事责任威慑平台经营者。这些做法虽然有利于一定的良好社会秩序的建立，但与技术发展、商业模式现状不符。

四、没有兼顾数据效率与数据正义

数据效率与数据正义都是规制互联网平台必须考虑的问题。现阶段对互联网平台的规制，要么过于注重对数据正义的关注，完全忽视数据效率，其后果就是损害互联网平台的创新可能，对一些平台的商业模式带来致命伤害；要么过于注重对数据效率的保护，忽视数据正义的要求，其后果就是导致大量的数据被泄露，用户隐私遭受严重侵犯，一些违法信息在平台上泛滥。因而，对于互联网平台的规制，我们既要重视数据效率，也要兼顾数据正义。只有这样，互联网平台经济才可能可持续地健康发展。

对平台的规制必须考量各方的利益，既不能过度监管，也不能过于放松。既要坚持数据效率，也要维护数据正义。平台的经营者需要承担监管责任，若有违反则可能需要承担一定的行政责任。除非对社会公共秩序造成一定损害，平台的规制一般应以私人规制为主，通过私人行动来规制平台的发展。另外，对平台施以刑事责任需要非常谨慎。与传统犯罪行为相比，平台提供者的行为大多数情形下并不能清楚地界定对错。即使其行为对社会秩序有一定的损害，但有时也具有正面意义。对于这种正负面效用兼具的行为纳入刑法的范畴应更为慎重。

---

〔1〕　http://finance. sina. com. cn/money/bank/bank_ hydt/2016-04-20/doc-ifxriqqv6383573. shtml accessed Aug 1, 2017.

互联网平台的侵权法规制

互联网平台的民事侵权责任主要涉及其对平台用户以及第三方民事权利的侵害。对于平台用户而言，其可能涉及对用户隐私、相关个人数据信息的侵害。对于第三方而言，其可能涉及对第三方民事权利如人身权与财产权的侵害。

互联网平台通过开放 API 接口，向第三方企业开放入口、用户、数据、计算能力等资源，构建起多方深度协作、利益共享的服务平台。互联网平台本质上是一个"双边市场"，它撮合了第三方开发者和消费者，并从平台服务中获利。平台的存在极大地缓解了信息不对称问题，有利于促进系统性创新。现今我国在规制平台侵权责任上存在着诸多相互冲突的规定与做法，这严重损害了互联网平台经济的健康发展。只有建立明确清晰的互联网平台侵权责任承担规则才有利于互联网平台的健康发展。

第一节　互联网平台民事侵权责任承担的不同模式

现今中国对互联网平台的侵权规制主要借鉴知识产权领域的相关规则。但在具体适用这些规则时，各个法院在不同的阶段却有着不同的做法。对于互联网平台的责任承担方式，主要包括被动应对与主动介入等不同的做法。

一、被动应对

被动应对的核心是平台提供商没有普遍的注意义务，只有在平台提供商知晓具体的民事侵权行为而未采取任何措施时才需承担责任。这种模式要求平台提供商存在主观故意，这种故意不单是指存在着引诱或鼓励侵权的概括故意，而是指在平台服务提供者明知用户的行为侵犯他人权利时，采取放任或鼓励的态度。在这种模式下，法院一般都要求权利人必须履行一定的前置义务，如通知行为，或证明网络服务提供商确实知道该侵权行为存在并采取了鼓励或放任的态度。基本没有法院要求平台服务提供商采取措施主动监控是否存在侵权行为。有些法院甚至要求权利人必须履行合乎要求与程序的通知义务，否则，平台提供商不需要承担任何责任。北京市高级人民法院就认为，电子商务平台经营者对利用其网络服务公开传播的交易信息一般没有主动监控义务。不能仅因电子商务平台经营者按照相关管理要求进行交易信息合法性的事前监控，或者客观上存在网络卖家利用其网络服务侵害他人知识产权的行为，就当然认定电子商务平台经营者知道侵权行为存在。[1]国外的相关法院也有类似的做法。在 Google Inc. V. Bac Films 案中，法国最高民事法庭就拒绝适用所谓的"删除与继续维持（stay down）"规则。法院认为，阻止对侵权内容的再次出现的义务等同于对平台提供者施加了监控内容的一般义务，而这是欧盟《电子商务指令》所禁止的行为。[2]阿根廷最高法院也认为，搜索平台的责任必须基于过错责任，不应要求其承担主动的监控责任。只有证明其对侵权行为有实际的知晓并没有采取改正措施时，其才承担责任。[3]对于何为知晓，法院区分了明确无误的情形以及需要进一步分析的情况。对于前一种情形，如儿童色情、宣扬暴力、色情、歧视等，基于内容的显著违法性，其仅仅需要一般的通知。而对后一种情形，需要通过法庭进行警告。

二、主动介入

虽然中国的相关知识产权规则规定了对平台提供商的克制、中立行为的免责规定，但在司法实践中，法院却不断突破法律的字面含义对平台提供商施加更为严苛的民事侵权责任。在衣念（上海）时装贸易有限公司与浙江淘

---

〔1〕 参见《北京市高级人民法院关于审理电子商务侵害知识产权纠纷案件若干问题的解答》第5条。

〔2〕 Graeme B. Dinwoodie, "Secondary Liability for Online Trademark Infringement: The International Landscape", 37 COLUM. J. L. & ARTS, 463 (2014).

〔3〕 http://www.iptjournal.com/argentine-supreme-court-decides-landmark-intermediary-liability-case/ accessed May 21, 2017.

宝网络有限公司（以下简称"淘宝公司"）、杜某发侵害商标权纠纷案（以下简称"衣念案"）〔1〕中，法院认为被告仅是被动地根据权利人的通知采取没有任何成效的删除链接之措施，未采取必要的能够防止侵权行为发生的措施，从而放任、纵容了侵权行为的发生，其主观上具有过错，需要承担侵权责任。国外的相关法院也有类似的做法。巴黎一法院就认为被告 Google 虽然在原告通知后删除了相关的侵权信息，但其有义务阻止未来相同侵权内容的再次出现。〔2〕布鲁塞尔一初审法院甚至直接要求平台提供商承担积极监控义务。〔3〕事实上，这些判决为平台提供商施加了主动采取技术措施阻止侵权行为的义务。〔4〕对平台提供商施以严苛责任的主要表现为：

（一）要求平台提供商承担主动监管义务

要求平台提供商承担主动监管义务意味着平台提供商需采取技术措施来监督平台的侵权情况，其必须在商业模式中加入防止侵权的算法或采取物理措施阻止侵权的发生。如果平台提供商没有采取任何措施预防侵权发生，法院就会认为其存在主观过错，需要承担侵权责任。我国最高人民法院认为网络服务提供者未对网络用户侵害信息网络传播权的行为主动进行审查的，人民法院不应据此认定其具有过错，〔5〕但是这并不意味着平台提供商不需要承担主动监控的义务。〔6〕

---

〔1〕 上海市第一中级人民法院［2011］沪一中民五（知）终字第 40 号民事判决书。

〔2〕 Zadig Productions v. Google Inc., Tribunal de Grande Instance, Paris, Ordonnance de référé, Oct. 19, 2007, available at http://www. legalis. net/spip. php? page = jurisprudence－decision&id＿ article = 2072 accessed May 23, 2016.

〔3〕 SABAM v. S. A. Scarlet, District Court of Brussels, NO. 04/8975/A, Decision of 29 June 2007, 25 CARDOZO ARTS & ENT. L. J. 1279（2008）.

〔4〕 参见曹阳："知识产权间接侵权责任的主观要件分析——以网络服务提供者为主要对象"，载《知识产权》2012 年第 11 期。Nicolas Jondet, "The Silver Lining in Dailymotion's Copyright Cloud", http://juriscom. net/wp-content/documents/da20080419. pdf accessed May 21, 2016.

〔5〕《最高人民法院关于审理侵害信息网络传播权民事纠纷案件适用法律若干问题的规定》第 8 条。

〔6〕 网络服务提供者能够证明已采取合理、有效的技术措施，仍难以发现网络用户侵害信息网络传播权行为的，人民法院应当认定其不具有过错。这意味着网络服务提供者是否积极采取了预防侵权的合理措施是判断侵权与否的重要标准。这无疑在某种意义上对网络服务提供商施加了事前预防的义务。《北京市高级人民法院关于审理电子商务侵害知识产权纠纷案件若干问题的解答》第 9 条规定，知名商品或者服务以明显不合理的价格出售，足以使人相信侵权的可能性较大是判断侵权的重要标准之一，这在某种意义上也要求平台提供商承担主动监控的义务。

主动监控义务的表现形式就是法院以商业模式为基础来决定平台提供商的侵权责任。法院的基本逻辑是如果平台采取了某种易于诱发民事侵权的商业模式，就意味着平台提供商需承担更多的注意义务。没有履行事前的监管义务就意味着平台提供商存在过错，有过错而造成他人的损失就需要承担责任。

另外，这种主动监管的义务依据平台的性质不同可能存在差异。相对封闭的开放平台需要承担更多的监管义务，需要对用户行为采取一定的控制措施。而相对开放的平台，其应承担及时处理权利人提出的侵权行为、监控明显的侵权行为与反复出现的侵权行为。最高人民法院的相关司法解释就体现了这一思路。[1]

（二）以获利与否来判断平台提供商的责任

以平台是否获利来认定其是否承担侵权责任其实是以商业模式作为侵权判断标准的变异。事实上，除了公益性的互联网平台，所有的商业平台都是以获利为其商业目的的。有些看似免费的应用其实是用户付出了大量的信息与时间成本换取的。在互联网平台商业实践中，一般存在着补贴方与付费方。补贴方一般可以免费利用平台，而付费方则是平台的利润来源。以是否获利来界定平台提供商的侵权责任意味着所有商业平台都需要承担某种侵权责任。因而，一种变通的以是否直接获利作为侵权判断的方法应运而生。[2]

（三）以是否有效控制继续性侵权来判断平台提供商的责任

平台责任扩张的另一表现形式就是其是否有效阻止了类似侵权行为的再次发生。如果先前平台提供商已经知晓侵权行为的发生，其必须采取必要措施来阻止类似侵权行为在将来的发生，否则，其需要承担相应的侵权责任。最高人民法院的相关司法解释认为，网络服务提供者是否针对同一网络用户

---

[1]《最高人民法院关于审理侵害信息网络传播权民事纠纷案件适用法律若干问题的规定》第9条规定，基于网络服务提供者提供服务的性质、方式及其引发侵权的可能性大小，应当具备的管理信息的能力是判断侵权责任承担与否的因素之一。

[2]《信息网络传播权条例》将获利与否作为 ISP 是否侵犯信息网络传播权的一个重要参考因素。其规定，网络服务提供者从网络用户提供的作品、表演、录音录像制品中直接获得经济利益的，人民法院应当认定其对该网络用户侵害信息网络传播权的行为负有较高的注意义务。

的重复侵权行为采取相应的合理措施是判断侵权的重要标准。[1]在前述的衣念案中，法院就认为，如果网络服务提供者知道网络用户利用其所提供的网络服务实施侵权行为，而仍然为侵权行为人提供网络服务或者没有采取必要的措施的，应当与网络用户承担共同侵权责任。

互联网平台侵权责任认定上存在的诸多不同做法源自于对平台性质的错误认知。要解决平台的侵权责任问题，必须厘清互联网平台的发展现状与定位。

第二节　互联网平台不应承担主动与普遍的监控义务

主动介入模式的实质是要求平台提供商承担主动与普遍的监控义务。但要求平台承担主动与普遍监控义务将损害创新与第三方的合法利益。事实上，不承担主动与普遍的监控义务是商业现实、技术、法律与国际共识的要求。

一、国际共识

平台不具有一般与主动监控的义务已经成为规制互联网中介责任的一般规则。欧洲法院认为，对平台施加一般的监控义务是与《知识产权执行指令》第3条相违背的，该条要求各成员方采取的知识产权执法措施应是公正、成比例的，不能带来过高成本。[2]现行欧洲法不能要求平台提供商采取事前预防性措施安装过滤系统。[3]没有任何国际条约或国内法规则要求对知识产权提供全方位的保护。《与贸易有关的知识产权协议》第41条要求知识产权的执行程序应是公平合理的，其不应过于昂贵与复杂。这些规定意味着法律不能要求平台对他人的知识产权提供全方位的保护。欧洲《电子商务指令》序言第47条也明确规定，成员方不能对服务提供者强加监督义务。我国相关司法解释也规定，网络服务提供者未对网络用户侵害信息网络传播权的行为主动进行审查的，人民法院不应据此认定其具有过错。[4]虽然我国相关法律没

---

〔1〕《最高人民法院关于审理侵害信息网络传播权民事纠纷案件适用法律若干问题的规定》第9条。

〔2〕eBay vs. L'Oréal（Case C-324/09）.

〔3〕Scarlet Extended SA v Société belge des auteurs（Case C-70/10）.

〔4〕《最高人民法院关于审理侵害信息网络传播权民事纠纷案件适用法律若干问题的规定》第8条。

有明确规定平台不能承担一般的监控义务，但相关司法解释在某种意义上确立了平台不具有主动监控的义务。[1]巴西《互联网法》也规定，提供互联网连接、传输、交换以及路由时，禁止中介监控数据包的内容。美国《数字千年版权法》也规定，本节（第512节）的规定不能解释为互联网服务提供商能享有"安全港"的条件是其监控其服务或主动寻求表面侵权行为的事实，其程度与符合附节（i）的标准技术措施一致的除外。

二、损害创新

事实上，要求互联网平台承担过于严苛的侵权责任将损坏"互联网+"经济的健康发展。互联网领域的创新以突破性创新为核心。突破性创新的本质是对现行规则与做法的突破，这种突破可能会给法律适用带来挑战。在应对这些法律挑战时，鼓励创新应是我们必须坚持的基本立场。在平台的责任承担方面，坚持主动介入标准意味着平台更多的时间与金钱投入，这反而有利于垄断性平台发展，对中小平台可能带来较大损害。没有竞争的互联网行业最终会损害国家的创新与发展。另外，对平台提供商施加过于严格的责任将使消费者难以或几乎不可能提供免费或低价格的服务，这将损害信息的自由流动，损害公众获得信息的能力，从而损害创新的发展以及消费者利益。[2]

另外，要求平台提供商承担一般的监管义务意味着其对传播的内容具有选择性与歧视性，这可能导致平台不能享有所谓的"安全港"免责。[3]而"安全港"制度是平台发展的最基本保障。

三、损害他人合法权利

采取主动介入方法虽然能在一定程度上保护权利人的利益，但其对他人

---

〔1〕 值得注意的是，中国的相关司法解释似乎在是否确立一般监控义务方面摇摆不定，其一方面规定平台提供商不具有主动审查的义务，另一方面却强调平台的主动介入责任。这种摇摆不定的态度影响了法院的司法裁判，损害了平台提供商的利益。

〔2〕 Intermediary Liability："Protecting Internet Platforms for Expression and Innovation", https://www.cdt.org/files/pdfs/CDT-Intermediary%20Liability_ %282010%29. pdf accessed May 23, 2017.

〔3〕 如果平台提供商对内容进行选择，这可能导致其从技术提供商的地位演变为内容提供商地位。"安全港"免责一般以技术中立为前提，如果平台提供商不再是技术提供商而成为内容提供商，其一般不能享有"安全港"的免责保护。

合法权利的损害也不容小觑。

（一）损害合法销售商的利益

商标的穷竭理论允许第三人可以合法销售从合法途径获取的商品。而主动介入原则会对他人销售合法商品（包括二手商品）行为带来"寒蝉效应"。其主要原因在于平台提供商基本无法辨别出售商品的来源，而为了避免侵权指控，平台的最优选择只能是准许权利人认可的渠道与销售商利用该平台，这无疑损害了其他合法销售商的利益。

（二）侵害消费者利益

主动介入原则虽然可能给平台带来一定的不利，但其最大的危害其实是对消费者利益的损害。消费者原本在网络交易中就处于弱势地位，如果再鼓励平台采取严格监控行为，其后果只能是消费者的在网络交易中成为透明人，平台能轻易获取消费者相关信息并利用这些信息获得利益。这无疑会对消费者的隐私权带来巨大伤害。同时，通过对这些数据进行分析，平台能够轻易控制消费者的消费行为，从而损害了消费者的消费自主权。Facebook 就曾通过操控 NEWsfeed 来影响消费者的心理活动。允许平台主动监控的后果只能是消费者减少网络上的交易行为，给消费者带来"寒蝉效应"，并进而损害互联网平台经济的健康发展。

四、社会需容忍一定程度风险

科学技术是推动社会发展的重要力量。但它在给人类带来福祉的同时，也给社会带来大量潜在风险。从某种意义上讲，技术与风险相互共生，技术发展带来利益的同时也带来了一定的社会风险。技术的发展带来了知识产权权利内容与范围的扩张，著作权的内容从最初的复制权扩张到可以控制几乎所有技术手段对作品的利用，商标权也从传统的对相同或近似商标的保护扩张到域名、关键词搜索等领域。权利人受惠于技术的发展而获取了更多更大的利益时，是否就有权利要求社会对其提供全面的无缝隙的法律保护而不承担任何技术带来的风险呢？只有对网络交易采取全面监控时，权利人才有可能获得全面的无缝隙的法律保护。事实上，这在技术上与实践上都不具有可行性。平台侵权行为在网上根本不可能根除，这是技术发展必然带来的负面效应。著作权领域几十年来抗击盗版的努力失败就是最好的例证。因而，正确的态度是权利人在获得技术发展所带来的巨大红利时，需要在一定程度上认识到技术所带来的一定程度的利益损失风险。有学者认为，YouTube 提供的视频上传服务可以让用户分享世界范围内的文化信息。即使该行为可能存在一定的风险，但 YouTube 在信息传播方面的作用应是一个可忍受的风险，因而，其没有义务对内容的合法性负责。[1]

五、技术与商业上不具有现实性

这里的技术现实性是指成本与收益的现实性。要求互联网平台提供商对网络上的每一笔交易进行机械或人工干预在理论上是可行的，但在现实的商业实践中，这样的做法根本不具有可操作性。就侵权行为而言，平台提供商基本不可能通过算法来排除，因为这涉及众多迥异侵权判断规则以及合法来源与合法销售等区分。因而，人工干预就成为现实的解决问题之道。但是人工干预需要付出极高的成本。即使投入极高的人力成本，平台提供商事实上也不可能有效解决侵权问题，因为让中介提供商来决定哪些是侵权行为基本不具有现实可能性。因而，平台的选择要么是过分监管，要么是回归到封闭平台。过分监管的后果是大量的合法信息被错误删除。

即使法律不要求互联网中介提供商监控网络，但绝大多数平台都会进行某种意义上的监控活动。但这种监控主要是对元数据的监控，一般不会涉及具体交易行为的监控。

第三节 互联网平台提供商具有管理与合作义务

互联网平台不具有全面监控互联网的义务并不意味着其不承担管理互联网的责任。平台提供商对平台存在着一定的控制力，其通过平台获得了利益，任何商业主体不能只享有收益而不承担法定、约定或可行的义务。笔者认为，这些义务主要包括管理义务、合作义务等。

---

[1] Susy Frankel, Daniel Gervais, *The Evolution and Equilibrium of Copyright in the Digital Age*, Cambridge University Press, 2015, p. 186.

一、应确立平台提供商的管理义务

平台提供商应负有管理其平台的义务。这种义务的承担因不同的经营模式而存在不同。这种义务责任首先体现在经营模式符合法律规定。平台提供商对于法律禁止建立的平台在任何情况下都必须承担相应的法律责任。比如深链聚合软件就不能通过非法手段破解正版视频网站的身份验证系统，绕过广告服务器，冒充特权用户从服务器直接骗取视频内容地址。就互联网发展的现状而言，各国一般都不禁止建立中立、开放的为消费者带来便利的平台。在法律并无禁止的情况下，一般的互联网平台都应认为是合法的。对于法律无禁止的平台而言，不同模式的平台需要承担不同的管理义务。即使在同一平台下，不同的经营措施其管理义务也是不同的。一般而言，平台分为完全开放平台与半开放平台。完全开放平台提供存储、搜索、缓存等技术支持服务，平台提供商不对行为人的资质与行为进行任何法律要求之外的管控。而半开放平台需要对行为人的资质与行为进行某种程度的监管，如 C2C 电子商务平台、网络租车平台。一般而言，完全开放平台承担较小的管理义务而半开放平台需要承担更多的义务。完全开放平台一般不对用户信息的真实性与使用者的损害承担责任。在同一平台内，由于经营方式存在差异，其承担管理义务的方式也存在不同。比如，同样作为搜索平台，其竞价排名经营模式与自然搜索模式承担管理义务的方式也应是不一致的。竞价排名模式中，平台经营者需要承担更多的管理义务，需要对有损公共利益的行为承担更多的监控责任。有法院就认为，百度推广服务与纯基于信息定位服务的自然搜索服务存在一定区别。涉案推广链接符合《广告法》关于广告的定义。[1]如果将竞价排名认定为广告行为，作为广告经营者，其理应承担更多的管理义务。另外，对于纯粹提供技术服务的开放平台而言，其不同的算法设计可能需要承担不同的管理义务。如果其算法设计易于导致侵权的发生，其可能需要承担更多的管理义务。比如同样提供链接服务的平台，提供一般链接与深度链接可能需要承担不同的管理义务。有法院认为，即使设链平台完整链接视频提供方的广告和视频，表面上呈现给用户完整的内容，但若系通过破解视频网站密钥等不正当方式，不能使视频网站的广告统计系统统计到广告播放的

---

[1] 北京市第一中级人民法院［2013］一中民终字第 9625 号民事判决书。

数量，导致广告投放周期延长或日播放次数减少，从而使广告收益下降，损害了视频网站的合法利益，亦构成不正当竞争。[1]也就是说，同样提供链接服务，一般链接与深度链接存在着不同的管理义务。

管理义务的另一种体现就是不能漠视侵权行为存在。互联网平台提供者不能漠视其平台上广泛存在的民事侵权行为。各国著作权法中广泛存在的"红旗规则"就是规范这种漠视侵权行为的规则。"红旗规则"的核心是如果侵权行为像一面红旗飘扬在其平台中，若平台漠视这面旗帜的存在将承担相应的法律责任。在商标侵权案件中，有法院也采取所谓的"红旗规则"来处理漠视商标侵权行为。[2]

除了所谓的"红旗规则"，在商标司法实践中，还会采取所谓的"恶意忽视"规则来处理对平台侵权的漠视行为。在 Tiffany 诉 eBay 案[3]中，法院认为，网络服务提供商不得对侵权恶意视而不见，当有理由怀疑其服务的用户正侵犯一个受到保护的商标时，其不可以故意躲避了解特定的侵权交易。"恶意忽视"意味着被告采取故意行为避免确认一个具有较高可能性的违法行为，在这种情况下，被告几乎可以被认为是已经实际知道这些事实。仅仅对相关事实有怀疑理由而未采取行动并不构成"恶意忽视"。

二、应确立平台提供商的合作义务

虽然互联网平台提供者不具有一般的监控义务，但并不意味着在个案中其不具有同权利人合作的义务。这种合作义务主要体现在：

第一，通知与删除的义务。这是各国著作权法都规定的平台的合作义务。这种义务要求权利人在发出侵权通知后，平台应及时进行删除或采取反通知，否则，其需要承担相应的法律责任。当然，在司法实践中，要让平台提供商来审查权利人发出的通知是否存在问题其实非常困难。因而，在很多时候，只要权利人发出了通知，平台为了避免承担后续的法律责任，就会直接删除相关内容，这可能损害消费者与社会公众的利益。因而有必要建立相应机制

---

〔1〕 上海市杨浦区人民法院［2015］杨民三（知）初字第 1 号民事判决书。

〔2〕 袁秀挺、胡宓："搜索引擎商标侵权及不正当竞争的认定与责任承担——网络环境商标间接侵权'第一案'评析"，载《法学》2009 年第 4 期。

〔3〕 Tiffany Inc. v. eBay Inc. , 600 F. 3d 93 (2d Cir. 2010).

来规制权利人的滥用通知与删除规则的行为。

第二，个案的监控义务。平台提供商不具有普遍监控义务并无意味着其不具有特殊情况下的个案监控义务。这种监控义务一般而言来自权利人的要求或是反复多次侵权行为的出现。这里的个案监控义务主要针对的是反复出现的大规模侵权主体而不是对权利人权利运行状况的监控。如果权利人提出该主体是惯常的侵权嫌疑人或被控侵权多次，此时平台提供商有义务对该主体采取监控措施。如果平台提供商发现某一主体多次反复提供侵权商品，其也应采取措施监控该主体的行为。权利人一般不能要求平台提供商监控其权利运行状态，因为这很可能构成对平台的普遍监控行为。同时，这种监控义务不能过于严格从而可能对平台商业模式带来危害。[1]

第三，为权利人采取预警机制提供便利。平台提供商不可能对每一权利在平台上的行使情况采取事前的预警机制，否则将构成对平台的普遍监控义务。但是，对于广泛认知的权利，如果权利人愿意并希望与平台合作建立相关的预警机制，平台应有合作的义务。在著作权领域，YouTube 同主要的内容生产商合作建立了内容识别机制。在商标领域，阿里巴巴也尝试建立相关的知识产权保护平台。

第四节　互联网平台民事侵权责任的构成

一、客观上有违反注意义务的行为

这种注意义务包含法律上要求的管理义务以及与权利人的合作义务。这一注意义务是互联网平台承担责任的前提。一般而言，违反注意义务包括对明显的侵权行为采取漠视态度、对平台上的大规模侵权行为不采取任何措施、没有及时履行通知—删除义务、对侵权行为提供帮助、教唆、引诱侵权行为的发生、对权利人的合作要求不合理拒绝等。如果行为人没有任何违反注意义务的行为，其一般不承担侵权责任。

现阶段平台民事侵权责任的承担存在着以商业模式确立平台责任的趋势。

---

[1] Annette Kur, "Secondary Liability for Trademark Infringement on the Internet: The Situation in Germany and Throughout the EU", 37 COLUM. J. L. & ARTS, 525 (2014).

这种方法强调平台的一般注意义务，如果违反了相关的注意义务，不管平台是否对具体侵权行为存在认知，其都需承担相应的民事侵权责任。有法院就认为，用户上传了大量的精华资源，为被告带来了相应的广告收益，而权利与义务的对等性也要求被告承担合理的注意义务。对合理注意义务的违反意味着平台需承担相应的责任。[1]事实上，注意义务的核心要求应是前面提及的平台提供商需要承担的管理义务与合作义务，一般包括事前监管与事后补救义务。要求平台提供商承担一定的注意义务是平台提供商的应有法律义务，但不能要求平台提供商承担一般的注意义务，欧盟各国也基本反对对平台提供商施加一般的注意义务。[2]以一般注意义务为唯一要素构建的侵权责任不考虑平台提供商是否知晓侵权行为的存在，只要存在着违反一般注意义务的情形，平台提供商都需承担相应的侵权责任。事实上，一般注意义务的违反存在着不同的情况。有些违反注意义务的情形并不导致平台提供商对侵权行为存在认知。此时对违反一般注意义务的一方施以责任意味着要求其承担普遍的监控义务。事实上，平台提供商违反一般注意义务更多的应是向政府承担行政责任而不是向权利人承担民事责任。

一般注意义务既有来自法律直接的规定，比如要求平台提供商审查注册用户的真实性，也有来自商业模式所引发的特殊注意义务，同时也包括权利人以及侵权人的相关行为所引发的注意义务。比如欧盟《电子商务指令》第5条要求平台提供商在从事电子商务交易时提供相关一般信息的义务。杜塞尔多夫高等法院认为，平台提供商需要采取合理措施让零售商遵从相关信息要求，否则需要承担责任。[3]

值得注意的是，具有不同控制力的平台其注意义务是不同的。提供纯粹在线交易市场的平台提供商与竞价交易平台提供商之间就存在着不同的注意义务。一般认为，如果平台提供商纯粹提供技术支持等中立服务，而没有对直接侵权提供帮助、支持或控制的，一般不需承担过多的注意义务。

---

〔1〕　宋学东、刘军华、唐震："网络服务商对网络用户的反复侵权行为负有注意义务"，载 http://fayuan. xinmin. cn/alyp/2012/03/14/14024524. html，2017 年 5 月 20 日访问。

〔2〕　"The Friendly Sounding Way In Which Europe Threatens Free Speech & Internet Innovation"，https://www. techdirt. com/articles/20150709/22323631606/duty-care-friendly-sounding-way-which-europe-threatens-free-speech-internet-innovation. shtml accessed May 11，2017.

〔3〕　http://www. kwm. com/en/es/knowledge/insights/platform-providers-liability-for-their-retailers-20131206accessed Sep 28，2017.

二、主观上存在着过错

《侵权责任法》第 36 条第 3 款规定，网络服务提供者知道网络用户利用其网络服务侵害他人民事权益，未采取必要措施的，与该网络用户承担连带责任。知道一般包括"明知"与"应知"两层含义。"明知"是对行为人主观过错的事实认定，"应知"是对行为人主观过错的法律推定。[1]明知是事实上知道，而应知是推定知道。在司法实践中，许多法院会以是否违反注意义务来认定当事人的"应知"状态。有法院认为，所谓应知，是指根据 P2P 网络服务商的预见能力和预见范围，如果其应当预见到 P2P 软件用户存在实施侵犯他人著作权的行为，但由于其未尽到谨慎的注意义务，导致损害后果发生或扩大的，就应当认定该 P2P 网络服务商存在过错。[2]笔者认为，违反注意义务只能是判断"应知"的参考因素。事实上存在着违反注意义务（主要是指管理义务与合作义务）并不知道侵权存在的情况，并非所有违反了注意义务的行为都必然导致平台提供商知晓侵权行为的存在。

平台提供商主观上的认识因素是对具体侵权行为的知晓。事实上，概括地知晓平台上存在着侵权行为并不会给平台提供商带来侵权责任。要求平台提供者承担概括知晓的侵权责任意味着要求其承担一般的监控平台的义务。事实上，对于平台而言，平台提供商一般都知道其平台上存在着一定侵权行为，有的平台提供商甚至知道其平台存在着较为严重的侵权状况，但这并不能直接要求平台提供商承担侵权责任。美国一法院就认为，在 Tiffany 诉 eBay 案（以下简称"eBay 案"）中，虽然 eBay 公司概括了解有些假冒的 Tiffany 商品在其网站销售，但法院认为，如果没有其他行为，这一认知不足以给被告带来责任。[3]平台提供商必须对具体侵权行为有具体的认知才需承担责任。也就是说，平台提供商需要知晓谁的何种权利受到何种侵犯。一般认为，平台提供商必须认识到特定的民事权利被他人侵权。由于民事侵权判断的复杂性，一般不要求平台对行为的侵权性存在认知。

---

〔1〕 吴汉东："论网络服务提供者的著作权侵权责任"，载《中国法学》2011 年第 2 期。

〔2〕 庄某栋、佐佐木某子诉上海隐志网络科技有限公司侵害作品信息网络传播权纠纷案"，参见上海市第一中级人民法院〔2011〕沪一中民五（知）终字第 33 号民事判决书。

〔3〕 Tiffany Inc. v. eBay Inc., 600 F. 3d 93 (2d Cir. 2010).

互联网平台对于"互联网+"经济的健康发展至关重要。而互联网平台责任范围的大小决定了互联网经济发展的模式与可持续性。互联网平台提供商的责任必须考虑平台的经济发展现状、技术可行性、消费者权利保护以及互联网经济的可持续发展。对于平台提供商施加过于严苛的责任将损害平台的发展与创新,因而,各国普遍坚持平台提供商不应承担监控平台的一般义务。但互联网平台不能对相关民事侵权行为采取听之任之的态度。从技术的角度来看,平台提供商有管理平台的责任与义务。另外,平台提供商有义务与权利人合作采取相关的预警措施来保护权利人的合法利益。然而,这些管理义务与合作义务的违反只能是平台提供商承担责任的一个考量因素。平台提供商不能因为没有履行相关的管理与合作义务而承担侵权责任。平台提供商承担侵权责任的前提是知晓侵权行为发生而不采取措施补救。因而,平台提供商承担责任的前提是主观上对具体侵权行为存在认知,客观上违背了注意义务的行为。

第五节 互联网平台提供商对用户的民事侵权责任

一、平台关于用户权利保护的相关规定

平台用户一般与平台之间存在着合同关系,如果平台未按相关协议保护用户的相关权益,用户可以以违约为由要求互联网平台承担违约责任。由于违约责任不是本书讨论的核心问题,此处仅简单总结下现今主要平台合约对于平台提供商责任的规定。百度平台规定,其尊重并保护所有使用百度用户的个人隐私权,用户注册的用户名、电子邮件地址等个人资料,非经用户亲自许可或根据相关法律法规的强制性规定,百度不会主动泄露给第三方。然而,用户在使用搜索引擎时输入的关键字、设备信息、日志信息等百度并不认为是隐私信息,其有权利用这些信息获利。Google 的服务条款对用户信息的收集与使用作出了明确规定,与百度不同的是,Google 承诺对用户的信息安全承担责任。淘宝网也规定了用户保护的相关措施,其涉及用户信息的收集、转让、分享、披露以及安全等方面。值得注意的是,现今平台规定的用户隐私保障条款表明看起来其非常重视用户隐私与信息安全,但事实上,这些用户信息是这些平台获利的关键,因而,这些平台并没有公开算法是如何使用这些数据,以及

在收集与处理数据过程中的过错对用户带来的伤害。随着人工智能算法的出现，以同意为基础的信息收集与处理方式受到极大挑战。[1]人工智能算法可以生成用户新的信息，而这些信息可能是用户自己也未意识到的信息或无意识披露的信息。这些信息经过人工智能算法整合后会形成新的用户信息，而平台对这些信息的使用与保护并无明确规定。另外，由于人工智能算法设计的偏见以及收集数据的非完整性可能导致人工智能输出的个人信息存在错误与偏见。而这些错误与偏见信息却被出售给第三方公司用以决定是否录用该人员、是否向该人员发放贷款等。第三方公司基于上述错误信息的决定无疑将损害用户的利益，而此种情况下用户不能基于合同的约定予以救济。

二、用户个人数据的性质界定

（一）个人数据信息并不都是隐私

现今，中国并没有规定个人数据保护权。对于个人数据的保护，现阶段主要是以隐私权的形式进行保护。经济合作与发展组织（OECD）《关于隐私保护与个人数据跨界流动的指导方针》第 1（b）条规定，个人数据是指与一个已经被确认或可以被确认的人（信息主体）相关的任何信息。我国《网络安全法》《最高人民法院关于审理利用信息网络侵害人身权益民事纠纷案件适用法律若干问题的规定》第 12 条以及《个人信息保护法（专家建议稿）》第 1 条第 2 款规定，个人信息，是指以电子或者其他方式记录的能够单独或者与其他信息结合识别自然人个人身份的各种信息，包括但不限于公民的姓名、出生日期、身份证件号码、个人生物识别信息、住址、电话号码等。

隐私权是指自然人享有的私人生活安宁与私人生活信息依法受到保护，不受他人侵扰、知悉、使用、披露和公开的权利。[2]《侵权责任法》首次明确了隐私权的独立地位，其第 2 条规定的民事权益包括了隐私权。一般认为，隐私是不为他人所知的信息。如果是个人已经公开的信息，一般不能纳入隐私权的保护范围。然而，个人数据信息有些是私人信息，而有些却是公开的

---

〔1〕 Suchana Seth, "Machine Learning and Artificial Intelligence: Interactions with the Right to Privacy", *Economic & Political Weekly*, 2017.

〔2〕 王利明主编：《民法》（第 5 版），中国人民大学出版社 2010 年版，第 515 页。

信息。对于个人公开信息纳入隐私权保护显然不合时宜。"被遗忘权"保护的客体归为三类：①不恰当的信息，是指在网络云存储中，对于信息主体描述不正确的信息。②过时的信息，是指网络云存储中，对于权利主体来说，虽然是可能真实的，但随着时间的流逝，该信息对所涉及对象状态的反映已非"现在时"。③会导致信息主体社会评价降低的信息，是指在网络云存储中持续存在着的，会导致权利主体社会评价持续降低的负面信息。[1]而这些信息是大多数公众可以自由获得的信息，以隐私权来保护这些信息并无可能。个人数据信息在内容上更为广泛，涉及个人心理、生理、智力以及社会政治、经济、文化、教育、家庭、财产等方方面面。而隐私权的内容主要是突出其个人不愿意公开的私生活信息和生活秘密。有些个人信息就不涉及隐私，信息拥有者可以自己加以公开。从《全国人民代表大会常务委员会关于加强网络信息保护的决定》"国家保护能够识别公民个人身份和涉及公民个人隐私的电子信息"的规定中可以看出个人数据信息与隐私之间并不总是一致的。

（二）个人不必然享有个人数据信息的权利

经过互联网平台整合的信息的权利归属并不总是归于个人的。在个人数据保护的立法方面，各国基本都规定的是个人保护数据的权利（right to protect personal data）而不是个人数据权（right to personal data），如英国的《数据保护法案》、欧盟的《通用数据保护条例》等。也就是说，个人并不理所当然地对其个人数据享有权利，但其有权利要求这些数据的利用者保障数据的完整性、安全性。就个人数据信息而言，有些信息是个人主动提供给平台的信息，有些信息是平台通过算法整合后获得的关于个人的信息。这些信息关涉根据欧盟《通用数据保护条例》第 4 条，个人数据是指与被识别或可识别的自然人（"数据主体"）有关的任何数据，一个可识别的自然人是可以直接或间接确定的，尤其是通过参考诸如姓名、身份编号、位置数据、在线识别码等标识或与该自然人的物理、生理、遗传、心理、经济、文化或社会身份相关的一个或多个因素。

从网络时代对个人信息的精确收集转向基于大数据样本挖掘产生相关个人信息的关联集成，这颠覆了过去隐私保护以个人为中心的思想：数据收集

---

[1] 杨立新、韩煦："被遗忘权的中国本土化及法律适用"，载《法学适用》2015 年第 2 期。

者必须告知个人，即他们收集了哪些数据、作何用途，也必须在收集前征得个人同意，即"告知与许可"规则。而在大数据时代，却是一种新的对分散的相关个人信息的"二次利用或开发"，有的数据从表面上看并不是个人数据，但是经由大数据处理之后就可以追溯到个人了。[1]

（三）个人信息数据兼具权利与财产属性

现今世界各国都在个人数据保护领域进行相关立法。印度打算订立数据与隐私保护法，将隐私权作为基本权利予以保护。我国《侵权责任法》也将隐私作为一种权利予以保护。然而，正如我们前面所论述的，个人数据有些属于隐私范畴，有些却是公开的信息或平台整合大数据后所获得的信息。除了一些用户明确限制互联网平台利用方式与目的的信息外，互联网平台也通过算法收集各种用户信息以及元数据。互联网平台收集这些信息并整合后将之出售给专门的数据公司或自己利用这些数据进行针对性的广告推送。这些数据利用方式是现今互联网平台的主要商业模式。完全忽视商业现实强制规定这些个人数据的权利归属于用户将导致互联网平台商业模式的崩溃，损害了互联网经济的发展。个人信息数据从某种意义上讲兼具权利与财产属性。

三、互联网平台提供商违反个人数据保护的民事责任

（一）互联网平台收集数据具有一定的正当性

用户数据几乎是现在所有平台的基础。没有用户数据的收集与整合，就没有现在所谓的"互联网+"经济的存在。其实，平台对用户数据的收集不仅对平台是有价值的，其对用户自身也具有价值。其能精准提供用户所需的服务，减少用户的交易成本，获取自己需要的信息与服务，这无疑对用户而言也是有价值与意义的。

此外，长时间积累的个人数据可以描绘出令人难以置信的详细的个人生活图景，使得这些数据不仅对收集数据的公司非常有价值，而且对后续用户也有利用价值。这些数据越来越多地提供给研究人员、决策者和企业家，以

---

〔1〕［英］维克托·迈尔-舍恩伯格、肯尼思·库克耶：《大数据时代：生活、工作与思维的大变革》，周涛等译，浙江人民出版社2013年版，第195~200页。

支持科学研究、公共政策和创新的快速发展。[1]随着收集数据的时间越来越长，频度越来越高，我们从这些数据中获得的信息就越精确，对个人的了解也就越深刻。商业大数据被用于为客户提供商品和服务，并使分析能够改善服务，进行投资或其他业务决策。[2]电信提供商、移动操作系统、社交媒体平台和零售商通常会收集、存储和分析大量有关客户位置、交易、使用模式、兴趣、人口统计等数据。高度详细的个人信息用于为现有和潜在客户提供有针对性的服务、广告和优惠。长期积累的大数据有望在商业和政府部门获得显著收益，就像长期的纵向数据收集已经改变了社会和生物医学科学的研究一样。纵向数据、来自商业领域的大规模数据以及大数据分析技术（如新兴的机器学习方法）的结合，有望以不可预见的方式改变社会。

（二）　互联网平台收集与处理信息的法律义务

目前，我国虽没有制定专门性的个人数据保护法，但与之相关的法律法规仍然存在。对个人数据直接保护的立法包括《刑法》《民法总则》《侵权责任法》《网络安全法》《互联网信息服务管理办法》《全国人民代表大会常务委员会关于加强网络信息保护的决定》等，对个人数据间接保护的立法包括《宪法》等。此外，还包括一些针对特殊领域与特殊主体的法律和法规，如《未成年人保护法》《妇女权益保障法》《执业医师法》《传染病防治法》等。《民法总则》第111条规定，自然人的个人信息受法律保护。任何组织和个人需要获取他人个人信息的，应当依法取得并确保信息安全，不得非法收集、使用、加工、传输他人个人信息，不得非法买卖、提供或者公开他人个人信息。这是我国法律第一次确认个人对其相关数据享有的权利并要求依法收集与处理数据。此外，一些部门规章也对个人用户数据提供法律保护。2012年，国家质量监督检验检疫总局（已撤销）、国家标准化管理委员会通过了《信息安全技术　公共及商用服务信息系统个人信息保护指南》。这份文件涵盖"通

---

〔1〕　Executive Office of the President, "Big Data: Seizing Opportunities, Preserving Values", https://obamawhitehouse. archives. gov/ sites/default/files/docs/big_ data_ privacy_ report_ may_ 1_ 2014. pdf> accessed 25 January, 2018.

〔2〕　Generally President's Council of Advisors on Science and Technology, "Big Data and Privacy: A Technological Perspective, Report to the President", https://obamawhitehouse. archives. gov/sites/ default/ files/microsites/ostp/PCAST/pcast_ big_ data_ and_ privacy_ -_ may_ 2014. pdf〉 accessed 25 January, 2018.

过信息系统进行个人信息处理"的过程；对数据导出、敏感数据作出了详细的监管规定；也包括数据主体访问和纠正不准确数据的权利。2013年，工业和信息化部又通过了《电信和互联网用户个人信息保护规定》，适用范围比2011年的《规范互联网信息服务市场秩序若干规定》更广，针对互联网信息服务提供者和"电信业务经营者"作出了相关规定。该规定首次作出了对"个人信息"的全面定义，为中国互联网和电信部门建立了相对完整的数据保护制度。

依据现有的规定，互联网平台在收集与处理数据方面的义务主要有：

1. 收集与使用信息需遵守合法、正当、必要原则的义务

互联网平台在业务活动中收集、使用公民个人电子信息，应当遵循合法、正当、必要的原则，明示收集、使用信息的目的、方式和范围，并经被收集者同意，不得违反法律法规的规定和双方的约定收集、使用信息。互联网平台在收集、使用公民个人电子信息时，应当公开其收集、使用规则。

2. 取得用户同意的义务

互联网平台在收集个人用户信息时必须经过用户的明示同意。虽然随着人工智能技术的发展，这种同意的价值在不断减损，但对于一些敏感信息，互联网平台仍应取得平台的同意。由于大数据的发展，人工智能技术广泛运用于个人数据的收集与处理。而其收集与处理的数据可能是人自身都没有意识到的数据，例如大数据分析得出某人有破产的可能性、罹患某种疾病的可能性。这些信息的收集当然无法要求个人事先同意。

3. 保障个人信息安全的义务

信息处理主体应当采取合理的安全措施保护个人信息，防止个人信息的意外丢失、毁损以及非法收集、处理、利用。网络运营者应当采取技术措施和其他必要措施，确保其收集的个人信息安全，防止信息泄露、毁损、丢失。在发生或者可能发生个人信息泄露、毁损、丢失的情况时，应当立即采取补救措施，按照规定及时告知用户并向有关主管部门报告。

4. 保障信息完整的义务

信息处理主体应当保证个人信息在利用目的范围内准确、完整并及时更新。不完整与带有偏见的个人信息将给当事人带来负面影响。在个人信用状况评价中如果利用这些偏见与不完整的信息将导致其信用评价降低，损害当事人的合法权利。互联网平台提供商必须有义务保障其收集的信息是完整的、

没有偏见的。在设计信息收集与处理算法时，尽量考虑多元化的变量与计算方法。当然，随着人工智能技术的发展，由于算法本身的偏见以及收集大数据样本的问题，其对当事人数据的结论可能存在偏颇。从现阶段的技术现实看，这些偏颇将不可能消除。此时，个人信息权人得以请求信息处理主体对不正确、不全面的个人信息进行更正与补充，或对过时的个人信息进行更新。

5. 数据删除的义务

在法定或约定事由出现时，个人信息权人得以请求信息处理主体无条件地删除其个人信息。同时，信息主体得以请求信息处理主体无条件地断开与该个人信息的任何链接，销毁该个人信息的副本或复制件。

（三）互联网平台侵权用户数据的责任承担

现阶段我国法律中并未规定所谓的个人数据权，其仅仅规定了互联网平台需要对用户个人数据承担一定的义务，但违反这些义务如何处理法律却没有明确规定。如果个人数据信息能纳入隐私权范畴，用户可以《侵权责任法》的规定为由，要求互联网平台提供者承担侵权责任。如果个人数据信息不能纳入隐私权范畴，此时用户只能依据合同法的相关规则要求互联网平台承担责任。如果互联网平台的非法行为既不能纳入隐私权规制，也不能纳入合同责任规制，就目前而言，用户则是无能为力的。

1. 基于合同的责任承担

这里的合同，主要指平台与用户之间签订的服务协议。如果服务协议明确规定对个人用户数据收集、处理的相关规则，而互联网平台并没有遵守相关规则，此时用户可以要求其承担违约责任。值得注意的是，不管是基于隐私权还是所谓的个人信息权受到损害，当事人都可以基于合同的约定提出诉求。当然，值得注意的是，如果互联网平台没有在服务协议中明确约定法律、行政法规以及部门规章要求其承担的义务，且其行为确实违反了上述规定的，用户是否能基于合同提出违约之诉呢？笔者的答案是如果这些规定涉及用户利益的保护，此时当事人可以违约提出诉求。其理由是：这是法律等要求其对用户承担的义务，可以理解其构成合同的默示条款。如果国家施以义务的目的不是保护用户，可能是基于国家安全等原因的考虑，此时，该义务不能作为违约之诉的依据。

2. 基于《侵权责任法》等的责任承担

基于侵权的责任承担的前提是用户数据构成用户隐私的一部分。也就是说，只有用户的隐私权受到侵害，用户才能基于《侵权责任法》提出侵权诉讼。《最高人民法院关于审理利用信息网络侵害人身权益民事纠纷案件适用法律若干问题的规定》中指出，网络用户或者网络服务提供者利用网络公开自然人基因信息、病历资料、健康检查资料、犯罪记录、家庭住址、私人活动等个人隐私和其他个人信息，造成他人损害，被侵权人请求其承担侵权责任的，人民法院应予支持。依据上述司法解释，法院似乎将非隐私信息也纳入了侵权责任的承担范围。这里的"其他个人信息"的范围值得关注。是否所有的其他个人信息用户都能以侵权为由提出诉讼呢？笔者认为，结论应是否定的。因为并不是所有的用户个人信息的权利都归个人，有些个人信息的控制者与拥有者并非用户自己，而是第三方机构。将第三方拥有的涉及用户的个人信息都纳入侵权责任的规制范围并不具有法理上的正当性。

第六节　互联网平台对第三人承担的侵权责任

一、互联网平台对第三人承担责任的法理基础

互联网平台一般为"技术"提供者，通常会发生直接侵犯第三人权利的问题。但互联网平台也不纯是技术提供者，其有时也提供各种便利"多边"用户的服务。比如网约车平台其虽然没有提供汽车，但会对加入其平台的汽车进行审核。共享租房平台也会对加入其平台的房屋进行审查。现今各方关心的问题是如果利用平台的用户造成了第三方的人身与财产损失的，应由谁来承担责任，平台是否需要承担责任？值得注意的是，由于知识产权作为一种信息财产，其可以在平台自由流动，因而，对于平台的知识产权侵权各国都采取了特殊规制。因而，此处对第三人的侵权不涉及侵犯第三人的知识产权。美国国会起草的一整套法案，旨在不对硅谷企业施加繁重约束的同时解决内容产业和公众关心的主要问题。法院则通过宽泛解释豁免条款并取消可能导致"寒蝉效应"的法规以保护言论自由和促进创新。相关法律中首先制定的就是美国的《通信规范法》，该法对硅谷企业的兴起十分关键。该法案中的关键条款是第230条，该条款保护了许多企业——大部分企业在该法通过

时甚至从未意识到——使其免受潜在的毁灭性法律挑战。该条款在很大程度上豁免了在线服务提供者对那些利用他们的服务进行侵权行为的次要责任。法院对第 230 条的规定进行了宽泛的解释，并广义定义了"交互式计算机服务"，使其覆盖了大量州和联邦的案件，但是根据条款内容排除了知识产权案件。[1]而欧洲对网络中间平台责任采取了统一的处理标准，即无论侵权行为的性质如何，均设定相同的中间平台责任标准。

从我国现有的法律规定来看，平台承担责任的前提是其对用户的侵权行为存在着教唆与帮助行为。这就是所谓的教唆与帮助侵权。

除了教唆与帮助侵权外，互联网平台承担责任的法律基础是"获利"。也就是说，即使互联网平台提供商并没有针对用户侵权行为的教唆与帮助行为，但其只要利用其商业模式获取利益，就应承担相应的法律责任。以"获利"作为责任基础的原因在于：无人应只享受利益而不承担责任。

二、互联网平台对第三人承担责任的类型

《侵权责任法》第 36 条规定，网络用户、网络服务提供者利用网络侵害他人民事权益的，应当承担侵权责任。网络用户利用网络服务实施侵权行为的，被侵权人有权通知网络服务提供者采取删除、屏蔽、断开链接等必要措施。网络服务提供者接到通知后未及时采取必要措施的，对损害的扩大部分与该网络用户承担连带责任。网络服务提供者知道网络用户利用其网络服务侵害他人民事权益，未采取必要措施的，与该网络用户承担连带责任。《侵权责任法》第 9 条规定，教唆、帮助他人实施侵权行为的，应当与行为人承担连带责任。一般而言，互联网平台对用户利用其平台侵害他人权利的行为具有教唆、帮助行为时，其才需要承担责任。《侵权责任法》第 36 条规定帮助的两种形式，即未履行通知—删除义务以及知晓侵权后未采取必要措施。如果不是帮助而是教唆行为，即积极鼓励其平台用户侵犯第三方权利的行为，应当受到《侵权责任法》第 9 条的规制。然而，互联网平台的教唆、帮助行为如何认定是各方争议的焦点。在 Doe V. MySpace, Inc 案中，一名未成年人因遭到社交网站 MySpace 上认识的 19 岁男子强暴，起诉 MySpace 就这一恶行

---

[1] Chander Anupam, "How Law Made Silicon Valley", *63 Emory Law Journal*, 639 (2016).

承担责任。[1]原告及家属起诉 MySpace 存在过失，称由于原告注册时 MySpace 未对其年龄进行核实，因而未能披露原告实为 13 岁而非其谎称的 18 岁。第五巡回上诉法院援引《通信规范法》第 230 条裁定 MySpace 免受追究。《通信规范法》还在另一案中，保护了某婚恋服务网站免于因用户在网站上恶意发布不实信息而受追究。[2]该案中，位于柏林的用户在电脑上发布一项个人资料，上传了一位女星的头像，表示有意征寻男士，并公开了个人家庭住址和手机号。第九巡回上诉法院援引第 230 条，驳回了该女星主张该婚恋网站经营者侵犯其隐私、误用公开权、诽谤及过失侵权的诉讼请求。法院裁定："尽管本案最终引发了极其恶劣的后果，法院认为国会（通过该法案）的初衷是保护诸如 Matchmaker 的网络服务提供者免受法律追究。"法院认为立法所希望实现的结果是"网络信息发布者应有别于印刷出版商、广播及电视发布者。基于平台的开放性，笔者认为，这里的教唆与帮助必须是针对特定的侵权行为的教唆与帮助。互联网平台提供商仅仅概括知道他人可能利用其平台损害第三方利益不需要承担责任，否则将可能给平台施加过于苛责的审查义务。而现有的规则都要求互联网平台提供商无须承担审查其平台的私法义务，虽然一些法律规定了平台的公法审查义务。

在某些情况下，即使平台未实施教唆与帮助行为，但如果其采纳了一种易于导致侵权的商业模式，使得用户使用该平台导致了第三方的损害，平台可能也需承担侵权责任。《最高人民法院关于审理利用信息网络侵害人身权益民事纠纷案件适用法律若干问题的规定》第 9 条规定，人民法院依据《侵权责任法》第 36 条第 3 款认定网络服务提供者是否"知道"，应当考虑网络服务提供者应当具备的管理信息的能力，以及所提供服务的性质、方式及其引发侵权的可能性大小。从上述规定来看，如果互联网平台采取了一种易于侵权的商业模式，法院也可能要求其承担侵权责任。这意味着法律对平台提供商施加了一种严格责任。显然，这样的做法有客观归责的嫌疑，违背了侵权判断需考虑当事方的主观过错的要求，对互联网平台苛以过于严格的责任，不利于平台经济的发展。

因提供平台服务而需对第三人承担责任的情形还包括互联网平台提供商

---

[1] 528 F. 3d 413, 416 (5th Cir. 2008).

[2] Carafano v. Metrosplash. com, Inc. , 339 F. 3d 1119, 1121, 1125 (9th Cir. 2003).

对其利用互联网平台的用户所需承担的责任。例如，网约车平台对网约车司机对第三方带来的伤害需要承担的责任；共享租房平台因为租客的人员财产损失所需承担的责任。在全国首起网约车侵权案中，海淀区法院认为，在网络约车交易中，滴滴公司等平台所承担的，不是简单的"信息撮合"，而是"承运服务"。专车、快车司机及车辆，系受平台指派任务，去履行平台与乘客搭乘客运合同。故在履行合同过程中，网约车司机属于提供劳务的一方，其因劳务造成他人损害的，平台作为接受劳务的一方应承担相应的侵权责任。[1]笔者认为，此判决对互联网平台的法律属性的认定有待商榷。互联网平台是一种双边市场，互联网平台提供商的业务模式为双边用户提供撮合服务，从而促进平台的网络效用的提升。本案中，网约车平台的业务模式为司机与用户提供了信息整合服务，网约车司机获得了用户的需求，用户获得了网约车司机的情况。通过这样的信息整合，有效地节约了交易成本，对社会资源的有效利用也发挥了价值。因而，从本质上讲，网约车平台不是接受劳务的一方，接受劳务的一方应是用户。网约车平台在网约车业务模式中不接受任何劳务，其仅仅是数据信息的收集与整合者。强行认定互联网平台构成所谓的劳务接受者将意味互联网平台需要承担更严格的侵权责任，对于平台而言，其对这些网约车的行为并无任何约束力。互联网平台不能因为获取了所谓的利益就对其无任何控制的行为人的行为承担责任，这存在着法理上的不足。其本质就是一种以商业模式来界定侵权责任的方法，无疑会损害平台模式的创新与技术进步。

当然，如果互联网平台没有履行法律规定的审查义务，导致平台的用户给他人带来伤害，此时其可能需要因其过错行为承担责任。比如，互联网平台提供商具有审核网约车及其驾驶员真实性的义务，如果其拒绝履行相关义务，导致网约车司机对乘客实施了某种犯罪行为的，网约车平台可能需要对其过错行为承担一定的侵权责任。

---

〔1〕　中国法院网："北京海淀法院审判首例涉网约车的交通条件"，载 https://www.chinacourt.org/article/detail/2016/12/id/2361884.shtml.

互联网平台的知识产权法规制

第一节　知识产权制度与互联网平台经济

一、知识产权制度的经济学分析

知识产权是基于信息产生的权利。如中山信弘和北川善太郎都把知识产权的对象称为"知识财产"。中山信弘认为，所谓知识财产，是指禁止不正当模仿所保护的信息；北川善太郎则指出，信息与知识产权具有同质性。[1]知识产权的信息特征使得其具有同一般财产权不同的特征，其存在的经济学基础与传统财产权之间存在着差别。

（一）市场失灵

知识产权是法律赋予人类智力成果的权利，其一般包括著作权、商标权、专利权等。传统知识产权规则和政策是通过自上而下的审慎考量建立起来的，立法者在平衡相互竞争的利益后，以普遍福利的名义，为知识成果创造法定权利。[2]功利主义理论和以此为基础的经济框架一直为分析和论证各种形式的知识产权规则提供主导范式。[3]功利主义强调对社会的有益性，其认为我

---

〔1〕 李琛：《知识产权片论》，中国方正出版社 2004 年版，第 4 页。

〔2〕 Tom W, Bell, *Intellectual Privilege: Copyright, Common Law, and the Common Good*, Mercatus Center at George Mason University, 2014, p. 167.

〔3〕 Robert P et al., *Intellectual Property in the New Technological Age*, Aspen Publishers, 2012, pp. 10~11.

们之所以建立知识产权制度，因为其对改善社会有价值。[1]功利主义理论的激励功能是基于古典经济学，它强调解决"公共产品"的市场失灵问题。传统的知识产权理由是成本收益的折中。知识产权制度给公众带来了社会成本，只有在他们平衡的程度上鼓励足够的创造和传播新创造来抵消这些成本，这才是合理的。[2]

（二）利益平衡

通常认为，知识产权生态系统由不同的利益相关者组成。知识产权法旨在平衡不同参与者的竞争利益。[3]著作权法涉及作者在控制和利用他们的作品利益同社会对思想、信息和商业自由流动的竞争利益之间的困难平衡。[4]专利法的目的是在两个社会愿望之间取得微妙的平衡：鼓励最初发明的愿望以及确保该发明既可用于其最初预期用途又可用作进一步发明的基础的愿望。[5]商标法旨在平衡商标持有者的利益和表达用户的利益。[6]

二、知识产权规则在互联网平台中的适用困境

互联网出现导致交流模式、创造与创新手段和知识生产手段的变革以及随着信息获取的不断增加，知识产权的传统概念在信息民主化的空间中越来越陈旧并且不适用。在此空间，人们获得更多的权利进行创造交换和分发内容，创新和创造力激增。[7]这源于知识产权建立的古典经济学基础与互联网平台的经济生态系统的支撑理论是完全不同的。

首先，经济理论不同。知识产权规则是建立在强调单边市场供求规律的

---

〔1〕　Balew Mersha, Kahsay Debesu, "Theories of Intellectual Property", http://www.abyssinialaw.com/study-on-line/item/468-theories-of-intellectual-property accessed 6 Oct, 2017.

〔2〕　Mark A, Lemley, "The Economics of Improvement in Intellectual Property Law", *Texas Law Review*, *Vol.* 75, 1997, p. 989.

〔3〕　知识产权如何平衡各种相互竞争的利益，请参考 Mansell et al. , *Intellectual property rights: competing interests on the Internet*, Communications and Strategies, 1998, pp. 173~197.

〔4〕　Sony Corp. v. Universal City Studios, Inc. , 464 U. S. 417, 429 (1984).

〔5〕　John M, Golden, "Biotechnology, Technology Policy, and Patentability: Natural Products and Invention in the American System", *50 Emory Law journal*, 101~104 (2001).

〔6〕　Pierre N. Leval, "Trademark: Champion of Free Speech", 27 COLUM, J. L. & ARTS, 187 (2004).

〔7〕　Komaitis, Konstantinos, "Internet Society Issues Paper on Intellectual Property on the Internet", available at SSRN: https://ssrn. com/abstract=2304124 accessed 23 October, 2017.

传统古典理论基础之上的。也就是说，知识产权规则是在一个非常传统的线性市场中运作的。互联网平台经济基于多元市场理论。多边市场理论侧重于利益互补的不同利益相关者参与的网络效应。将传统智慧应用于两面市场肯定会产生一些常见错误。[1]

其次，由于不同群体的利益是相互依存的，竞争利益并非影响互联网平台生态系统的关键因素。大多数情况下，互联网平台的利益相关者的利益是互补的，缘于所谓的网络效应。知识产权规则的核心是平衡不同利益相关者的利益冲突。因此，在利益冲突不是主要问题的环境中，知识产权规则肯定是不适当的。

最后，互联网平台是一个复杂的系统，由众多互动子系统组成。[2]一个复杂的系统是由许多可能相互作用的组件组成的系统。在复杂的系统中，系统的行为无法预测。作为一个非线性系统，复杂系统输出的变化与输入的变化不成正比。[3]传统的知识产权规则存在于一些线性系统中，并具有一些明确的界限。每个参与者所承担的角色都简单明了；但在互联网平台中，参与者的角色和兴趣并不总是明确的，而是随着时间的推移不断变化着。因此，玩家的角色并不总是明确的；最终用户也可以是制片人。

三、互联网平台经济需要解决的知识产权问题

作为信息整合和传播的场所，知识产权保护是构建互联网平台的关键要素。具有独创性的表达、创造性技术以及品牌信息正是知识产权法的保护对象。因此，平台运营商和利益相关方必须采取措施保护知识产权。但问题是谁应该对保护负责，如果一方承担保护责任，应该采取什么样的措施。由于大多数平台都是跨国经营的，所以在平台上授予的 TRIP 义务也值得讨论。

互联网平台是一个由多个参与者组成的多边结构。这些参与者包括平台控制者、管理者、外部生产者、APP 开发者和最终用户。而这些利益相关者

---

[1] Julian Wrigh, "One-sided Logic in Two-sided Markets", *Review of Network Economics*, *Vol. 3*, 2004.

[2] Amrit Tiwana, *Platform Ecosystems: Aligning Architecture, Governance, and Strategy*, Morgan Kaufmann, 2013, p. 6.

[3] Geoff Boeing, *Visual Analysis of Nonlinear Dynamical Systems: Chaos, Fractals, Self-Similarity and the Limits of Prediction*, Systems, 2016.

的利益相互交织。内部参与者的利益并不总是相互竞争和相互排斥的，而且外部人的利益总被忽视。

在在线平台生态系统中，知识产权可以由不同参与者创建，如平台运营商、应用开发商、外部生产商和最终用户等。所有这些参与者都创造了一些知识产权。平台管理者和所有者控制平台上的知识产权（如控制其运营的软件代码）以及其他权利的分配。[1] 通过赋予高度开放性的鼓励延展开发的互联网平台通常会创建一个 APP 编程接口（API），[2] 它有时是可以受到著作权保护的。[3] 由 APP 开发的 APPs 也会受到某种知识产权法律的保护。最终用户总是在平台上创建某种形式的内容，称为用户创建内容（UCC）。UCC 通常作为社交媒体网站等在线平台的补充，并可能包含博客文章、视频或评论等内容类型。谁在创建用户生成工作时拥有最初著作权的问题在线上平台环境中也令人困惑。

一般而言，互联网平台生态系统的所有参与者都会使用某些自己创建的知识产权，这些知识产权是由他或她自己、其他参与者或外部人员创建的。毫无疑问，授权使用是完全合法的，但在未经授权的情况下使用某种形式是否合法有时不容易找到正确的答案。例如，即使这种用途超出了合同目标范围，平台和 APP 运营商是否可以利用 UCC？外部人员可以自由地收集和使用平台上的大数据和内容吗？[4] 对于互联网内容提供商，他能否轻易使用他人的知识产权而不侵犯他人的权利？对于互联网服务提供商，他有可能被赋予最终用户的相关责任吗？最终用户可以自由使用不同参与者在平台上创建的任何类型的知识产权吗？

互联网平台生态系统的一个负面外部性是侵犯第三方的知识产权。在所

---

〔1〕 Geoffrey Parker, Marshall Alstyne, Sangeet Choudary, *Platform Revolution*, WW Norton, 2016, p. 135.

〔2〕 Geoffrey Parker, Marshall Alstyne, Sangeet Choudary, *Platform Revolution*, WW Norton, 2016, p. 143.

〔3〕 Oracle America, Inc. v. Google, Inc. 有些学则反对给予 API 著作权保护，请参考 "Why Making APIs Copyrightable Is Bad News", https://www.techdirt.com/articles/20140509/17140227184/why-making-apis-copyrightable-is-bad-news-innovation.shtml accessed 12 October, 2017.

〔4〕 HiQ Labs, Inc. v. Linkedin Corporation, Case No. 17-cv-03301-EMC，该案中法院认为 hiQ Labs 有权获取 LinkedIn 网站公开的信息，但在北京知识产权法院 〔2016〕京知民终字第 588 号民事判决书中，北京知识产权法院认为即使是公开数据，第三方也不能随意从新浪网中获取数据。

有参与者中，平台运营商和应用开发商可以使用第三方的知识产权来创建平台结构和 APP。这类侵权行为与传统的线下知识产权侵权行为没有区别。这里有争议的是，如果最终用户在平台上提供知识产权，谁对这种侵权行为负责？技术中立可以作为免除平台运营商责任的理由吗？

至于 UCC，关于用户生成内容最突出的法律问题是用户侵犯第三方版权问题。[1]为了回答上述问题，我们需要了解这些侵权活动的受益者。显然，各方都从这些行动中受益，但谁最受益？作为互联网平台的主要受益者和控制者，平台运营商似乎可以控制参与者的侵权行为。但平台和 APP 运营商有什么样的义务来阻止第三方的侵权活动是不确定的。不同的法院采用截然不同的方法：一些法院迫使平台运营商采取积极措施监控侵权活动；[2]一些法院只要求防止进一步侵权。[3]除平台经理和赞助商以及最终用户外，APP 开发人员及其经理的责任也值得讨论。不同平台运营商有不同的商业模式。有些平台直接向最终用户提供其拥有或许可的内容；一些平台仅用于信息的聚合、共享和集成。显然，我们不能为这些不同类型的平台施加相同的知识产权责任。

知识产权政策和法律体系的差异使得对跨国运营平台的监管非常困难。由于平台的内化，如何规范平台是颇具争议的。一些国家要求平台遵循自己的知识产权规则，即使该平台在该国没有实体存在，因为最终用户可以接受平台的服务。一些国家只对那些在本国有实际操作的平台进行管理。协调平台相关知识产权政策的规定是国际平台健全运作的必要条件。

四、互联网平台中知识产权问题的解决路径

过去几年，如何调和知识产权、互联网技术和平台已成为所有互联网治理讨论的关键。[4]制定知识产权政策的最终目的在于确保与保护人类成就目

〔1〕 "IP and Business：IP in the Brave New World of User-Created Computer Games"，http://www. wipo. int/wipo_ magazine/en/2007/01/article_ 0006. html accessed 15 July，2017.

〔2〕 SABAM v. S. A. Scarlet，District Court of Brussels，NO. 04/8975/A，Decision of 29 June 2007，25 CARDOZO ARTS & ENT. L. J.，1279（2008）.

〔3〕 http://www. iptjournal. com/argentine-supreme-court-decides-landmark-intermediary-liability-case/ accessed 21May，2017.

〔4〕 Komaitis，Konstantinos，"Internet Society Issues Paper on Intellectual Property on the Internet"，a-vailable at SSRN：https：//ssrn. com/abstract＝2304124 accessed 25 July，2017.

标相称的成果。[1]在线平台经济是当前经济发展的主要驱动力量。几乎所有的巨型互联网公司都拥有某种平台。一项研究挑战了传统观点，即认为强有力的知识产权是创新的原因。该研究作者指出，美国法官和立法者在千禧年之际改变了法律，以促进互联网企业的发展。相比之下，欧洲和亚洲实施了严格的中介责任制度，僵化的知识产权规则和强大的隐私约束，阻碍了当地的互联网企业家。在美国可能会鼓励的创新在日本会被禁止。[2]因此，对于平台的知识产权责任而言，更宽松的规则是互联网经济的最佳选择。

一般来说，平台的内部利益相关者，比如控制者、管理者和应用开发者可能会侵犯第三方的知识产权。这些侵权行为与传统侵权行为没有区别。这里唯一的问题是最终用户的侵权行为，这是互联网平台的一种负面外部性。消除这些负面外部性的困难在于最终用户的数量。让最终用户对这些侵权活动负责是不经济的，因此知识产权持有人通常要求平台和 APP 开发人员对其用户承担责任。"深口袋"需要承担什么样的责任，对于平台的良性发展至关重要。我们不能让平台和 APP 开发人员承担太严格的责任，因为严格的责任会给平台和 APP 开发人员带来"寒蝉效应"，并扼杀平台生态系统。我们应该仔细平衡不同利益相关者的利益，所有的规则和政策都应该促进破坏性创新，同时保护知识产权。

价值单元对平台参与者至关重要。每位参与者都在网上平台创建和使用一些价值单元，这些单元是将所有参与者聚集在一起的黏连剂。不同的价值单元代表知识产权持有者的不同利益。在数字平台中，内部参与者的利益通常不具有竞争力。平台上的所有知识产权创造者都希望增加平台的价值单元，并希望贡献所有知识产权来实现这一目标。平台内部知识产权持有人的利益始终是互补的。

主要的竞争利益是外部知识产权持有者和平台参与者的利益。平台知识产权生态系统主要关心的是如何保护外部人的知识产权利益。一般而言，平台和 APP 运营商本身并不直接利用外部知识产权，除非使用其他知识产权构建平台，这与传统知识产权侵权行为没有区别。在平台运营期间，大部分是

---

〔1〕 William Cornish, David Llewelyn, *Intellectual Property: Patents, Copyright, Trade Marks and Allied Rights*, Thomson/Sweet & Maxwell, 2007, p. 3.

〔2〕 Chander, Anupam, "How Law Made Silicon Valley", *63 Emory Law Journal*, 639 (2016).

最终用户在网上提供知识产权资源并使用第三方的知识产权资源。似乎只有最终用户使用这些知识产权资源，但平台运营商和 APP 开发人员可以以某种方式控制或管理知识产权信息流。最重要的是，平台和 APP 运营商正在通过终端用户的非法活动赚取大量财富，所以对他们赋予某种责任是合理的。值得注意的是，不同平台的控制能力各不相同。在某些平台中，运营商只能控制应用开发者的活动，而应用开发者控制最终用户的活动。有些平台可以直接控制最终用户的活动。所以在确定平台参与者的责任时，应该考虑不同的控制模型。

目前的在线平台治理侧重于保护外部人的知识产权，大多数立法和司法实践都详细阐述了平台和 APP 运营商应该采取哪些措施和责任来保护第三方的知识产权，如果这些平台和 APP 运营商被认定为 ISP。[1] 除了保护外来者的知识产权外，互联网平台参与者最关心的是如何保护在线创建的内容。在线创造的价值对平台的健全和良好的运营至关重要。显然，并非所有这些在线创建的内容都可以受知识产权规则的保护。对于受到某种知识产权规则保护的在线创建内容，在线环境中最具争议的是谁拥有这些内容以及如何保护这些内容。

通常，最终用户创建的大部分内容都基于现有材料，如混音、采样、混搭等。第一个问题是那些 UCC 是否合法？这个问题似乎没有统一的答案。它应该是个案决定。但是，对于判断这些 UCC 的合法性，有没有可能的规则？转换性使用[2]可能是平衡知识产权保护和鼓励在线创作内容的有用工具。似乎没有关于 mashups or remixes 的公平交易例外的规定，这些 mashups or remixes 具有高度转换型的非商业衍生品，不与著作权人的主要市场竞争。但对于那

---

〔1〕 对于互联网服务提供商责任的不同规定，请参考 Song, Seagull Haiyan, "A Comparative Copyright Analysis of ISP Liability in China versus the United States and Europe", *The Computer & Internet Lawyer*, Vol. 27, July 2010; Loyola-LA Legal Studies Paper No. 2012-25.

〔2〕 'Transformative' is used generally to refer to uses of pre-existing works to create something new, that is not merely a substitute for the pre-existing work. Transformative use is a relatively new addition to fair use law, having been first raised in a Supreme Court decision in 1994. (Campbell v. Acuff-Rose Music, 510 U. S. 569 (1994).) A derivative work is transformative if it uses a source work in completely new or unexpected ways. Importantly, a work may be transformative, and thus a fair use, even when all four of the statutory factors of fair use would traditionally weigh against fair use! See https://www. lib. umn. edu/copyright/fairuse accessed on 15 July, 2017.

些高度转换型的非商业性衍生品来说，这些衍生品不会与著作权人的主要产品市场竞争，应该是一种合理的使用方式，最适合互联网文化。对于那些对原版作品有害的 UCC 而言，可以取代原作不能合理使用。

从法律角度来看，创建这些在线内容的人应该是这些内容相关知识产权的所有者，但平台和 APP 运营商给予他们自己广泛的权利，有权通过合同商业性地开发用户生成的内容。对于典型的在线平台最终用户，他们也不希望从他的工作中获利。然而，即使在高级用户期望从他的工作中获得利润的情况下，思想和信息自由流动的价值也超过了潜在的损失。当用户在平台上发布他们的内容时，高级用户可以选择，包括创建新网站和分享他们工作的新途径。[1]

自 2011 年以来，技术中立也被视为互联网政策的关键原则。[2] 技术中立意味着不管使用何种技术，都应适用相同的管理原则，[3] 不应该在技术孤岛中起草法规。技术中立是用来定义监管的范围的，监管机构应尽可能确保其规则是技术中立的。这个想法是，监管机构会将相同的市场分析原则和补救措施应用于各种平台。技术中立的第二个含义是监管者不应该偏向技术本身，技术本身不坏或好，监管机构不应将平台的责任基于其采用的特定技术。

在知识产权领域，技术中立原则承认知识产权法律不应被解释或适用于赞成或歧视任何特定形式的技术，知识产权政策和规则不应对创新和言论自由产生不利影响。技术中立的目标是在数字环境中保持知识产权所有者和用户之间的传统平衡。技术中立原则非常重要，不仅要确定法律赋予的权利范围，还要确定为利用这些权利所需支付的赔偿额。[4]

技术中立规则是对法院司法冲动的某种限制，以赋予平台和 APP 运营商职责。如果由于技术和市场的迅速变化而导致重大不确定性，监管机构应该倾

〔1〕　Will Clark，"Copyright，Ownership，and Control of User-Generated Content on Social Media Websites"，http：//www. kentlaw. edu/perritt/courses/seminar/papers%202009%20fall/Jerry%20clark%20final20 Copyright，%20Ownership，%20and%20Control%20of%20User-Generated%20Content%20on%20Social20Media% 20Websites. pdf accessed 21 October，2017.

〔2〕　OECD（2011），*OECD Council Recommendation on Principles for Internet Policy Making*，13 December.

〔3〕　Maxwell et al.，"Technology Neutrality in Internet，Telecoms and Data Protection Regulation"，*Computer and Telecommunications Law Review*，2014.

〔4〕　Canadian Broadcasting Corp. v. SODRAC 2003 Inc.，2015 SCC 57.

向于不采取任何行动，而不是采取补救措施。在快速发展的市场中，市场常常会遇到危害，使得监管补救措施并非总是必要的。[1]因此，在将知识产权规则应用于平台时，应考虑到技术发展和不同利益。

平台不同参与者的知识产权侵权责任应有所不同。在实践中，大多数知识产权持有人诉诸平台运营商的法律责任，因为直接侵权者很难找到并起诉。平台，而不是用户，通过在线信息获取现金。因此，关于平台运营商的大部分知识产权法规都侧重于间接责任。由于不同国家和司法管辖区的间接侵权规则不一致，平台运营商应该承担什么样的责任是不确定的。有些司法管辖区要求平台运营商采取预防措施，防止侵权行为；有些只要求平台运营商采取措施防止进一步侵权活动；有些要求平台运营商了解具体的侵权行为；有些只需要平台运营商具有一般侵权活动的一般知识。平台运营商的责任区分不仅不利于平台的发展，还因为他们不确定责任的产生在哪里，给平台的跨界运营造成困难。作为互联网经济的主要推动力，统一平台参与者的责任是各国的共同利益。

《与贸易有关的知识产权协议》为全球知识产权提供统一的保护，其中规定了每个成员提供的最低保护标准。[2]该协议并非针对数字环境量身定制，因为数字环境本质上是无边界的，而传统的知识产权制度是以国家法律为基础的。这些不同的特征使实现保护数字环境中的作者、表演者和其他著作权人的共同目标的任务更具挑战性。[3]

目前国际上还没有规范跨境网上平台经济活动的规定。为此，在线平台的跨境运营可以归类为电子商务。为规范电子商务，我们有 WTO《电子商务工作计划》《联合国国际贸易法委员会电子商务示范法》《联合国国际合同使用电子通信公约》和联合国《保护消费者准则》。在欧洲，欧洲议会和理事会在内部市场上存在 2000 年关于信息社会服务的某些法律方面的指示，特别是电子商务；此外，还有 2004 年关于知识产权执法的指令和 2014 年关于内部市场电子交易电子识别和信托服务的法规。但至今仍没有涉及网络平台经济

---

〔1〕 Winston Maxwell, Marc Bourreau, "Technology Neutrality in Internet, Telecoms and Data Protection Regulation", *Hogan Lovells Global Media and Communications Quarterly*, 2014.

〔2〕 https://www.wto.org/english/tratop_ e/trips_ e/intel2_ e. htm accessed 19 October 2017.

〔3〕 A proposal submitted by Brazil to the World Trade Organization entitled, Electronic Commerce and Copyright (JOB/GC/113, JOB/IP/19) in December 2016.

知识产权责任保护的专题文章。目前在线平台的法律地位尚无国际共识。在线平台可以被看作是一种互联网服务提供者，并且可以从某种角度来看具有互联网中介的地位。但不幸的是，从国际法角度来看，没有关于互联网服务提供商的文章，不同国家的在线平台的负债规则之间存在较大差距，这不可避免地为逃避负债创造了回旋余地。笔者提出的解决方案是根据电子商务条约为互联网平台建立最低标准的负债水平。值得注意的是，由于网络平台经济发展水平不同，应该多一些灵活性，让各国采用自己的保护水平。

在线平台是当前网络经济的关键推动力。几乎所有的互联网巨头公司都处于平台状态。互联网平台是一个多方面的市场。互联网平台的价值在于其间接的网络效应。由于传统经济生态系统的知识产权规则的建立和应用以及互联网平台经济生态系统的支持理念不同，如何调和知识产权与互联网技术和平台已成为所有互联网治理讨论的关键。互联网平台运营商是平台的主要受益者和控制者，因此它具有在线平台上控制侵权活动的最佳位置。为统一平台的知识产权责任，我们不应该偏重技术平台采用。不管技术如何，相同的知识产权规则应该适用于不同的平台。其次，调控平台参与者的重点应该放在平台控制器和 APP 开发者身上，我们应该平衡平台运营商和外部知识产权持有者之间的竞争利益。再次，由于不同司法管辖区的规则适用于平台运营商，我们应该诉诸 WTO 领域来统一规则。最后，从技术和经济角度来看，间接侵权规则是规范平台知识产权责任的最佳选择。为了构建间接侵权规则，我们不应该赋予平台监督其服务的义务，并要求他们在对侵权活动有一般知识之后承担责任。我们可以要求他们负责妥善管理服务，如果他们没有履行管理职责，可能会产生责任。

五、互联网平台知识产权侵权的特殊性与解决方案

（一）互联网平台知识产权信息传播的复杂性、非线性与突变性

与其他财产权相比，作为信息的知识产权具有非竞争性、非排他性特征，其易于通过互联网平台进行传播、利用，而权利人对这些泛滥的知识产权侵权行为往往无能为力。对于知识产权人而言，其基于成本考量一般都不会要求直接侵权的用户承担责任，而是要求互联网平台来承担侵权责任。互联网平台承担何种知识产权侵权责任是现今最具争议的话题。在面对互联网平台

的知识产权侵权责任时，一些国家如美国采取不同的规则来应对；而有些国家与地区如欧盟则采取与其他财产权侵权一致的规则来规制知识产权侵权行为。美国限制平台责任的《规范通讯行为法案》第230条基本免除了ISP对其用户侵权所引起的责任。然而，该法案明确排除了知识产权侵权的适用。因而，在美国，互联网平台的知识产权侵权存在着与一般侵权不同的规则。

互联网是一个大规模、异构和不断演化的复杂系统，由路由器、主机、协议和用户行为等各种元素组成。这样一个系统式开放的、与人类社会紧密耦合的复杂巨系统，各种错综复杂的局部交互作用导致网上呈现出大规模网络整体突现行为，既有网络内部机制产生的，也有网络外部人的因素所引起的。因特网上的复杂性特征是网络突现行为的宏观表现，各种复杂性的度量从不同的方面刻画了复杂网络的整体功能与性能，为网络突现行为的研究提供了理论基础。[1]

在前互联网时期，仅仅大的媒介公司能生产独创性知识并向公众大规模传播所需的资金与基础设施。[2]因而，传统知识的生产与传播是单向度的、线性的，消费者只能是被动接受。消费者的选择要么是接受，要么是不接受。研究传统信息传播方式的大师香农提出的信息模型就是一个线性的模式，其关注的是信息如何到达接受者。互联网的出现改变了这一切，数字技术的出现极大降低了知识信息的生产与传播的成本，现今互联网体系下的知识信息生产、传播与利用体系是一个复杂自适应系统，其满足复杂自适应系统的非线性、突变、混沌以及多样性等特征。如果网络空间能被视为复杂自适应系统，那么有证据表明复杂自适应系统理论能被用于研究网络空间的行为。[3]

传统知识信息传播是线性相互作用的，基本处于一种平衡和稳定的状态。这种系统一般具有确定的运动规律，所以我们常常能预测它未来的行为。而网络知识信息传播体系是非线性体系。这种体系会建立反馈回环并产生非线性行为。影响知识信息生产与传播的互动的子系统会对系统参与者的行为的规制施加规则。技术规则、市场自身以及社会文化惯例等对参与者有关键性的影响。

大规模元素的互联网络有三种宽泛的模式行为：有秩序的、混沌的以及

---

〔1〕 唐红、黄鼎、吴渝：“因特网突现行为研究综述”，载《计算机科学》2010年第5期。

〔2〕 Neil Weinstock Netanel, *Copyright's Paradox*, Oxford University Press, 2010, p. 76.

〔3〕 Paul W. Phister Jr., "Cyberspace: The Ultimate Complex Adaptive System", *The International C2 Journal*, *Vol 4*, 2010~2011.

处于秩序与混沌前沿的复杂状态。[1]有序的状态可能太过于僵化从而损害创新，而纯混沌状态可能太过于易变，生存存在随机性。而混沌边缘系统渴望新的东西与非平衡性。[2]混沌的边缘是生命有足够的稳定性维持自己以及足够的创造力以配得上生命的所谓。[3]搜寻混沌的边缘不是寻找非秩序或随机，而是寻找秩序与弹性之间的平衡。[4]在特定的条件下非线性相互作用下的开放系统就会发生所谓的混沌现象，或者突显现象。在混沌出现区域的时候，系统对外界环境的偶然因素是非常敏感的，可以说是差之毫厘，失之千里。这样系统长期的运动状态就变成不可预测的，在一定程度上是一种无序的状态，但不是完全无序，而是一定程度的无序。同时也发现在混沌区的附近有可能突然形成具有特定的时间结构的一种有序的状态，叫作分形。这样就出现了由无序向有序的转变。随后就发现混沌和分形是非常普遍的现象，在生物界，在经济和社会生活中，到处都可以观察到混沌和分形的出现。现今的网络知识产权体系中，技术发展给其生态系统带来了革命性的影响。传统知识产权体系中的有序被打破，众多参与者进入这一体系。多样性的参与者中并没有所谓的中央权威存在，这些参与者都试图找到自己的利益诉求之所在，而这些利益之间存在着所谓天然冲突性。网络服务提供者、消费者、创作者、传播者等的利益诉求并不一致，而技术的扁平化、标准化、弥散化、分布化使得协调这些利益冲突存在较大困难。因而，网络知识传播体系起初一般都处于混沌状态。然而，混沌状态并不会静止不动，其充满了动力，会不断向混沌边缘靠近，从而形成有序的状态，完成系统的分形。在网络知识产权体系中，处于混沌状态的各方会进一步博弈，这些博弈通过包括技术、法律、社会规则等手段予以实现。在网络知识产权体系中，博弈的各方最终达成了一个暂时的有序秩序，系统这时处于混沌边缘，此时参与各方的利益诉求基本达到平衡。然而，由于复杂自适应系统本身是动态的，网络知识产权体系

---

〔1〕　Stuart Kauffman, *The Origins of Order*, 1993, Oxford University Press, at xvi.

〔2〕　Joost Pauwelyn, "At the Edge of Chaos? Foreign Investment Law as A Complex Adaptive System, How It Emerged And How It Can Be Reformed", available at SSRN: http://ssrn.com/abstract=2271869 or http://dx.doi.org/10.2139/ssrn.2271869.

〔3〕　Mitchell Waldrop, *Complexity*, Simon & Schuster, 1991, p.12.

〔4〕　Joost Pauwelyn, "At the Edge of Chaos? Foreign Investment Law as A Complex Adaptive System, How It Emerged And How It Can Be Reformed", available at SSRN: http://ssrn.com/abstract=2271869 or http://dx.doi.org/10.2139/ssrn.2271869.

当然也不是进化到一定程度就停止了，当系统处于混沌与秩序的前沿时，系统可能又进一步进化到混沌状态。这样，网络知识传播系统就处于混沌到分形再到混沌这样一个循环的过程。

复杂系统包含许多多样化的组分。传统的知识产权体系一般只包括作者、出版者、零售商以及消费者等组分。其结构相对简单，各个组分之间的关联性也不是太强，组分之间的信息传递也是单向度的。然而在网络知识产权体系中，其组分构成的范围更加多样化。就作品的生产而言，社会个体、政府、公司以及协会都是有效的系统组分。比如，现今地方政府鼓励网络文化创意以及软件产业发展，为此建立了大量的基础设施并提供相应的技术支撑以及政策支持。行业协会比如中国作协为作家的创作提供全面支持。另外，传统的消费者也正成为网络知识产权体系中最为重要的生产者，网络用户的各种原创以及衍生的作品是现今知识产权生态蓬勃发展的主要动力。就作品的传播而言，在网络知识产权体系中，技术的变革改变了一切，几乎每个人都可以成为传播者。传统著作权系统中泾渭分明的创作与传播的概念不复存在。因而，在这样的体系中，传播者呈现出多样性特征，这既包括传统的传播者如出版者、零售者、传统媒体等，同时也包括新兴媒体、新兴技术以及个体等。值得注意的是，在网络知识产权体系中，技术不但提供了传播的手段，其自身也是传播者。特别是在 Web3.0 时代，其自身可以生产内容并对相关内容进行有选择的传播。在这样的体系中，传播的手段也存在着多样化，一些新媒体的出现为作品提供了多样的途径。在网络知识产权体系中，不但存在着许多相互交叉、互动的子体系，如音乐知识产权体系、试听作品体系、著作权技术以及技术提供体系、社区体系以及法律体系等。所有这些子体系都会对作品的生产与传播带来影响。同时，这些子体系也具有自己多样化的组分。值得注意的是，网络知识产权体系的各个要素之间存在着紧密联系，资金与信息通过这些联系发生流动。传统知识产权体系的各个要素之间也发生联系，但互联网让这种联系在时空上都获得成倍增加。互联网减少了联系的成本，让消费者与创造者之间的直接联系以及消费者之间的横向联系迅速增加。

与传统知识产权体系较为稳定的状态相比，网络知识产权体系存在着突变性。传统知识产权体系包含作品的生产者、传播者以及消费者，他们之间的关系是线性的，而且较为稳定，一般由生产者与传播者决定需要生产什么产品，而消费者一般是被动的接受者。这样的体系稳定与持久，各方都获取自己所需。在网络知识产权体系中，动态而不是稳定是其常态。网络行为具有集群性，数量众多的消费者会在非预期的特定阶段为达到共同诉求而通过网络集中参与网络事件，具有自发性、无组织性和不可预期性。然而，复杂自适应系统具有极强的弹性，其能产生自我组织与突变行为，能自发无成本地产生秩序。系统范围内的特征突变缘于遵从与系统突变特质没有特定联系的局部规则的系统组分的综合行为。局部规则的存在对于突变的发生至关重要，如果没有局部规则，每一个主体将仅仅遵从自己的规则，从而妨碍合作、分享行为的发展。值得注意的是，知晓局部规则并不意味着可以预测作为整体的系统的行为。网络知识产权系统的 P2P 文件分享就是一个突变行为。这种突变源自于网络技术的发展以及消费者的共同需求。另外，突变模式会反馈回局部规则与行为，从而以适应循环的方式产生新的突变行为。比如 P2P 文件分享系统就反馈回音乐系统并以新在线商业模式产生突变回应。这些新发展表明音乐系统很好地适应了数字环境的需要。[1]

　　网络知识产权体系也具有聚集性，通过互联网这一时空众多参与者黏合在一起，形成许多分系统与聚集体。同时，网络知识产权体系也是动态的，总是处于进化过程中。稳定对于网络知识产权体系而言只是暂时性的，由于存在多样性的主体，一旦暂时形成稳定与秩序，新的参与者就会进入，打破这种稳定，从而形成新的混沌状态。流也是网络知识产权体系普遍存在的现象。流是网络上的资源的流动，在网络知识产权体系中，节点与连接者之间存在广泛的信息资源流动，这也是网络知识产权体系存在之根本。因而，不论从何种角度看，网络知识信息体系都是一个真正意义上的复杂自适应系统。

（二）互联网知识产权侵权的特征与主要表现

　　知识产权保护的客体信息具有非竞争性与非排他性特征。这一特征决定了知识产权在互联网平台的传播具有快捷性、广泛性、弥散性与难以阻止性。互联网平台本身就是信息的传播与利用平台，互联网平台核心商业模式就是通过收集、处理与利用数据信息获取利益的。因而，互联网平台的经营者具有促进数据信息快速、方便流转的内在激励。这种内在激励机制的后果就是

[1]　Deborah Tussey, "Music at the Edge of Chaos: A Complex Systems Perspective on File Sharing", *Loyola University Chicago Law Journal*, 101~165（2005）.

导致互联网平台上侵犯他人知识产权的信息泛滥而平台却缺少动力去阻止侵权行为的发生。互联网平台上的知识产权侵权的主要特征表现为：

1. 直接侵权用户难以承担责任

互联网平台的核心价值在于其内在的网络效应，因而平台提供商有动力去获取尽可能多的用户。这些数量庞大的用户是知识产权信息的传播者与利用者。他们通过利用互联网平台获取并传播了大量的侵犯他人知识产权的信息，其是直接的知识产权侵权者。然而，由于直接侵权者一般数量庞大，经济水平较低，知识产权人一般不愿意投入高额的成本来追诉这些直接用户的侵权责任。另外，用户的匿名性也给知识产权人追诉直接用户带来了障碍。更为重要的是，这些直接用户也是知识产权人的知识产权财产的未来潜在的利用者，知识产权人一般不愿意对这一庞大的群体进行惩处，从而可能导致其未来收益的降低。而这些就更促进了互联网平台用户的侵权行为的继续与恶化。

2. 互联网平台提供商成为侵权责任承担的主体

互联网平台虽然并不直接传播侵权知识产权信息，但其确是利用这些数据信息获利的主体。互联网平台通过知识产权数据信息的收集、加工与整合获取了巨大的商业利益。而这些数据信息中有相当部分为侵犯他人知识产权的信息。基于商业模式的要求，互联网平台对于侵犯他人知识产权的用户行为存在着故意的放任，而这种故意的放任对知识产权人带来了巨大的伤害。如果不对互联网平台施加某种知识产权保护责任，在直接侵权用户难以追诉的情况下，知识产权人的利益就不能获取法律保护。因而，世界上所有国家都要求互联网平台承担某种间接的知识产权侵权责任。而互联网平台所承担的一定的知识产权责任是互联网平台健康发展的基本保障。

（三）互联网平台知识产权侵权责任的原则与要素

互联网平台经济是数字经济的主要支撑，其从某种意义上是互联网经济的基础设施。对于这种具有基础设施地位的互联网平台而言，知识产权侵权认定规则的宽严适度是保障互联网平台健康发展的基础。鉴于知识产权在保障平台正常运转方面的价值与意义，我们必须对知识产权人提供一定程度的保护，基于同样的理由，我们不能对知识产权提供过于严苛的保护，从而事实上导致互联网平台商业模式遭受致命打击，不得不从开放性平台转型为封闭性平台，这可能给平台的发展带来致命的影响。对于互联网平台的知识产权侵权责任的认定必须坚持：

1. 不得对平台合法的商业模式带来伤害

互联网平台知识产权侵权责任的承担不得对互联网平台的合法商业模式带来损害。互联网平台领域的创新是典型的突破型创新，其要求互联网平台突破现有技术与规则限制，为用户带来增值服务。这种突破性创新必然对现有制度体系带来挑战与影响，但鼓励这种突破是发展互联网平台经济的必由之路。因而，只要是法律没有禁止的商业模式都应是合法的商业模式。这种商业模式的创新不能因为其平台上存在的知识产权侵权行为而被认定为是非法的模式，从而导致互联网平台创新模式的阻碍。现今的知识产权司法实践存在着以商业模式界定知识产权侵权的趋势，美国联邦最高法院对米高梅诉格罗斯特案（以下简称"格罗斯特案"）的判决就为音乐分享商业模式敲响晚钟，我国法院对快播案的判决也为视频分享软件平台画上了休止符。

2. 坚守平台责任的有限性

互联网平台提供商是平台经济的获利者，其有义务为平台上的知识产权侵权行为承担一定的责任。但这种责任不能是无限责任。如果对互联网平台提供商施加所谓的无限责任，将意味着平台需要全面监控其平台知识产权侵权状况。这既不符合技术现实，也不符合商业现实。从技术角度看，互联网平台提供商可以通过各种手段来监控其平台的知识产权侵权现状。但这样的成本过于高昂，将导致平台从开放性向封闭性转向。因为封闭性平台是其可以完全控制的平台，能全面排除知识产权侵权的可能。如欧洲《数字化单一市场版权指令》所规定的"链接税"（link tax）以及"上传过滤器"（upload filter）条款就引起了广泛的市场关注。Google 等互联网巨头及网络自由团体就警告称，该法会对全球网络生态造成"灾难性"打击。"链接税"条款要求互联网平台在抓取新闻全文时向原创者付费。"上传过滤器"条款要求互联网内容平台设置一种过滤器，以提前审查上传文件，并阻止上传者上传受版权保护的内容。若互联网内容平台未能通过"上传过滤器"及时阻止侵权内容的上传，则平台需为具体用户的侵权行为承担法律责任。

3. 坚持言论与表达自由的优先性

互联网平台不仅仅是商业平台，也是言论与表达的平台。互联网平台的存在延展了公民的个人表达空间，促进了良性的社会秩序的形成。如果对互联网平台苛以严责，将促使互联网平台对其平台流动的数据采取更为严厉的控制措施，这种控制措施的主要方式就是限制公民的言论与表达自由。此外，严苛的责任将导致互联网平台采取严苛的监控手段，这种监控手段对公民的表达也构成威慑。

4. 坚守知识产权人自己是知识产权保护的主体

在互联网平台经济中，由于侵权泛滥性、弥散性与广泛性等特征，许多法院在司法实践中就忽视了知识产权人自己才是其权利维护的主体，将保护知识产权人的义务完全赋予互联网平台。笔者认为，这种做法是完全错误的。作为一种民事权利，知识产权是一种典型的私权，其理应由知识产权人自身来维护自己的权利。显然，互联网平台负有一定的保护他人知识产权的义务，但这种义务应与互联网平台的能力以及可能性相匹配。现阶段一些司法裁判要求互联网平台对于第三方的知识产权保护具有普遍的一般注意义务就是这种趋势的典型表现。

互联网平台的知识产权侵权责任包括直接侵权责任与间接侵权责任。直接侵权是指互联网平台提供商直接将侵犯他人知识产权的信息置于其平台的行为。现阶段对互联网平台直接侵权的判断的主要争议在于如何认定互联网平台提供知识产权的行为。只要互联网平台在其平台中存在直接提供知识产权的行为就构成对他人知识产权的直接侵犯。从互联网平台的商业实践来看，互联网平台很少有直接向公众提供知识产权的行为。由于平台的中介属性，其更多的是从事为知识产权的直接侵权行为提供中介支持的行为。因而，其知识产权侵权行为更多表现为间接侵权。互联网平台提供商的行为要构成所谓的间接侵权，其必须主观上存在过错，客观上有教唆、帮助行为。现阶段司法实践中对互联网平台提供商主观过错的认定、教唆与帮助行为的认定存在着较大的分歧。

第二节　互联网平台知识产权侵权的主观要件认定

互联网平台提供商是提供技术支持与服务的网络服务提供商，其不能不直接实施知识产权侵权行为，大多数情况下，知识产权人都要求其承担教唆与帮助的侵权责任。而教唆与帮助行为明显需要互联网平台对侵权行为具有一定的认知。事实上，互联网平台享受"安全港"的前提也是其对平台上的侵权行为主观上并不知晓。如果其知道相关侵权行为存在而未履行相关的删除义务，其就不能享受"安全港"的豁免保护。

一、网络服务者提供者间接侵权的冲突判决和原因

近年来，各地法院对于互联网平台提供商的责任承担作出了众多相互冲突的判决。同样是被诉侵权的互联网平台提供商，在衣念案[1]中法院认定淘宝公司的行为构成商标侵权，法院认为被告仅是被动地根据权利人的通知采取没有任何成效的删除链接之措施，未采取必要的能够防止侵权行为发生的措施，从而放任、纵容侵权行为的发生，其主观上具有过错，客观上帮助了他人实施侵权行为，构成共同侵权，应当与他人承担连带责任。而在另一个类似案件[2]中，法院认定第一被告（淘宝公司）没有违反上述事后补救义务。法院认为，只有商标权人指出网络商店的侵权事实，并提交相应的证据证实，第一被告才有义务删除相关的信息。原告虽然指出包括第二被告在内的网络商店侵权，但其三次致函都没有提交侵权方面的证据，而且在第一被告要求其提交这些证据的情况下明确答复暂不提交，第一被告在此情况下没有删除其指定的信息并没有违反事后补救义务。而在广东中凯文化发展有限公司（以下简称"中凯公司"）诉广东省深圳市腾讯计算机系统有限公司（以下简称"腾讯公司"）案（以下简称"中凯公司诉腾讯公司案"）中，一审法院认为腾讯公司作为信息存储空间的互联网平台提供商，每天面对存储空间的海量上传信息，要求其对每一个上传视频内容进行事先的著作权审查，无论是技术上还是商业上都是不可行的，这将导致信息存储空间这项互联网新业务无法正常开展。腾讯公司在接到起诉状后已删除了相关内容。因此，认定腾讯公司明知或应知用户上传的作品侵权，事实和法律依据不足。而二审法院却认为，腾讯公司在其视频分享网站上设置了创造、娱乐、音乐、影视、游戏等栏目，此设置不仅便于注册用户分类上传内容，也便于腾讯公司审核注册用户上传的内容。影视作品的制作需要花费大量的人力、物力、财力等，通常情况下影视作品的权利人不会将其影视作品在互联网上免费上

---

〔1〕　上海市第一中级人民法院［2011］沪一中民五（知）终字第 40 号民事判决书，上海市浦东新区人民法院［2010］浦民三（知）初字第 426 号民事判决书。

〔2〕　广东省广州市中级人民法院［2006］穗中法民三初字第 179 号民事判决书。

传供公众无偿下载或播放。因此，腾讯公司作为专门从事影视、娱乐等视频分享网站的服务商，应当对用户上传的影视作品负更高的注意义务，但腾讯公司未尽其应有的审查注意义务，在主观上存在应知的过错。在互联网平台提供商的著作权间接侵权责任案例中，这样的分歧判决非常普遍。

在格罗斯特案[1]中，美国联邦最高法院认为，知识产权间接侵权规则起源于普通法对于协同行为的共同责任、协助与教唆责任以及允许与指示他人所承担的责任。知识产权间接侵权的法理基础与侵权法的共同与连带责任一样，都是由于直接侵权人人数众多，人员分散，抑或是其为专利权人的客户，或者直接侵权人不能赔偿知识产权人。[2]美国联邦最高法院在格罗斯特案中指出，对于权利人而言，也许其不可能通过直接侵权人保护其作品的著作权，因而唯一的现实选择是以辅助或代理侵权为理由对复制设备的销售商提起诉讼。搜索成本与诉讼成本也是知识产权间接侵权规则所考量的重要因素。在大规模侵权情况下，发现众多的侵权个体并要求其承担责任需要花费极大的成本，间接侵权制度有效解决了权利人的搜索成本与诉讼成本问题，这无疑是一个偏向于知识产权人的制度设计。然而，无论是辅助侵权，还是引诱侵权的认定，都存在一定弹性。由于间接侵权行为是将非专有权控制范围的行为纳入知识产权人的控制范围，这其实是知识产权的延伸，为知识产权人提供了补充救济。而这种补充救济在任何情况下都需要谨慎适用，否则将不适当地扩大知识产权人的权利范围，对竞争造成损害。美国专利间接侵权规则充分显示了美国法官在私利与公益的冲突之间不断寻求制度的精巧平衡的努力，而维系这一平衡的关键在于个案中对行为人主观意图的判断与解释。[3]实际上我国众多的关于互联网平台提供商间接侵权责任承担的判决分歧点就在于如何认定当事人的主观意图。为解决这些分歧，2012年发布的《最高人民法院关于审理侵犯信息网络传播权民事纠纷案件适用法律若干问题的规定（征求意见稿）》指出，该文件的主要目的是解决互联网平台提供商主观意图

〔1〕　Metro-Goldwyn-Mayer Studios Inc. v. Grokster, Ltd., 545 U.S. 913 (2005).

〔2〕　See Michael N. Rader, "Toward a Coherent Law of Inducement to Infringe: Why the Federal Circuit Should Adopt the Hewlett-Packard Standard for Intent Under § 271 (b)", 10 Fed. Cir. Bar J., 299~300 (2000).

〔3〕　熊文聪："被误读的专利间接侵权规则——以美国法的变迁为线索"，载《东方法学》2011年第1期。

的认定问题。然而，令人遗憾的是，其并未从法理上回应司法审判中关于主观态度认定的矛盾与冲突，而是选择性地将一些司法实践中的做法（有些甚至是超越法律的）上升到法律层面。然而，这些借鉴国际与国内相关司法实践（其中很多司法实践是相互冲突或不一致的）而未经过详细司法论证的做法，只能是零碎的，其不可能系统地应对互联网平台提供商的间接侵权责任问题。

二、现行法律与司法解释关于互联网平台提供商责任主观要件的规定

《侵权责任法》第36条第3款规定，网络服务提供者知道网络用户利用其网络服务侵害他人民事权益，未采取必要措施的，与该网络用户承担连带责任。《侵权责任法》第36条第3款的"知道"这一主观要件，包括明知和应知两种情形，这与《信息网络传播权保护条例》（以下简称《条例》）第22条和第23条的精神并无不同。《条例》第22条第（三）项规定，网络服务提供者为服务对象提供信息存储空间的免责条件之一是"不知道也没有合理的理由应当知道服务对象提供的作品、表演、录音录像制品侵权"；第23条但书条款规定，网络服务提供者为服务对象提供搜索或者链接服务时"明知或者应知所链接的作品、表演、录音录像制品侵权的，应当承担共同侵权责任"。后来《最高人民法院关于审理涉及计算机网络著作权纠纷案件适用法律若干问题的解释》（以下简称《解释》，已失效）第4条补充规定："提供内容服务的网络服务提供者，明知网络用户通过网络实施侵犯他人著作权的行为，或者经著作权人提出确有证据的警告，但仍不采取移除侵权内容等措施以消除侵权后果的，人民法院应当根据民法通则第一百三十条的规定，追究其与该网络用户的共同侵权责任。"但《条例》和《解释》都没有规定如何判断网络服务提供者"不知道也没有合理的理由应当知道"用户进行侵权活动或者网络服务提供者"明知"或者"应知"第三方网站侵权的存在。《北京市高级人民法院关于网络著作权纠纷案件若干问题的指导意见（一）（试行）》规定，判断提供信息存储空间、搜索、链接、P2P（点对点）等服务的网络服务提供者有无过错，应审查网络服务提供者对其行为的不良后果是否知道或者有合理理由知道。2012年发布的《最高人民法院关于审理侵犯信息网络传播权民事纠纷案件适用法律若干问题的规定（征求意见稿）》第

7 条规定，网络服务提供者提供信息存储空间、搜索、链接、点对点技术等网络服务时，教唆或者帮助网络用户实施侵犯他人信息网络传播权行为的，人民法院应当判令其承担连带责任。网络服务提供者明知或者应知其网络用户侵害他人信息网络传播权，人民法院应当认定其构成帮助侵权行为。

综上，就著作权间接侵权的主观态度而言，《条例》采用"明知或者应知"与"有合理的理由应当知道"的表述，《侵权责任法》采用"知道"概念，《解释》采"明知"概念，北京市高级人民法院采用"知道"与"有合理理由知道"概念。

三、知道或推定知道的认定

在英国，承担辅助侵权责任的被告必须具有主观上的可归责性知道，也就是说，需要证明被告知道或有理由知道其正面临侵权行为。[1]两种心态可以达到此目的，即实际知道或推定知道。[2]而美国知识产权的间接侵权主观要件与英国和我国基本一致。美国《专利法》第 271（b）条的引诱侵权要求间接侵权人知道或应当知道其行为引诱了实际侵权行为，[3]这与其规定的辅助侵权的知道标准是相同的（见 Global-Tech Appliances, Inc. v. SEB S. A. 案，以下简称"SEB 案"）。[4]格罗斯特案中，美国联邦最高法院认为著作权间接侵权规则基本借鉴了专利法的相关规定与司法实践。在商标间接侵权案件中，行为人也需证明服务提供者明知或推定知道他人正使用其服务从事商标侵权行为。[5]

虽然各国立法与司法实践都要求被控侵权的网络服务者知道相关侵权行为，但是关于知识产权间接侵权主观要件的解读却仍未达成共识。就知道标准而言，至少包括知道、应当知道、有理由知道、故意漠视、故意忽视（Nelsonian Knowledge，也称为 willful blindness knowledge）、红旗标准（明显知

〔1〕 Kevin M. Garnett, Gillian Davies, *Copinger and Skone James on Copyright*, Sweet and Maxwell, 2005, p. 525.

〔2〕 Kevin M. Garnett, Gillian Davies, *Copinger and Skone James on Copyright*, Sweet and Maxwell, 2005, p. 530.

〔3〕 DSU Medical Corp. v. JMS Company, Ltd. 471 F. 3d 1293（Fed. Cir. 2006）.

〔4〕 Global-Tech Appliances, Inc. v. SEB S. A., 563 U. S. _(2011).

〔5〕 Louis Vuitton Malletier, S. A. v. Akanoc Solutions, Inc, 658 F. 3d 936（9th Cir. 2011）.

道）等概念。如何理解这些概念对于间接侵权的认定至关重要。

（一）明知、应当知道与有理由知道

在我国的相关立法上，与知道相关的概念包括明知、应知、应当知道以及有理由知道等。"明知"是对行为人主观过错的事实认定，"应知"是对行为人主观过错的法律推定，[1]因而，在许多国家这又被称为"推定知道"。"知道"是有证据证明的主观意识状态，也就是说，必须有现实的确切证据证明行为人了解相关的侵权事实。北京市高级人民法院认为，"知道"指互联网平台提供商实际知道侵权行为存在。而在另一个判决中，法官认为，所谓明知，是指 P2P 网络服务商明确知道 P2P 用户通过 P2P 软件实施侵犯他人著作权的行为，但仍不采取措施以消除侵权后果。[2]"应知"意味着行为人对他人负有查明相关事实的义务，也即行为人负有义务，以合理的审慎态度去查明相关事实是否存在。如果其适当履行了该义务，就可以发现该相关事实的存在。[3]"应当知道"属于推定故意，它是相对于现实故意而言的。现实故意是指有证据证明的故意，而推定故意是指没有证据能够直接证明，但根据一定的事实可以推定行为人具有某种故意，行为人如果否认自己具有此种故意，必须提出反证。[4]"有理由知道"是指，如果一个具有普通智力水平的人或具有更高智力水平的普通人，能够在知悉一种事实后，从中推知另一事实的存在，或认为另一种事实有高度存在的可能性，则行为人应当假设另一种事实确实存在，并以此为基础行事。[5]首先，有理由知道与对事实的知道概念相关，其意味着一个理性的人在相关的信念下可以达到的事实，这种测试是客观的测试。其次，从事实出发，一个理性的人可能怀疑相关结论并不足以认定知道。最后，这一概念也意味着允许理性人通过一段时间来判断相关的事实改变其看法使其合理相信相关事实。[6]值得注意的是，这里的理性

---

〔1〕　吴汉东："论网络服务提供者的著作权侵权责任"，载《中国法学》2011 年第 2 期。

〔2〕　"庄某栋、佐佐木某子诉上海隐志网络科技有限公司侵害作品信息网络传播权纠纷案"，参见上海市第一中级人民法院［2011］沪一中民五（知）终字第 33 号民事判决书。

〔3〕　Restatement of the Law, Second, Torts, §12 comment a.

〔4〕　陈兴良："'应当知道'的刑法界说"，载《法学》2005 年第 7 期。

〔5〕　Restatement of the Law, Second, Torts, §12 comment a.

〔6〕　Kevin M. Garnett, Gillian Davies, *Copinger and Skone James on Copyright*, Sweet and Maxwell, 2005, p. 531.

的人，应该是像被告一样的理性的人，应该考虑其独特的知识与经验。[1]明知就是实际知道，而应知与有理由知道是一种推定性知道。因而，从普通法的角度看，应知与有理由知道确实存在着一些差别。应知是一种更具有主观性的标准，而有理由知道是一种更具客观性的标准。

然而，在知识产权司法实践中，法庭似乎并没有对二者作出严格区分。推定知道是指如果一个人通过实施合理注意义务将会知道该事实，该行为人就会被认为，是推定知道该事实。[2]从定义来看，推定知道似乎更多的是具有应知的含义。然而，许多学者认为推定知道与有理由知道等同。[3]从美国相关司法实践看，"应当知道"与"有理由知道"都是"推定知道"，二者没有实质差别，法院在司法实践中很少对二者作出严格区分。英国在其1988年《版权、设计与专利法》中引入"有理由相信"概念，即一个理性的人在知道事实后所要达到的相关信任。理性人基于相关事实可能怀疑相关结论并不足够。上诉法院认为这纯粹是一个客观标准。[4]但也有学者认为，有理由知道应被视为具有主观因素。权利人至少必须证明被告获得足够的事实，从这些事实中，一个理性的人将会达成相关的确信，同时也被赋予一段合理的时间从而让该理性人评估这些事实并对这些事实转为确信。然而，如果被告能够说服法庭尽管存在这些事实、尽管处于其位置的其他人可能这样行动，但其确实有理由不相信这些事实，这时其可以免于承担责任。[5]

我国法院在司法实践中也未区别应当知道与有理由知道。上海市第一中级人民法院认为，提供P2P技术的网络服务商的主观过错分为明知和应知两类，所谓应知，是指根据P2P网络服务商的预见能力和预见范围，如果其应当预见到P2P软件用户存在实施侵犯他人著作权的行为，但由于其未尽到谨慎的注意义务，导致损害后果发生或扩大的，就应当认定该P2P网络服务商存在过错。在这里，法院没有将有理由知道纳入知道的范畴，但毫无疑问的是，法院认为应当知道与有理由知道应是无区别概念，从我国大量的立法与

---

〔1〕 ZYX Music GmbH v King (1995) F. S. R. 566.

〔2〕 《布莱克法律辞典》（第6版），第217页。

〔3〕 http://www.eff.org/files/filenode/tiffany_ v_ ebay/iaccamicus.pdf.

〔4〕 LA Gear v Hi Tee (1992) FSR 121.

〔5〕 Mary Victona et al, *The Modem Law of Copyright and Designs* (*vol. 1*), *4th edition*, Butterworths, 2011, p. 810.

司法解释来看，其也未对这二者作出区分。《北京市高级人民法院关于网络著作权纠纷案件若干问题的指导意见（一）（试行）》认为，是否有合理理由知道应以互联网平台提供商的预见能力和预见范围为基础，又要区别通常预见水平和专业预见水平等情况，从法理上讲，这里所阐释的有理由知道其实与应当知道含义相同。至于有学者认为的我国的有理由应当知道与美国的有理由知道是迥异的概念，显然是没有对美国的相关知识产权司法实践进行详细的分析。[1]我国相关的立法与司法实践也未对二者作出区分，北京市高级人民法院使用的"有合理理由知道"与《条例》的"有合理的理由应当知道"也应是无区别的概念。

（二）知道与红旗标准

所谓红旗标准，是指当有关他人实施侵权行为的事实和情况已经像一面色彩鲜艳的红旗在网络服务者面前公然飘扬，以至于处于相同情况下的理性人都能发现时，如果互联网平台提供商采取鸵鸟政策，装作看不见侵权事实，则同样能够认定互联网平台提供商至少应当知道侵权行为的存在。[2]红旗标准也就是所谓的明显知道（apparent knowledge）。[3]美国《数字千年版权法》中的"意识到侵权活动是明显的事实或场景"就是所谓的"红旗"测试。美国《版权法》第512条明确指出，服务提供者不需要监控其服务或肯定地寻求表明侵权活动的事实。欧盟在其CPC中也有类似的明确规定，即服务提供者意识到侵权活动明显得像一面红旗存在，如果未采取行动将承担责任。按照美国国会的说法，红旗规则包括主观与客观两个因素，在决定服务提供者是否意识到红旗存在时，服务提供者对争议事实和场景的主观意识必须予以认定，然而在决定这些事实或场景是否构成红旗时，换言之，在判断侵权活动在相同或近似场景下对理性的人而言是否明显时，应该使用客观标准。[4]

---

〔1〕 王迁：《网络环境中的著作权保护研究》，法律出版社2011年版，第283页。

〔2〕 Melvile Nimmer, David Nimmer, *Nimmer on Copyright*, Mattew Bender & Company, Inc. , 12B. 04 [A]〔1〕（2003）.

〔3〕 Liliana Chang, "The Red Flag Test for Apparent Knowledge Under the DMCA § 512（c）Safe Harbor", 28 Cardozo Arts&Ent LJ, 195（2010）.

〔4〕 Senate Report, pp. 44~45; See also House Report, pp. 53~54. The House and Senate Reports, House Committee on Commerce Report, H. R. Rep. , pp. 105~551, pt. II（1998）, and Senate Committee on the Judiciary Report, S. Rep. , pp. 105~190（1998）.

也就是说，按照红旗标准，服务提供者必须知道相关侵权的事实和场景，否则不可能构成红旗标准。至于其知道的事实是否构成红旗标准，则应该适用客观标准。

红旗标准不同于应当知道或有理由知道。北京市高级人民法院认为，"有合理理由知道"指因存在明显侵权行为的事实或情况，互联网平台提供商从中应当意识到侵权行为的存在。[1]此处将有合理理由知道等同于红旗标准，明显是对相关概念的误读。红旗标准的前提是行为人已经意识到相关场景和事实而未采取措施阻止侵权的发生，该标准是一个主客观相结合的标准，而有合理理由知道一般认为是一个客观标准。明显知道不是推定知道。[2]在一个案件中，法院认为，判断 Aamzon 网站能否适用美国《版权法》第 512（c）条下的避风港规则，问题的核心不在于一个合理的人从该场景中推测出什么，而在于服务提供者是否在其意识到的公然因素前仍故意行为或对明显侵权的红旗视若不见。互联网平台提供商应该知道侵权是不够的，只有其意识到表明明显侵权的情况下才能认定为明显知道。同时，也有法院认为，仅仅对侵权有一般的意识（也就是说，即使意识到有广泛侵权的存在）而没有其他要素也不足以适用红旗规则。因而，从主观上讲，红旗标准要求互联网平台提供商必须是实际上已经意识到而不是应该意识到相关的事实和场景。从这个角度来看，红旗标准是实际知道[3]。而实际知道与红旗知道的区别，不是特定知道与概括知道，而是主观与客观标准的区别。换句话说，实际知道关注行为人实际或主观上是否知道特定的侵权行为，而红旗规则则关注行为人是否主观上意识到相关事实，且这些事实对于一个理性的人而言客观上是特定的侵权行为。在 Viacom 诉 Google 等（以下简称"Viacom 案"）的案件中，红旗知道与实际知道都仅仅适用于侵权的特定情况。[4]

红旗标准是用于判断网络环境下著作权侵权中知道的标准，然而，有学者认为，该标准也被用于商标间接侵权主观过错的判断。[5]在大众搬场诉百

---

〔1〕 参见《北京市高级人民法院关于网络著作权纠纷案件若干问题的指导意见（一）（试行）》。

〔2〕 Corbis Corp. v. Amazon. com, Inc. 351 F. Supp. 2d, p. 1108.

〔3〕 UMG Recordings, 665 F. Supp. 2d.

〔4〕 Viacom v. YouTube and Google, No. 10-3270（2nd Cir. Apr. 5, 2012）.

〔5〕 袁秀挺、胡宓："搜索引擎商标侵权及不正当竞争的认定与责任承担——网络环境商标间接侵权'第一案'评析"，载《法学》2009 年第 4 期。

度案[1]中，法院认为，百度应当知道"大众"商标和"大众搬场"在上海地区的知名度，而其未尽到审查第三方网站是否具有合法的经营资质或其与原告是否有关联的义务，属于未尽合理的注意义务，主观上有过错，故百度行为构成间接侵权。该案中，法院误用了红旗标准。注意义务不是判断红旗标准的前提，而是过失责任的前提。因而，违反红旗标准不是过失责任，而是一种独特的直接故意责任或间接故意责任。

（三）知道与故意忽视

实践中，要求被侵权人证明网络服务者具有明知的主观态度，难度极大，可能使互联网平台提供商逃脱责任。实际知道是一个事实问题，一般从被告的行为以及其知道什么或做了什么等证据进行判断。要证明实际知道是一件很困难的事情，应知或有理由知道是一个主观判定，需要结合场景证据加以判定。那么，是否存在判定应知或有理由知道的既定规则呢？[2]为应对这一难题，各国在司法实践中引入了故意忽视规则。美国联邦最高法院在 SEB 案中认为，鉴于故意忽视规则的悠久历史以及其在联邦司法中被广泛接受，我们想不出有任何理由可以将之排除于民事诉讼之外。故意忽视规则历史悠久，故意忽视等同于知道并不是什么新观点。英国国会上议院认为，行为人对于其不愿知道的事情恶意闭眼是不诚实的，这只能表明其实际上已经知道相关事实，这样的知识被称为故意忽视，其责任源起于行为人恶意无视（willful blindness）。恶意无视，或所谓故意忽视规则，与实际知道并无不同。有些法院认为，从兰哈姆法的角度看，故意忽视等同于实际知道。[3]行为人恶意闭上眼睛故意无视对其显而易见的事实不能认为是不知道。证明被告对发生的商标侵权的故意忽视可以满足知道的要求。[4]在 eBay 案中，法院认为，互联网平台提供商不得对侵权恶意视而不见，当其有理由怀疑其服务的用户正侵犯一个受到保护的商标时，其不可以故意躲避（shield）了解特定的侵权交

〔1〕　上海市第二中级人民法院［2007］沪二中民五（知）初字第 147 号民事判决书，上海市高级人民法院［2008］沪高民三（知）终字第 116 号民事裁定书。

〔2〕　Sillitoe v. McGraw-Hill Book Co., (1983) F. S. R. 545.

〔3〕　Louis Vuitton S. A. v. Lee, 875 F. 2d 584, 590 (7th Cir. 1989).

〔4〕　Hard Rock Caf 6 Licensing Corp. v. Concession Services, Inc. 955 F. 2d 1143, 1149 (7th Cir. 1992).

易。[1]加拿大最高法院也认为，故意忽视可以替代实际知道，如果行为人怀疑相关事实到一定程度，认为需要进一步调查，然而却故意选择不进行相关调查的，就是所谓的故意忽视，故意忽视意味着行为人已实际知道相关事实。[2]与红旗标准不同，故意忽视广泛应用于知识产权间接侵权主观方面的知道判断。

认定故意忽视，需要怀疑特定事实可能存在，但其决定不采取任何步骤去证明其存在。[3]要构成故意忽视，必须满足两个条件：一是被告必须主观上相信某一事实的存在有较高可能性（high probability）；二是被告必须采取故意（deliberate）行为避免了解该事实。故意忽视要求当事人必须怀疑非法行为存在而故意不去调查。从这种意义上讲，故意忽视应是一种故意责任。

基于以上限制，故意忽视认定要求明显严于重大过失（reckless）和过失（negligence）。故意忽视意味着被告采取故意行为避免确认一个具有较高可能性的违法行为，在这种情况下，被告几乎可以被认为是已经实际知道这些事实。仅仅对相关事实有怀疑理由而未采取行动并不构成故意忽视。故意忽视意味着只有当被告几乎被认为实际知道时才能成立。行为人由于过失而没有进行调查不足以认定其知道。[4]加拿大最高法院也认为，恶意闭眼规则如果正确界定，将不同于重大过失。[5]重大过失意味着被告仅仅知道违法行为的发生具有实质（substantial）以及不合理（unjustified）的风险，而过失意味着行为人应知有类似的风险，但事实上其并不知道。[6]重大过失责任中的行为人所意识到的是"风险"。如果行为人相信后果是确定的或实际上是确定的，其不再是重大过失而是明知了，即使其并无追求后果的意图。重大过失责任涉及知道相关危险或风险且在行为过程中的坚持引起了禁止结果将会发生的风险，而故意忽视意味着行为人意识到需要一些调查然而拒绝进行调查，因为其不希望知道事实，其宁愿保持无知（ignorant）。重大过失的恶性在于意

---

[1] Tiffany v. eBay, 600 F. 3d 93, 107, 109 (2d Cir. 2010).

[2] R. V. Briscoe, 2010 SCC 13, (2010) 1 S. C. R. 411.

[3] Manifest Shipping Company Limited v. Uni-Polaris Shipping Company Limited and Others (2001) UKHL 1.

[4] Winsectra Limited v. Yardley and Others (2002) UKHL 12 (21st March, 2002).

[5] R. V. Briscoe, 2010 SCC 13, (2010) 1 S. C. R. 411.

[6] ALI, Model Penal Code (1985), 2.02 (2) (C) and (d).

识到风险，并在风险面前继续行为。而故意忽视的恶性在于被告知道其有理由调查而故意不去调查的过错。

Viacom 案中，法院认为，故意忽视在适当的情况下可以被用来证明是美国《数字千年版权法》下的知道或意识到侵权的特定场景。然而，故意忽视不能定义为要求行为人具有监督的肯定义务（affirmative duty to monitor）。因而，故意忽视可以用来证明实际知道与红旗标准。

故意忽视与推定知道的关系如何呢？英国在其 1988 年《版权、设计与专利法》中引入"有理由相信"概念就是为了处理对相关侵权事实恶意视而不见，未采取措施制止侵权发生的间接侵权行为。故意忽视规则可以用来证明"有理由知道"。[1]有法院认为，故意忽视与有理由知道之间的界限可能像暴风雪中在密西根湖找天际线一样难以确定。我们强调前一个是主观标准——被诉侵权人怀疑什么以及其对此怀疑又采取了什么行动，而后一个是客观标准——当一个理性谨慎的人处于被告人的位置时，其是否能知晓相应的侵权情况？[2]

故意忽视在我国司法实践中也被广泛使用。曾在一著作权案中，法院认为，上诉人在具备合理理由知道侵权行为存在的情况下，不仅不采取合理措施防止侵权行为的发生，还采取了视而不见、予以放任的态度，其主观上具有过错，应当承担相应的侵权民事法律责任。[3]在另一商标侵权案中，法院认为上诉人知道他人利用其网络服务实施商标侵权行为，但仅是被动地根据权利人通知采取没有任何成效的删除链接之措施，未采取必要的能够防止侵权行为发生的措施，从而放任、纵容了侵权行为的发生，其主观上具有过错，客观上帮助了他人实施侵权行为，构成共同侵权，应当与他人承担连带责任。[4]

（四）　知道与故意漠视

对明知风险的故意漠视（deliberate Indifference）与实际知道并无不同，

---

〔1〕　Tiffany（NJ），Inc. v. eBay，Inc.，576 F. Supp. 2d 463（S. D. N. Y. 2008）.

〔2〕　Hard Rock Caf 6 Licensing Corp. v. Concession Services，Inc. 955 F. 2d 1143，1149（7th Cir. 1992）.

〔3〕　上海市高级人民法院［2008］沪高民三（知）终字第 62 号民事判决书。

〔4〕　上海市第一中级人民法院［2011］沪一中民五（知）终字第 40 号民事判决书。

它是一种实际知道。故意漠视并不是一个低于知道的标准，其是知道可以被证明的另一种方式。[1]我们注意到当事人对争议事实的知道可以通过以下证据予以证明，那就是他有意识地避免知道本应对其显而易见的事实。[2]

服务提供者仅仅是没有预见（anticipate）到他人将利用其服务侵犯他人的商标权，按照 Inwood 规则并不会承担辅助侵权责任。被告仅仅合理期待第三人侵权行为并不能认定为侵权行为。但如果互联网平台提供商意识到其网站上存在侵权却忽视这些事实，那么间接侵权就可能存在。与故意忽视规则不同，故意漠视规则要求：一是在仅仅知道引诱行为正在侵权的风险时可以认定知道存在；二是仅仅要求对这样的风险的故意漠视，而不要求引诱人的积极行为从而故意避免知道这些行为的侵权性质。美国联邦最高法院认为，在专利间接侵权的主观认定中如果采用故意漠视规则，事实上是让创新者受制于无限制以及完全不可预测的责任。基于现今美国至少存在 200 万有效可执行的专利的事实，制造、销售、使用、许诺销售和进口产品的每一个实体都能被认为是意识到其顾客可能使用其产品来侵犯一个有效专利的风险从而承担责任。SEB 案中，美国联邦最高法院认为，故意忽视规则仅仅针对那些面对其引诱的行为具有构成侵权的高度可能性，且采取故意行为从而避免了解这些行为是否实际侵权的情况。这一规则无疑也应适用于著作权和商标的间接侵权认定。

四、知道的具体内容

（一）概括知道与特定知道

从知道的对象来看，知道还可以区分为概括知道（generalized knowledge）与特定知道（specific knowledge）。仅仅是概括知道的需要对侵权活动具有具体认知才承担责任，各国法律对此并没有明确规定，各国司法实践存在着不同的做法。英国相关法律要求行为人需知晓某一特定的复制件构成侵权产品。[3]

---

〔1〕　United States v. Carani, 492 F. 3d 867, 873 (7th Cir. 2007).

〔2〕　Woodman v. WWOR-TV, Inc, 411 F. 3d 69, 84 n. 14 (2d Cir. 2005).

〔3〕　Kevin M. Garnett, Gillian Davies, *Copinger and Skone James on Copyright*, Sweet and Maxwell, 2005, ag 812.

一般认为，仅仅对商标侵权的发生有概括知道并不足以认定间接侵权。[1]虽然对广泛假冒的概括知道满足合理期待（reasonable anticipation）规则下的认知标准，但只有对特定侵权行为或假冒的特定知道能满足 Ives 案所确立的较高标准。[2]美国第九巡回法院认为，如果计算机系统运营者实际知道使用其系统可以获得特定的侵权材料，且能采取简单措施阻止进一步的版权侵权，但侵权仍继续时，其行为就构成了辅助侵权。[3]

有人认为，如果红旗标准下要求特定知道，将使红旗规则无适用的余地，因为只有在实际知道情况下才可能认定为特定知晓。红旗规则下的移除义务本身就意味着必须知道或意识到特定的侵权材料，因此只有服务提供商知道哪些项目需要移除时，其才可能迅速删除。事实上，在缺乏特定知道的情况下让服务提供者对于概括知道的侵权活动采取商业上的合理步骤，这样的义务太模糊。在线服务提供商只有在知道特定的侵权活动而不是一般意识到其网站上具有或可能存在侵权活动的情况下，才会免于避风港的保护，即使其意识到侵权活动非常广泛。实际知道意味着在线服务提供商主观上相信存在着特定侵权活动；红旗规则对于特定性的要求并不比实际知道低。Viacom 案中，法院认为，红旗规则还必须满足客观标准，也就是说，在线服务提供商必须客观意识到一个对于合理的人而言明显的特定侵权事实。在 eBay 案中，一审联邦地区法院注意到参众两院关于《版权法》修订的报告中，都明确指出所需的知道程度是对特定侵权活动的实际知道或构成"红旗"的场景。地区法院同时也认为，实际知道以及安全港下的事实或场景所推定的知道要求知道特定（specific）的以及可识别（identifiable）的对特定（particular）版权项目的知道。仅仅知道其网站上侵权活动普遍是不够的。故意忽视也暗含对某一情况的特定知道，如果被告仅仅概括知道某些物品可能是侵权复制品。例如，行为人占有大量物品，其知道有些可能侵权，有些不会，这样的情况不能认定为知道。同时，如果被告因为法律认识错误或过失，即当其知道所有的相关事实时，也可以认定为是实际知道。[4]

---

〔1〕　Tiffany v. eBay, 600 F. 3d 93, 107, 109（2d Cir. 2010）.

〔2〕　Tiffany（NJ）, Inc. v. eBay, Inc. , 576 F. Supp. 2d 463（S. D. N. Y. 2008）.

〔3〕　Perfect 10, Inc. v. Amazon. com, Inc. , 487 F. 3d 701（9th Cir 2007）.

〔4〕　Kevin M. Garnett, Gillian Davies, *Copinger and Skone James on Copyright*, Sweet and Maxwell, 2005, p. 530.

也有法院对于知道的对象采取折中的解释方法。英国一法院认为必须证明服务提供者实际知道一个或更多的人正使用其服务侵犯版权。服务提供者对于侵权信息了解越多，其越可能构成实际知道，因而需考量服务提供者是否或在何种程度上知道所涉及的特定（particular）的版权作品（或一类作品，classes of copyright works）、行为人所为特定的禁止行为（或某类限制行为）以及从事这些行为的特定人（或一群人），这些均与判断知道相关。然而，证明实际知道由某个特定（specific）的个体实施的侵犯特定版权的特定行为并不是基本要求。[1]

也有法院对于知道的对象采取非常宽泛的解释。格罗斯特案在版权历史上第一次要求法院审查被告方的商业模式以及其动机是否是扭曲的。[2]按照格罗斯特案的标准，法院可以基于行为人未采取步骤阻止侵权（例如，忽视开发过滤侵权内容的工具）或通过从侵权行为中获得经济利益推断出行为人知道相关的侵权行为。这样，格罗斯特标准无疑可以让法院基于行为人没有满足商标法下的合理谨慎人标准而推测出其知道侵权活动。[3]如果一种商业模式能够反映服务提供者的恶意，则根本无"避风港"可言。而法院在认定"引诱侵权"时，则会考虑服务提供者是否设立了影视和音乐的"榜单"（无论涉案作品是否在其中），被告在商业上的成功是否依赖于侵权作品，以及是否未对侵权行为加以技术上的控制。在瑞典的盗版湾案中，斯德哥尔摩地方法院承认没有证据表明被告知道起诉书中列举的特定涉案作品的 Bittorrent 种子文件存储在"盗版湾"网站之中，但法院强调为定罪所需要的并非是被告对具体涉案作品的认知，而是被告意图使受版权保护的作品在其网络中传播。在二审判决中，斯德哥尔摩上诉法院同样强调即使被告并不知道每一次特定的侵权上传行为，原告发出的侵权警告，以及其网站中存在的大量侵权 Bittorrent 种子文件的事实，都使其继续运营网站的行为具有主观故意。[4]在一个关于服务器主机托管商的商标间接侵权案件中，美国法院甚至认为被告因对

---

〔1〕 20C Fox v. BT, HC10C04385.

〔2〕 Tim Wu, "The Copyright Paradox", *229 Supreme Court Review*, 246 (2005).

〔3〕 Mark Bartholomew, John Tehranian, "The Secret Life of Legal Doctrine: The Divergent Evolution of Secondary Liability in Trademark and Copyright Law", *Berkeley Technology Law Journal*, vol. 21, (2006).

〔4〕 王迁："超越'红旗标准'——评首例互联网电视著作权侵权案"，载《中国版权》2011年第6期。

直接侵权行为消极地不执行直接管制与监控，故而构成辅助侵权，原告仅仅需要证明被告实际或推定知道其服务的使用者正从事商标侵权就行。简而言之，商标的辅助侵权不需要去发掘行为人的意图。[1]在2009年eBay案中，英国法院认为，由于被告eBay Europe为鼓励他人侵权，未主动采取相关措施防止或减少侵害商标权的行为，故法院否认eBay Europe网站系以中立且公平的方式营运，因此未构成共同侵权。这些判决实际承认了对侵权事实的概括认识就足以使服务提供者承担责任。[2]

近年来，我国也出现了类似的司法判决。在首例互联网电视著作权侵权案中，法院认定两被告侵权的理由为，并非其知道特定的涉案影视剧能够通过其提供的搜索服务传播，而是其制作与搜索引擎配合使用的"影音资料库"具有概括性的侵权意图，以及其完全可以通过简单易行的技术手段判断搜索到的视频是否侵权。本案中法院采用的过错认定标准已经超越了"红旗标准"，它将重点放在了考察服务提供者采用特定商业模式的主观意图，以及是否可以通过合理的技术手段避免侵权。在中凯公司诉腾讯公司案中，法院认为腾讯公司作为专门从事影视、娱乐等视频分享网站的服务商，应当对用户上传的影视作品负更高的注意义务，但腾讯公司未尽其应有的审查注意义务，在主观上存在应知的过错。这意味着，不管行为人是否实际知道特定侵权产品的存在，只要其采取特定的商业模式可能鼓励侵权，不管其是否特定知道，只要概括知道侵权行为普遍存在，其就可能承担间接侵权的责任。这一观点也体现在《最高人民法院关于审理侵犯信息网络传播权民事纠纷案件适用法律若干问题的规定（征求意见稿）》中，该意见稿的第8、11、12与14条就是以对侵权的概括认识为基础要求行为人承担间接侵权责任，第14条甚至放弃以获取经济利益作为认定过错的标准，这无疑极大地放宽了知道的认定标准。

然而，这一以对侵权的概括认识为标准的间接侵权判定方法，不但有违间接侵权制度的基础，而且也会损害公众利益。间接侵权制度的确立实际上是扩张了权利人专利权的范围，它在任何情况下都必须谨慎适用。间接侵权制度无疑是一个偏向于权利人的制度设计，因而，从其制度设计本身而言，

---

〔1〕 Louis Vuitton Malletier, S. A. v. Akanoc Solutions, Inc. , 658 F. 3d 936 (9th Cir. 2011).

〔2〕 L'Oreal S. A. and Ors. v eBay International AG & Ors. ［2009］EWHC 1094（Ch）.

主要是为弥补直接侵权制度不能很好地满足权利人利益的不足。无论何种情况下，要认定间接侵权，行为人都必须对侵权客体有充足的认识。权利人对于自己的产品更了解，其更具有比较优势来识别所存在的侵权行为和产品。如果让互联网平台提供商承担概括知道的侵权责任，其唯一的选择就是限制产品的出售，这无疑会损害消费者的选择。如果仅仅因概括知道侵权行为的存在就需要承担侵权责任，那么服务提供者将处于动辄得咎的境地，以致会抑制大量的合法交易，损害消费者利益。同时，要求诸如 eBay 这样的自己并不销售或推销侵权产品的服务提供商，而非商标权人自己，通过在审查和监督方法方面投入更多的资源，承担更多的捍卫商标权人商业利益的义务无非是无理取闹。[1]

在著作权领域，所谓的超越红旗标准其实上是借鉴了故意漠视准则，其基本含义是行为人只要意识到有一般侵权的风险存在，就要承担间接侵权的法律责任。这无疑让任何开放型的互联网平台提供商都有可能承担责任。而美国联邦最高法院明确否认在专利间接侵权判定时适用该标准。要求互联网平台提供商对于存在的概括侵权行为承担责任无疑会损害网络服务商的商业模式创新，正如中凯公司诉腾讯公司案一审中认为，电视连续剧《宫》由用户上传，腾讯公司对该作品未作任何改变，也未从中直接获得经济利益，且在接到起诉状后删除了该作品。同时，腾讯公司作为信息存储空间的提供者，每天面对存储空间的海量上传信息，要求腾讯公司对每一个上传视频内容进行著作权审查，无论从技术上还是商业上都不可行。如果硬是要互联网平台提供商承担责任，其唯一的选择就是不让用户上传，这不但会损害互联网平台提供商的利益，更重要的是将损害社会公众的利益，损害著作权法力图保护的利益平衡，使得公众不能接触依法可以获得的信息资源，损害了信息的自由流动，阻碍了文化的创新与发展。

有学者认为，以概括知道认定互联网平台提供商间接侵权责任的做法与国际上认定服务提供者过错标准的发展趋势相符，[2]这一说法无疑值得进一

---

〔1〕 Brief for Amazon. com, Inc., Google Inc., Information Technology Association of America, Internet Commerce Coalition, Netcoalition, United States Internet Service Provider Association, and United States Telecom Association as Amici Curiae in support of Defend-Appellee Ebay, Inc December 2, 2008.

〔2〕 王迁："超越'红旗标准'——评首例互联网电视著作权侵权案"，载《中国版权》2011年第6期。

步商榷。首先，近年以来，确实出现了一些以概括知道作为侵权认定标准的案例，但这些判决并不代表认定间接侵权主观要件的主流观点，从立法以及司法的通说来看，对侵权行为的特定知晓是认定间接侵权的先决条件。其次，所谓的发展趋势不过是国外几个法院作出的吸引眼球的判决，不管是我国，还是其他国家，这些判决确实产生了一定的影响，但远未在司法界形成共识，更遑论发展趋势。最后，即使可以认为是一种发展趋势，从以上的学理与实践分析来看，我们都必须采取慎之又慎的态度。在环球、华纳和索尼三大唱片公司诉百度案中，一审法院要求明知所链接的录音制品侵权应当至少具有以下两个条件：一是明知所链接的哪一个具体的链接侵权；二是明知所链接的歌曲侵犯了哪一个主体的权利。该判决的第一个要件正是对特定知晓的正确运用，而将"明知侵犯哪一个主体的权利"作为特定知晓的要件是对特定知晓的错误解读。值得注意的是，近年来间接侵权的扩张主要发生在商标与版权领域，而对社会创新具有更大价值的专利鲜有权利无限扩张的案例，这不得不引人深思。

（二）侵权行为与行为的侵权性

在互联网平台的间接侵权认定中，对于是否需要服务提供者对行为的侵权性有所知晓，抑或是说只需要知晓侵权行为存在就足以认定过错，存在着不同看法。在阿美山姆制药生物科技公司诉培肯艾尔莫公司案[1]中，原告之所以未能证明被告具有主观故意，主要原因是法官对主观故意采取了异常严格的解释。法官认为，被告不但要必须明知其所鼓励的行为将构成直接侵权，而且必须明知或应当知道他的这种鼓励行为本身将导致侵犯专利权。而在惠普公司诉保斯奇与隆勃股份公司案[2]中，法院认为证明被告具有引起构成侵权行为的实际故意是认定积极引诱的必要先决条件。而曼韦勒标准则要严格得多，它甚至割裂行为本身与行为结果之间的必然因果关系，按照这一标准，要证明行为者具有主观故意，仅证明行为者对行为本身的认识是不够的，还必须证明行为者对行为结果有相当的认识。可见，曼韦勒标准与惠普标准是明

---

〔1〕　Amersham Pharmacia Biotech, Inc. v. Perkin-Elmer Corp., No. C 97-04203 CRB. 2000 WL i897300（N. D. Cal. Dec. 22, 2000）.

〔2〕　Hewlett-Packard Co. v. Bausch&Lomb Inc.〔909 F. 2d 1464（1990）〕.

显冲突的。[1]美国联邦最高法院在 SEB 案中认为，引诱侵权要求行为人知道被引诱的行为构成专利侵权，也就是说，行为人需知道行为的侵权性。不管是民事还是刑事案件，法院都支持帮助侵权除了需要证明知道非法性外，还需表明违法的意图。[2]但也有法官认为，要求引诱侵权行为人具有特定违法意图将使被指控的引诱者通过获取外部律师的非侵权意见逃脱责任。[3]在商标法下，知道的要求因涉及产品或服务而完全不同。对于产品而言，美国联邦最高法院认为，如果生产商或分销商故意引诱第三方侵犯他人商标权，抑或是其继续向其知道或有理由知道正从事商标侵权的人供应产品，其行为便构成辅助侵权。[4]对于产品而言，实际或推定知道他人正从事商标侵权行为可能就足够了。商标法意义上的实际知道存在于被控间接侵权人实际知道直接侵权的特定状况即可，而推定知道意味着行为人应该知道直接侵权行为的存在。[5]如果被指控的侵权人提供的是服务而不是产品，那么需要证明行为人对于第三人使用的用于侵犯商标权的工具具有直接控制与监督的功能。[6]在版权法下，实际知道的要求并不相同，仅仅知道并不足够。在 Sony 案中，美国联邦最高法院认为，具有实质性非侵权用途的通用商品即使被用于侵权，行为人也不承担辅助侵权责任。也就是说，当一个产品既可以用于侵权也可用于非侵权目的时，行为人仅仅知道产品的侵权使用并不足以让其承担辅助侵权责任。然而，当间接侵权人销售一个产品，其目的在于以侵害版权方式来推广其使用时，上述原则就不能适用了。

由于欧盟对间接侵权的认定不以直接侵权为条件，因而，其不要求行为人知道第三人行为的侵权性。德国对于侵权性的认识采取客观标准。在著名的 Deckenheizung 案[7]中，德国最高法院认为，即使在购买方实际已经决定以侵权方式使用该设备并且销售商或供应商已经知道的情况下，间接侵权的

---

〔1〕 王剑锋：“专利引诱侵权之主观故意的认定——以美国阿美山姆诉培肯艾尔莫案为视角”，载《电子知识产权》2003 年第 8 期。

〔2〕 United States v. Hitachi America, Ltd., 172 F. 3d 1319 (Fed. Cir. 1999).

〔3〕 Michael N. Rader, "Toward a Coherent Law of Inducement to Infringe：Why the Federal Circuit Should Adopt the HP Standard for Intent Under § 271 (B)", 10 Fed. Cir. B. J., 299, 300 (2001).

〔4〕 Inwood Labs., Inc. v. Ives Labs., Inc., 456 U. S. 844, 855 (1982).

〔5〕 A&M Records, Inc. v. Napster, Inc., 239 F. 3d 1004, 1020 (9th Cir. 2001).

〔6〕 Lockheed Martin Corp. v. Network Solutions, Inc., 194 F. 3d 980, 984 (9th Cir. 1999).

〔7〕 23 BGH GRUR 2006, 839.

条件也并未满足。然而，按照当时的场景判定，若以侵权方式使用设备的意图对于第三人而言是明显的，那么间接侵权的条件就满足了。也就是说，意图的判定是一个客观的标准。英国一法院[1]对于间接侵权持截然不同的观点，其认为认定间接侵权并不需要证明最终用户实际直接侵权行为的发生，只要在盖然性标准下该侵权存在现在或将来有发生的内在可能性即可。法院认为，关键的问题是供应商是否知道或应当知道处于将发明付诸实施位置的人（供应链末端的人）的意图，如果在供应或许诺供应时，供应商知道最终用户打算将发明付诸实施，或在当时情况下这对于一个合理的人是显而易见的，即达到了知道与意图的要求，而这一切可通过一般的盖然性标准予以证明。

当然，如果行为人知道了相关事实，但其基于对法律的错误理解并不认为自己的行为构成侵权，其能否免于责任的承担呢？答案是否定的。行为人在了解了相关主要事实后，应有义务审查这些事实的法律后果，而不能甘冒法律风险，否则将会承担法律责任。如果被告已经知道相关事实，即使其以相关的法律建议为基础，其仍不能抗辩称其事实上不相信这些复制品侵权，或虽然其知道相关事实但其相信按照法律的规定其行为应是不侵权的。[2]

五、意志因素

显然，仅仅知道相关侵权行为并不足以认定间接侵权成立，只有在知道相关侵权行为后，有引诱、教唆与帮助的行为和意图才可能构成间接侵权。在格罗斯特案中，法院认为，当被告没有从事构成直接侵权的行为时，采取积极步骤鼓励直接侵权的证据必须表明该产品会被用于侵权的肯定意图（affirmative intent）以及表明被鼓励的侵权克服了法律不愿认定责任的情况。只有当行为人积极并知道帮助另一方直接侵权时，引诱侵权责任的认定才是适宜的。法院引用这些案例似乎表明其支持在认定积极引诱侵权时，必须存在特定的意图。要证明积极引诱侵权，原告必须证明被告在知道第三方将会侵权的情况下，引起、促使或鼓励了第三方侵权，即被告拥有特定意图

---

〔1〕　Grimme Maschinenfabrik GmbH&Co. KG v. Derek Scott, (2010) EWCA Civ 1110.

〔2〕　Kevin M. Garnett, Gillian Davies, *Copinger and Skone James on Copyright*, Sweet and Maxwell, 2005, p. 531.

（specific intent）去鼓励他人的侵权行为而不仅仅是被告知道被指控构成引诱的行为。而著作权法下的帮助侵权不需要明确证明意图的存在。法院认为，如果服务提供者明知而不采取措施阻止侵权行为就可以推定其具有侵权的意图。[1]

六、故意还是过失

有学者认为，对于知识产权侵权行为中的第二侵权人，如侵权作品的出版者、印刷者、侵权产品的销售者、侵权广告的发布者，其过错的主要形式为过失，即对注意义务的违反。[2]有学者认为，"应当知道"表明行为人事实上还不知道，而"明知"则表明行为人已经知道。行为人"应当知道"而不知道，属于过失。[3]《侵权责任法》的起草者也认为，要求互联网平台提供商在过错而不仅在故意的情形下承担侵权责任，符合其他国家和地区的发展趋势和国际惯例。[4]还有学者认为，专利间接侵权的主观构成要件限于故意或重大过失。[5]那么，这些间接侵权责任到底是故意、过失抑或是兼而有之呢？

（一）故意、一般过失与重大过失

民法上故意的成立，通说一向采用所谓的故意说，认为须有违法性的认识，而违法性的错误当然排除故意。如甲明知某物为乙所有，但误信其有使用权（如基于租赁契约）而未使用时，依据故意说，仅得构成过失侵害他人所有权。[6]故意这一概念可以分为两类：直接故意（purpose）和间接故意（knowledge）。直接故意是指行为人的意愿是追求特定结果的产生。间接故意则是指行为人明确地知道其行为会引起该后果的发生，即便该后果并不是他追求的结果。美国《模范刑法典》第1.13（12）条规定，被告追求伤害他人的目的即构成故意。但该法又认为，这样一个定义的实际应用价值并不大。

---

〔1〕 Louis Vuitton Malletier, S. A. v. Akanoc Solutions, Inc, 658 F. 3d 936（9th Cir. 2011）.
〔2〕 张广良：《知识产权侵权民事救济》，法律出版社 2003 年版，第 87 页。
〔3〕 高铭暄主编：《新型经济犯罪研究》，中国方正出版社 2000 年版，第 841~842 页。
〔4〕 王胜明主编：《中华人民共和国侵权责任法释义》，法律出版社 2010 年版，第 195 页。
〔5〕 朱丹："关于建立我国专利间接侵权制度的思考"，载《人民司法》2009 年第 1 期。
〔6〕 王泽鉴：《侵权行为法》（第 1 册），中国政法大学出版社 2001 年版，第 256 页。

作为补充，该法又提出了第二个标准，即知道标准。所谓知道，是指被告知道行为会发生伤害他人的结果仍继续实施其行为。过失系指行为人虽非故意，但按其情节应注意并能注意而不注意者，或对于构成侵权行为之事实，虽预见其能发生，而确信其不发生者，易言之，过失者乃怠于注意之一种心理状态。[1] 过失包括疏忽和懈怠。[2] 侵权法上的过失以注意义务为前提，合理注意义务（duty of reasonable care）的违反是承担过失责任的前提。而合理注意义务是以可预见性为标准的，也就说，一个特定的行为，在特定的情况下，将可能产生预期的结果。可预见性这个概念在有关过失的法律中发挥着至关重要的作用。合理注意义务包括作为与不作为义务。而合理注意义务的判断标准是一个客观标准，一般以理性的人（reasonable man）为标准，不考虑行为人的独特特征。所谓客观标准，至少包含两层含义：第一，行为人的行为是否满足合理注意义务，而相对应的主观标准可能需要考虑行为人的态度是否尽量尝试去满足合理注意义务。也就是说，客观标准是以行为作为基础的评判标准，而主观标准则以行为人的主观态度为基础。就此标准而言，侵权法下的过失显然是客观标准，主要考虑行为人的行为的外部表现是否具有合理注意，而不是其内在是否具有注意态度。第二，应以谁为标准来判断合理注意义务。客观标准一般认为是以一个普通人，如果是理性行为，在此情况下将如何行为为标准。而主观标准却需要考虑行为人独特的情况。重大过失（reckless）是一种比过失更应被指责的行为，尽管重大过失和过失均涉及未能履行合理的注意义务。过失是未能履行一般的注意义务，而重大过失所涉及的内容则更加广泛。我们可以从以下两个方面对重大过失下定义：从客观上看，重大过失是指极端没有尽到应尽的注意义务，被告行为所造成的损害与其行为所带来的功效完全不成正比。从主观上看，重大过失包含有意识地对所知道危险发生的可能性予以漠视这一因素。

故意侵权与过失侵权实质性二分的理由之一，首先在于侵权故意与侵权过失二者的内部构造不同。就内部构造而言，可从"知"和"欲"两点来界分故意和过失。故意，即行为人"明知""预见"或"确信"损害结果或危险性会或基本上会发生，且对结果"欲求""默许"或"接受"。如梅迪库斯

---

[1]　王泽鉴：《侵权行为法》（第 1 册），中国政法大学出版社 2001 年版，第 257 页。

[2]　杨立新：《侵权损害赔偿》（第 4 版），法律出版社 2008 年版，第 132 页。

曾指出，故意系指明知并想要发生依法定构成要件为决定性的事态，英美法上的界定亦相仿。而一般过失，当它作为主观心理状态时，意指行为人对损害结果或危险无认识也不欲求且不希望发生。这种构造上的不同，是二者最基本、最重要的差异；同时，也构成其他方面重要区别的基础。过失责任涉及的是当事方的疏忽而不是故意伤害引发的责任。

（二）知识产权间接侵权的主观心态应是故意

在知识产权间接侵权中，明知第三方侵犯他人知识产权而采取引诱、教唆与帮助行为的构成侵权。因而，明知的情况下间接侵权人的主观心态都是故意。那么，现在的问题是推定知道的情况下，行为人的主观心态到底是故意抑或是过失呢？

笔者认为，总体而言，知识产权间接侵权责任是一种故意责任。一般认为，知识产权间接侵权的辅助侵权要求行为人知晓侵权行为并提供有实质性的帮助，而引诱侵权规则要求行为人有积极行为（affirmative act）并有意（intent）促进知识产权的侵权。从美国法的观点来看，辅助侵权规则下的知晓至少是一种间接故意，而引诱侵权规则下的有意就是故意的意思。因而，从美国法的角度看，间接侵权者承担的责任都是故意责任，而非过失责任。这在美国联邦最高法院的判决中也作出了明确说明，美国联邦最高法院认为，纳尔逊知晓与重大过失和过失是完全不同的，而重大过失与过失不能认定为知识产权间接侵权规则下的知晓。

从意志因素角度看，在知识产权间接侵权中，很少有因为当事方主观上不希望侵权结果的发生而被认定为侵权的情况。一般过失、重大过失与故意漠视都不以追求损害结果的发生为要件，而知识产权间接侵权行为人不仅仅知道或应当知道相关侵权行为，且采取了积极措施避免去了解相关行为或教唆、鼓励、帮助相关行为，其主观心态理应是希望或放任结果发生。

从意识因素角度看，实际知道要求知晓具体侵权行为；红旗规则需要实际意识到相关的场景与事实；而故意忽视规则源起于行为人意识到需要做一些调查，因为其不希望了解真相而拒绝行为。因而，这些规则源自于当事方的注意义务，而注意义务的违反是认定过失的前提。那么，此行为是否是重大过失呢？有学者认为，重大过失是行为人认识到损害或危险的可能（非必定）发生，或有意不去了解；同时，行为人也不希望结果发生。由此可明了，重大过失为何在法律上常与故意同等处理，因为它在认识因素上与故意相同，而民法更重视对不当行为的防范（而非对意志的惩罚）。[1]需要特别指出的是，故意忽视（willful blindness）与重大过失有本质的区别，二者是完全不同的概念。当然，重大过失也以行为人不希望结果的发生为要件，因而，知识产权间接侵权人的主观态度不应是重大过失。

值得注意的是，现今许多关于知识产权间接侵权的案例以当事方的注意义务为前提分析，以预见性为关键来分析间接侵权人的责任，这其实是一种过失责任的分析方式。注意义务是认定过失责任的首要因素。在一个案例中，法院认为，该用户上传了大量的精华资源，为被告带来了相应的广告收益，而权利与义务的对等性也要求被告承担合理的注意义务。[2]在大众案中，法院认为百度也需承担合理注意义务。有学者也认为，在互联网上确定互联网平台提供商的责任，适用"善良管理人"之注意义务标准是合理的。在传统搜索模式中，搜索服务提供者对所有的网络信息不负审查义务，但其应该采用一些过滤技术防止侵权性信息的传播，或对于一些明显的侵权性信息及时进行删除。[3]以注意义务为前提而忽略对行为人主观态度的分析将会不自觉地将商业模式纳入主观态度分析，因为注意义务可能来自于经营模式的选择与法律的规定等。然而，许多法院在分析行为人的注意义务后，接着强调行为人主观上是追求或放任结果的发生，将故意侵权意志因素纳入分析模式，这是一种完全错误的推理方法。这种分析模式没有考虑行为人的意识因素，直接从对注意义务的违反条约到对行为人意志因素的分析，少了对行为人意识因素的分析。这种分析方法是将过失责任分析与故意责任的意志因素分析非逻辑拼凑。美国联邦第七巡回法院就认为，地区法院很少提及行为人主观方面而完全着重于阐释其未采取警示反对假冒，强调行为人有义务预先采取合理的措施，简而言之，地区法院看起来似乎是在认定行为人是过失，而不是故意忽视。[4]对于间接侵权的主观方面的认定，法院应着重分析行为人是

---

〔1〕　叶名怡："重大过失理论的构建"，载《法学研究》2009 年第 6 期。

〔2〕　"庄某栋、佐佐木某子诉上海隐志网络科技有限公司侵害信息网络传播权纠纷案"，参见上海市第一中级人民法院［2011］沪一中民五（知）终字第 33 号民事判决书。

〔3〕　吴汉东："论网络服务提供者的著作权侵权责任"，载《中国法学》2011 年第 2 期。

〔4〕　Hard Rock Caf 6 Licensing Corp. v. Concession Services, Inc. 955 F. 2d 1143, 1149（7th Cir. 1992）.

否从相关事实可以知晓或应当知晓相关的侵权行为。在某些情况下，注意义务可以作为一个参考因素，而不能直接将注意义务的违反认定为满足间接侵权下的主观要件。

主观要件是认定互联网平台提供商责任的关键与平衡阀。现今众多相互冲突与无序判决缘于对知识产权间接侵权主观要件的误读。虽然技术的发展对主观要件的判定带来诸多挑战，但法院对知识产权间接侵权主观要件的判定必须采取谨慎态度，不能随意扩张主观要件的认定标准。主观要件认定以知道或应当知道为基本前提。知道以行为人对侵权行为的实际认知为条件。应当知道是一种推定知道，推定知道需结合场景证据予以确认。近年发展起来的红旗规则是判定知道的特殊方式，其强调主客观方面的结合来判定行为人的知晓情况。故意忽视规则广泛用于间接侵权主观方面的判定，其可以用于证明实际知道或推定知道。知识产权间接侵权责任应是一种故意责任。现行司法实践中以行为人的注意义务为主观要件的分析重点，忽略了对行为人意识因素的分析，是对间接侵权主观要件规则的误用，这无疑会不自觉地将商业模式等要素纳入间接侵权的分析，将可能无限扩张行为人的侵权责任，损害商业创新与社会公众利益。

第三节 互联网平台不作为知识产权侵权认定

互联网平台提供商的责任边界关乎中国互联网经济的可持续发展。过于严苛的知识产权侵权规则会引发"寒蝉效应"，损害互联网的创新与发展。过于宽松的知识产权侵权规则会损害知识产权人的利益，不利于优秀知识的生产与传播，从而侵蚀知识产权制度的根基。最新的例证就是美国互联网产业的勃兴的主要原因在于其采取了更有利于互联网企业发展的知识产权侵权判断规则。而欧亚等国实施的更严格的中介责任与知识产权规则阻碍了当地互联网企业的发展。[1]因而，一种既有利于知识产权人的权利保护也能有效促进互联网创新发展的平衡性的知识产权规则应该是各国的优选。然而，现今立法与司法界在如何界定互联网平台提供商的责任方面仍存在着不同的观点与看法，这些不确定性严重损害了互联网产业健康发展所希冀的法律的预期

---

〔1〕 Anupam Chander，"How Law Made Silicon Valley"，63 Emory L. J. , 639（2014）.

性与稳定性。

　　互联网平台提供商责任界定差异巨大的原因主要有以下两个方面：一是没有正确认识互联网平台提供商的不同类型。中国司法实践在网络服务提供者类型化界定方面的不足导致在责任认定上存在巨大争议。当评价网络服务提供者的责任时，任何法律探讨都必须首先对服务提供者行为的技术可能性进行分析。当考虑控制的可能性时，技术性的分析表明网络基础设施的责任人必须根据其功能进行类型化。如果没有对互联网运行原理的基本理解，那么规范研究不仅仅会陷入路径盲目，而且会导致其结论与现实世界背道而驰。[1]本书以功能性为基础将互联网平台提供商界定为网络接入与传输服务提供商、缓存提供商、信息服务提供商以及存储服务提供商等。二是对网络服务提供者行为模式的认知存在不足，将互联网平台提供商的作为与不作为混淆在一起，引入相同的评价机制，损害了互联网商业模式的创新与技术发展。事实上，区分网络服务提供者之作为与不作为，以及不作为的义务来源和边界，是网络服务提供者责任划分中最为核心的问题。[2]

一、不作为知识产权侵权责任的扩张

　　一个被广泛接受，甚至已被成文法所规定的法制观念是：不当行为责任要么是作为责任要么是不作为责任。[3]《侵权责任法》第 6 条第 1 款规定，行为人因过错侵害他人民事权益，应当承担侵权责任。一般认为，该条的行为包括作为和不作为。[4]作为和不作为侵权的区别在于前者积极的行为造成了他人的损害，后者是消极的不作为或者未采取措施防止他人受到损害。[5]作为和不作为都能构成产生侵权损害赔偿的违法行为。在作为行为中被主张权利者自己启动了具有法律意义上的因果链，而在不作为中则是未中断这一因

---

　　〔1〕　王华伟："网络服务提供者的刑法责任比较研究"，载《环球法律评论》2016 年第 4 期。

　　〔2〕　王华伟："网络服务提供者的刑法责任比较研究"，载《环球法律评论》2016 年第 4 期。

　　〔3〕　〔德〕克雷斯蒂安·冯·巴尔：《欧洲比较侵权行为法》（上卷），张新宝译，法律出版社2004 年版，第 261 页。

　　〔4〕　全国人大常委会法制工作委员会民法室编：《中华人民共和国侵权责任法：条文说明、立法理由及相关规定》，北京大学出版社 2010 年版，第 20 页。

　　〔5〕　刘信平：《侵权法因果关系理论之研究》，法律出版社 2008 年版，第 203 页。

果链。[1] 现行相关法律规则规定了互联网平台提供商的某些不作为责任，这些规定的主要目的是限制互联网平台提供商的责任范围。

(一) 现行规则对不作为责任的限制

中国现行规则对互联网平台提供商的规制以限制互联网平台提供商的责任为核心。《侵权责任法》第 36 条第 2 款和第 3 款规定，网络用户利用网络服务实施侵权行为的，被侵权人有权通知网络服务提供者采取删除、屏蔽、断开链接等必要措施。网络服务提供者接到通知后未及时采取必要措施的，对损害的扩大部分与该网络用户承担连带责任。网络服务提供者知道网络用户利用其网络服务侵害他人民事权益，未采取必要措施的，与该网络用户承担连带责任。《信息网络传播权保护条例》第 22 条第 (三) 项规定，网络服务提供者为服务对象提供信息存储空间的免责条件之一是"不知道也没有合理的理由应当知道服务对象提供的作品、表演、录音录像制品侵权"。《信息网络传播权保护条例》第 23 条但书条款规定，网络服务提供者为服务对象提供搜索或者链接服务时"明知或者应知所链接的作品、表演、录音录像制品侵权的，应当承担共同侵权责任"。《最高人民法院关于审理侵害信息网络传播权民事纠纷案件适用法律若干问题的规定》第 7 条第 3 款也规定，网络服务提供者明知或者应知网络用户利用网络服务侵害信息网络传播权，未采取删除、屏蔽、断开链接等必要措施，或者提供技术支持等帮助行为的，人民法院应当认定其构成帮助侵权行为。

从以上规定来看，互联网平台提供商不作为责任限制以对其主观要件限制为核心，法律将互联网平台提供商的不作为限制于"知道但不作为"的情况。互联网平台提供商承担"知道但不作为"侵权主要有两种情况：一是被侵权人发出通知后，互联网平台提供商不作为行为导致知识产权人受到损害；二是被侵权人未发出通知，互联网平台提供商知晓了侵犯知识产权行为存在后仍然不作为。前一种情况下互联网平台提供商对侵权行为有明确的认知且故意放任侵权发生，后一种情况下互联网平台提供商的知晓是一种推定知晓。这与美国的做法完全一致。美国《网络版权侵权责任限制法案》通过"实际

---

[1] [德] 克雷斯蒂安·冯·巴尔：《欧洲比较侵权行为法》（下卷），焦美华译，张新宝审校，法律出版社 2004 年版，第 248 页。

知道"与"红旗规则"来限制互联网平台提供商的责任，通过将互联网平台提供商的责任限制于"知道"与"明显知道"的情况，将互联网平台提供商不作为责任限制在故意而非过失情景。[1]在该法案的立法过程中，美国国会相关报告认为如果互联网的骨架与基础设施因为严格帮助侵权诉讼规则而消失，便不符合各方利益。互联网平台提供商的惯常经营活动必定会面临侵犯他人知识产权的风险，因而需要限制互联网平台提供商责任确保互联网效率从而促进互联网服务质量与类型提升。[2]中国、美国的法院都采取所谓"红旗规则"来认定"应知"情况的存在。"红旗规则"是指当有关他人实施侵权行为的事实和情况已经像一面色彩鲜艳的红旗在网络服务者面前公然飘扬，以至于处于相同情况下的理性人都能发现时，如果网络服务提供者采取鸵鸟政策，装作看不见侵权事实，则同样能够认定网络服务提供者至少应当知道侵权行为的存在。[3]"红旗规则"适用问题的核心不在于一个合理的人从该场景推测出什么，而在于服务提供者是否在其意识到的公然因素前仍故意行为或对明显侵权的红旗视若不见。互联网平台提供商应该知道侵权是不够的，只有其意识到表明明显侵权的情况下才能认定为明显知道。同时，也有法院认为，仅仅对侵权有一般的意识（也就是说，即使意识到有广泛侵权的存在）而没有其他要素也不足以适用"红旗规则"。[4]

（二）不作为侵权责任扩张

中国现行立法关注知识产权人利益保护的同时，更注重对互联网平台提供商责任的限制。然而，随着互联网技术与商业模式的不断发展与创新，要求扩张互联网平台提供商责任的呼声此起彼伏。从现行司法实践来看，可通过以下两方面扩张互联网平台提供商的责任以回应这种呼声：一是扩张对"知道"的认定；二是扩张适用不作为侵权的一般法理。

"知道"中的"实际知道"要求互联网平台提供商对侵权行为具有明确认知，一般要求知识产权人事先有通知行为，因而，其没有扩张适用的余地。

---

〔1〕 曹阳："知识产权间接侵权责任的主观要件分析——以网络服务提供者为主要对象"，载《知识产权》2012 年第 11 期。

〔2〕 S. Rep.（DMCA），p. 8.

〔3〕 Melvile Nimmer, David Nimmer, *Nimmer on Copyright*, Mattew Bender &Company, Inc., 12B. 04 [A]（1）（2003）.

〔4〕 UMG Recordings, 665 F. Supp. 2d.

现行司法实践对"知道"的扩张适用主要体现在"应知"认定上。"应知"所依据的"红旗规则"是一个主、客观相结合的标准。然而，在司法实践中，一些法院只关注"应知"的客观因素而忽视其主观要素，不考虑其是否意识到明显的侵权行为的存在，将对"应知"的认定转变为对客观行为的判断，忽视了立法以"应知"限制互联网平台提供商责任的价值。在利用"红旗规则"判断"应知"时，法院将主客观相结合的"红旗规则"简化为注意义务违反，以互联网平台提供商提供的网络服务性质、方式、引发侵权的可能性大小、网络服务提供者的管理能力、传播的作品侵权信息的明显程度、网络服务提供者是否积极采取了预防侵权的合理措施以及行业的平均预见水平和制止侵权的平均管理能力等因素综合判断其法律责任。这意味着法院放弃了对互联网平台提供商必须对侵权存在具体"知道"的要求，仅通过客观要素分析来推定互联网平台提供商的"知道"从而要求其承担责任。在快播案中，深圳市南山区人民法院认为被告在客观上可以避免侵权行为发生的情形下，明知第三方网站存在较大侵权风险，仍不采取相应措施防止对侵权作品设链，其主观过错明显，[1]因此应就其造成的侵权损失承担责任。在另一案件中，上海市高级人民法院经审理认为，当电商平台上的网店销售的商品或提供的服务构成侵权时，该电商平台的经营者所应承担的注意义务以及相应的法律责任应因该网店的性质而有所区分。[2]在这些案件中，法院都脱离了法定不作为侵犯知识产权案件中法律所要求的标准是"知道+不作为"而不是"违反注意义务"。法院绕过对互联网平台提供商具体主观认知的认定，直接以客观情况为基础分析互联网平台提供商的注意义务，这无疑扩张了互联网平台提供商法定不作为侵权的范围。在"应知"的范围上，现行司法实践也扩张了互联网平台提供商的责任范围，将对"具体侵权行为"的认知扩张到对侵权行为的"概括认知"。将"应知"过错的认定与网络服务提供者的合理注意义务水平等同。[3]事实上，无论是"实际知道"还是"应当知道"，都需

---

〔1〕"中国电影集团诉快播版权侵权纠纷案"，参见深圳市南山区人民法院〔2012〕深南法知民初字第 610 号民事判决书。

〔2〕"株式会社 DHC 等诉纽海商务公司等侵害商标权及不正当竞争纠纷案"，参见上海市高级人民法院〔2016〕沪民终 339 号民事判决书。

〔3〕"北京中青文文化传媒有限公司等著作权权属、侵权纠纷案"，参见北京市高级人民法院〔2014〕高民终字第 2045 号民事判决书。

要互联网平台提供商对具体的侵犯知识产权行为有认知而不是概括了解到其提供的网络服务平台上存在侵权行为。[1]

现行司法实践对互联网平台提供商责任扩张的另一个表现是在认定互联网平台提供商的不作为责任时放弃互联网平台提供商对侵权行为的"知道"要求，完全以商业模式为基础来判断其是否构成侵权。这无疑是一种"不知道但需作为但未作为"的侵权判断模式。这种侵权判断模式的基本逻辑是互联网平台提供商采取了一种易于导致知识产权侵权的商业模式，因而其有作为义务阻止明显的知识产权侵权行为。如果其怠于履行上述义务，其需要承担不作为知识产权侵权责任。此种情况下，即使互联网平台提供商对具体侵权行为完全无知，但法院认为其应认知到其网络服务上存在的普遍侵权行为，如果互联网平台提供商对这些普遍的侵权行为听之任之，其就需要承担不作为责任。在韩某诉百度文库案中，法院就认为，根据现有证据无法认定百度明知百度文库中的《像》这一文档侵权。但作为依靠数以千万计的他人作品实现自身商业经营的公司，百度应当对维护他人知识产权抱有善意，对因显而易见的因素并有合理理由而需负较高注意义务的侵权文档，百度未采取相应措施，则应认定其存在过错。因此，百度的行为满足侵权责任构成要件，应为此承担相应的法律责任。[2]"不知道但需作为而未作为"侵权判断的本质是要求互联网平台提供商承担主动监管义务，这意味着服务提供商需采取技术措施来监督其服务的侵权状况。如果互联网平台提供商没有采取任何措施预防侵权发生，法院就会认为其存在主观过错，需要承担侵权责任。最高人民法院虽然认为网络服务提供者未对网络用户侵害信息网络传播权的行为主动进行审查的，法院不应据此认定其具有过错，[3]但是这并不意味着服务提供商不需要承担主动监控的义务。相关司法解释同时认为，网络服务提供者能够证明已采取合理、有效的技术措施，仍难以发现网络用户侵害信息网络传播权行为的，人民法院应当认定其不具有过错。这意味着网络服务提供者是否积极采取了预防侵权的合理措施是判断侵权与否的重要

---

[1]　Kevin M. Gamett, Gillian Davies, *Copinger and Skone James on Copyright*, Sweet and Maxwell, 2005, p. 530.

[2]　北京市海淀区人民法院［2012］海民初字第 5558 号民事判决书。

[3]　《最高人民法院关于审理侵害信息网络传播权民事纠纷案件适用法律若干问题的规定》第8 条。

标准。这无疑是对互联网平台提供商赋予了事前预防的义务。《北京市高级人民法院关于审理电子商务侵害知识产权纠纷案件若干问题的解答》第9条指出，知名商品或者服务以明显不合理的价格出售，足以使人相信侵权的可能性较大是判断侵权的重要标准之一，这也要求服务提供商承担主动监控的义务。

另外，司法实践还存在完全忽视对互联网平台提供商主观要件的关注以不作为侵权一般法律来认定互联网平台提供商不作为责任的情况。在运用不作为一般法理来认定互联网平台提供商的不作为责任时，违反不作为侵权认定的一般法理扩张了互联网平台提供商的不作为责任范围。不作为行为侵权知识产权一般应考虑互联网平台提供商具有作为的义务并有作为的可能但没有作为的情况。但从现今的司法实践来看，法院更多的是关注互联网平台提供商的作为义务，要求其承担与其商业模式匹配的注意义务，如果没有履行该注意义务，其就需要承担侵权责任。法院很少论述在此情况下，互联网平台提供商是否存在作为的可能。虽然互联网平台提供商具有作为的注意义务，但基于商业与技术现实等，这种作为义务在有些情况下可能并不可行。

（三）不作为侵权责任扩张原因

现行法律规则对互联网平台提供商不作为侵权的规制主要是从互联网平台提供商的主观要素即是否知道侵权的发生为出发点进行分析的。以"知道"为要素来界定互联网平台提供商的知识产权侵权责任其实是限制互联网平台提供商的责任范围。然而，现行知识产权法相关规则以"知道"作为判断不作为侵权的要件只是互联网平台提供商承担不作为侵权责任的一种情形。事实上，存在着大量互联网平台提供商不知道侵权行为发生而应承担知识产权侵权责任的情形。这主要源于：

第一，现行知识产权规则已经对互联网平台提供商的行为提供了"安全港"。基于互联网平台提供商在互联网经济发展的重要地位，几乎所有国家的知识产权法都对互联网平台提供商提供一定的免责情形以便利互联网平台提供商的正常经营。欧盟《电子商务指令》、美国《数字千年版权法》以及我国的《信息网络传播权保护条例》等都为纯粹提供信息存储、搜索、链接以及接入服务的互联网平台提供商提供了一定情形下的免责规定。从某种意义上讲，没有安全港，互联网平台提供商的正常经营行为将成为不可能，其必将陷入知识产权侵权的暴风雨中而不得安宁。通过限制互联网平台提供商的责任，安全港制度可以确保互联网的效率以及服务的质量与多样化。[1]如果互联网平台提供商的不作为行为可以纳入"安全港"的范围，无疑其不需要承担责任。"安全港"制度的存在导致很多法院认为只要互联网平台提供商的行为没有落入"安全港"的范畴，其就需要承担责任。

第二，互联网平台提供商具有控制知识产权侵权行为的能力。对于网络知识产权侵权行为而言，互联网平台提供商无疑处于最有效的控制地位。在网络知识产权侵权生态系统的众多参与者中，互联网平台提供商是技术与服务的提供者。其对网络知识产权侵权无疑具有最有效的、最可行的控制手段。网络服务从来都是受控制的服务，以所谓"技术中立"来免除自己的知识产权侵权控制责任并不符合现实。自2011年以来，技术中立就被认为是互联网政策的核心原则。[2]技术中立的核心思想是技术本身没有对错，法律规则不应对某些技术持有偏见。[3]然而，我们必须认识到中立性常常不是真实的，而是一种假象。[4]事实上，算法都是人编写的，人们可以把所有的偏见与观点植入其中。[5]著名科技史学家马尔文·克兰兹伯格提出的"克兰兹伯格第一定律"指出，"技术既无好坏，亦非中立"。算法在编写过程中存在偏见与观点，但在运行过程中确实是客观不受人偏见影响的。另外，网络服务提供者是网络知识产权侵权生态的主要受益者，其没有为作品的传播付出任何对价却收获了巨大的利益。因而，让其承担一定的责任也符合网络知识产权生态系统的实际情况。

第三，完全放任互联网平台提供商的"不知且不作为"行为将导致知识产权侵权泛滥。现今网络知识产权侵权形势非常严峻，大规模泛滥的网络知识产权侵权行为在损害知识产权人的权益的同时也对一国的创新带来了损害。然而，要求知识产权人在每一个案件中去搜寻直接侵权者并要求其赔偿损失

---

〔1〕 Sen. Rep. No. 105-190 p. 8.

〔2〕 OECD (2011), *OECD Council Recommendation on Principles for Internet Policy Making*, 13 December.

〔3〕 Maxwell et al. ,"Technology Neutrality in Internet, Telecoms and Data Protection Regulation", *Computer and Telecommunications Law Review*, November 23, 2014.

〔4〕 〔美〕卢克·多梅尔：《算法时代：新经济的新引擎》，胡小锐、钟毅译，中信出版集团2016年版，第216页。

〔5〕 〔美〕卢克·多梅尔：《算法时代：新经济的新引擎》，胡小锐、钟毅译，中信出版集团2016年版，第138页。

并不具有可操作性。首先，知识产权人很难发现最终的直接侵权者，这些广泛分布的直接侵权者对于大多数知识产权人而言难以发现。其次，知识产权人即使发现了这些直接侵权者也难以要求其承担责任。这主要源于大部分直接侵权者是个体消费者，其不大可能负担得起较高的赔偿费用。而太低的赔偿费用对于知识产权人而言其实是一种负面的激励，将促使权利人放弃主张自己的权利。这无疑会进一步鼓励终端用户的侵权行为，从而导致网络知识产权侵权的进一步泛滥。因而，从交易成本以及侵权现实的角度来看，追究互联网平台提供商的某种责任无疑是最有效的选择。然而，随着网络技术与商业模式的发展，现行规则将互联网平台提供商的责任限制在"知道且不作为"情况将导致互联网平台提供商对侵犯他人知识产权的行为采取一种消极的而不是积极主动预防的态度，特别是在其有可能事先预防的情形中。这无疑将损害知识产权人的利益。

无论是从技术发展还是商业现实的角度看，都应赋予互联网平台提供商某种不作为知识产权侵权责任。然而，现行司法实践在界定互联网平台提供商责任时违反了不作为责任认定的基本逻辑，偏颇与扩张适用不作为知识产权侵权责任，损害了互联网平台提供商的利益。恣意扩张互联网平台提供商的不作为责任范围损害了立法所建立的平衡。现行规则关于互联网平台提供商的法定不作为侵权责任规则是"知道且不作为"。但在许多案件中法院通过扩张"知道"含义来扩张互联网平台提供商的责任范围。这种扩张体现在随意扩张"应知"的范围。事实上，立法将互联网平台提供商的责任限制在"应知"范畴的原因在于只有在互联网平台提供商对具体侵权行为有明确认知的情况下才有作为的可能来消除侵权义务。这样也才与不作为侵权责任的一般法理相契合。在互联网平台提供商确实不知道的情况下让其承担消除侵权情况的义务完全不具有操作的可能性。其后果是赋予了互联网平台提供商普遍监控其网络服务的义务，损害了互联网商业模式发展与技术创新，损害了法律在互联网平台提供商与知识产权人之间建立的平衡机制。因而，对于法律明确规定的不作为责任，各级法院不能肆意扩张"应知"的认定。在运用不作为的一般原理来界定互联网平台提供商的责任时，许多法院仅仅关注互联网平台提供商的作为义务而忽视其作为可能，这无疑也扩张了互联网平台提供商的责任范围。下文将运用不作为侵权判断的一般法理，来界定互联网平台提供商的不作为责任。

二、不作为行为侵犯知识产权的实践考察

现今互联网平台的知识产权侵权规则主要以知识产权法为基础，商标法与专利法的相关规则主要借鉴知识产权法的相关做法，因而，本书的分析主要以知识产权相关实践为基础。在知识产权侵权领域，是否所有的侵权行为都必须是行为人的积极作为行为或者存在消极的不作为行为而侵犯他人知识产权的情形呢？换句话说，知识产权侵权是一种纯正的作为侵权还是兼具不作为侵权的情况呢？

在传统知识产权侵权领域，行为人如果不实施积极的行为，作品不大可能存在广泛传播的可能。在实体环境下，作品的传播需要印刷、运输、销售等环节才能到达消费者手中，每一个环节都需要行为人的积极行为作品才存在流动的可能。但在网络环境中，作品的流动不再是一个复杂的传播系统，作品传播的方式与途径变得简单、快捷。作品的传播者能方便、快捷地传播作品，但知识产权人却不太容易发现直接侵权者。于是，没有传播作品但对作品传播起到重要作用的互联网平台提供商成为侵权主张的首选。然而，对互联网平台提供商施加何种知识产权侵权责任一直是一个广泛关注的话题。争议的原因是网络服务提供者在大部分侵权案件中都主张其只是技术的提供者，对侵权的发生并没有任何积极的作为行为。然而，互联网平台提供商所提出的不作为抗辩中，有些明显不是不作为而是积极作为。所谓作为侵权，其本质是互联网平台提供商积极实施了直接侵犯知识产权的行为。其基本行为模式包括直接将作品置于网络环境中，与他人合作、分工共同侵犯他人知识产权以及互联网平台提供商主动对上传的作品进行编辑、选择、分类、修改与推荐等。这无疑是以积极作为的方式共同侵权或帮助侵权。所谓不作为侵权，是指互联网平台提供商对于直接侵犯知识产权的行为有作为的义务来阻止而没有作为导致知识产权人损害的行为。从现今的司法实践来看，互联网平台提供商的不作为行为被认定为侵权的情形主要有：

（一）以商业模式作为侵权判断的基础

该侵权认定的路径是即使互联网平台提供商没有实施任何侵犯知识产权的行为（包括直接侵权行为或教唆、帮助行为），只要其采取了一种易于诱发侵权的商业模式，其就应承担相应的知识产权侵权责任。商业模式构成侵权

的核心要素是法院以服务提供商是否获利来认定其是否承担知识产权侵权责任。事实上，几乎所有的服务提供商都以获利为商业目的。有些看似免费的应用其实是用户付出了大量的信息与时间成本换取的。[1]在互联网商业实践中，一般存在着补贴方与付费方。补贴方一般可以免费利用互联网服务，而付费方是互联网平台提供商的利润来源。以是否获利来界定服务提供商的侵权责任意味着服务提供商需要承担某种侵权责任。因而，一种变通的以是否直接获利作为侵权判断的方法应运而生。[2]如我国有关司法解释就将获利与否作为互联网平台提供商是否侵犯信息网络传播权的一个重要参考因素。[3]

（二）以是否阻止继续性侵权作为判断侵权责任的依据

不作为知识产权侵权的第二个表现形式是即使互联网平台提供商没有从事任何引发侵权的行为，如果其事先知晓侵权存在而没有采取任何措施阻止侵权的再次发生的，也会被法院认定为知识产权侵权行为，需要承担法律责任。《最高人民法院关于审理侵害信息网络传播权民事纠纷案件适用法律若干问题的规定》就明确指出，网络服务提供者是否针对同一网络用户的重复侵权行为采取了相应的合理措施是判断其是否侵权的重要因素。

（三）以不履行主动监控网络的义务要求承担知识产权侵权责任

对于不作为侵权，法院一般都以所谓注意义务的违反要求互联网平台提供商承担某种不作为责任。在商业模式侵权中，法院一般认为某些商业模式中互联网平台提供商负有更高的注意义务，如果其未履行这些更高的注意义务则需承担侵权责任。在继续性侵权案件中，法院也以违反注意义务为前提来判断互联网平台提供商的责任承担，其主要理由是互联网平台提供商负有对继续性侵权行为的更高注意义务。在未主动监控侵权中，法院的基本看法是既然互联网平台提供商采取了一种易于侵权的商业模式，其有义务主动监控

---

〔1〕 "The 'Free' Economy Comes at a Cost", https://www.economist.com/news/finance-and-eco-nomics/21727073-economists-struggle-work-out-how-much-free-economy-comes-cost, last visited on Sep 25, 2017.

〔2〕 曹阳："互联网平台提供商的民事侵权责任分析"，载《东方法学》2017年第3期。

〔3〕《最高人民法院关于审理侵害信息网络传播权民事纠纷案件适用法律若干问题的规定》第11条第1款规定，网络服务提供者从网络用户提供的作品、表演、录音录像制品中直接获得经济利益的，人民法院应当认定其对该网络用户侵害信息网络传播权的行为负有较高的注意义务。

网络侵权行为。这无疑是以商业模式来界定侵权的翻版。欧盟《数字化单一市场版权指令》所规定的"上传过滤器"条款就是此模式对立法影响的最新发展。

三、现行知识产权不作为侵权判断规则存在的问题

从行为层面上看，不作为侵权行为是人的举动，但人的举动之所以被认为是行为，至少需含有两种不同的要素，即主观要素与客观要素。[1]主观因素指不作为是源于行为人的自由意志，不受任何强制。所谓行为系指受意思支配，有意识之人的活动。[2]只要是行为人的自由意志支配自己不履行义务，即使对损害后果没有故意或过失，也具有不作为的主观要素，可能构成不作为，但不需承担侵权的民事责任。[3]不作为行为人除了具有自由意志的主观要素外，还需要具备消极地不为特定行为的客观要素。也就是说，在面临知识产权侵权行为时，网络服务提供者还必须具有消极地不为特定行为的客观要素。

现行的不作为侵权规则的缺陷在于要么只考虑互联网平台提供商的主观要素要么只考虑客观要素，导致不作为侵权认定上出现了偏颇，扩张适用了不作为侵权责任认定，损害了知识产权法的平衡机制。在快播案中，深圳市南山区人民法院认为被告在客观上可以避免侵权行为发生的情形下，明知第三方网站存在较大侵权风险，仍不采取相应措施防止对侵权作品设链，其主观过错明显，[4]因此应就其造成的侵权损失承担责任。在另一案件中，上海市高级人民法院经审理认为，当电商平台上的网店销售的商品或提供的服务构成侵权时，该电商平台的经营者所应承担的注意义务以及相应的法律责任应因该网店的性质而有所区分。[5]这些案件中，法院的基本逻辑就是互联网平台提供商必须承担与商业模式匹配的某种程度的注意义务，不同的商业模式决定了不同的注意义务，没有履行注意义务意味着侵权责任的承担。事实上，这一论证思路存在着法理与学理上的障碍与逻辑不足。在以商业模式作为不作为侵权认定基础的情况下，行为人主观上可能具有侵权的意图，但其并没有客观的消极不作为行为。现今并没有法律要求互联网平台提供商如果

---

[1] 杨垠红：《不作为侵权责任之比较研究》，法律出版社 2012 年版，第 93 页。
[2] 王泽鉴：《侵权行为法》（第 1 册），中国政法大学出版社 2001 年版，第 89 页。
[3] 杨垠红：《不作为侵权责任之比较研究》，法律出版社 2012 年版，第 95 页。
[4] 深圳市南山区人民法院［2012］深南法知民初字第 610 号民事判决书。
[5] 上海市高级人民法院［2016］沪民终 339 号民事判决书。

采取了某种可能侵犯知识产权的商业模式，即使无任何消极的不作为行为也需要承担侵权责任。另外，以商业模式作为不作为侵权判断依据没有考虑互联网平台提供商作为的可能性。在以"知道"模式认定侵权的情况下，侵权责任只考虑了行为人的主观要素而缺乏对其客观行为要素的关注。在要求互联网平台提供商承担主动监控义务的情况下，赋予了互联网平台提供商对其服务承担监控侵权的一般注意义务，这意味着互联网平台提供商只要违反了某种管理网络义务导致他人知识产权受到损害，司法机关便可以法益保护为由，绕开实行行为的钳制，突破"违反义务行为需法律明文规定"的底线，任由不作为侵权在知识产权领域野蛮生长，从而影响知识产权法定原则的运用，损害知识产权法力图建立的利益平衡。

现行司法裁判以违反注意义务来认定网络服务提供者的不作为行为的合法性。其裁判逻辑是网络服务提供者违反了法定或约定的注意义务从而应该作为而没有作为，因而需要承担法律责任。注意义务的违反是不作为侵犯知识产权的主要形式。一般而言，没有违反某种注意义务，行为人的不作为行为都具有某种意义的合法性，也就是说，相关规则并不要求其实施某种作为的行为。注意义务的核心就是互联网平台提供商具有某种作为的义务而没有作为。因而，从这种意义上讲，注意义务的违反是互联网平台提供商承担不作为责任的前提。但是这里的注意义务的标准是什么呢？是一种主观的注意义务标准还是客观的注意义务标准？是一种对普遍侵权的注意义务还是对特定侵权的注意义务？对此，各方似乎有不同的结论。

四、不作为行为侵犯知识产权的学理考察

（一）不作为行为不能直接侵犯知识产权

一般而言，侵权知识产权的行为一般都是积极的作为行为。知识产权被界定为排他性权利（exclusive rights）[1]，其实质是排除他人未经许可利用作品的权利。如果行为人实施了权利人有权禁止，其行为就构成侵犯知识产权。

---

[1] 美国《版权法》第106条关于知识产权内容的界定就是使用排他性权利；我国《知识产权法》第10条规定，知识产权人可以许可他人行使前款第（五）项至第（十七）项规定的财产性权利，并依照约定或者本法有关规定获得报酬。

因而，知识产权法强调构成侵犯知识产权的行为必须是积极的行为，如复制、发行、出租、信息网络传播等行为。从现行的知识产权法的规定来看，知识产权法相关规则都要求行为人实施了积极的行为并对知识产权造成了损害时才需要承担责任。也就是说，只有行为人的积极行为导致了知识产权人排他权行使的障碍才需要承担责任。

排他性权利的核心不是权利人自己可以利用作品的权利，其本质是权利人有权禁止他人未经许可利用其作品。因而，知识产权是一种消极性权利而不是积极性权利。消极权利是要求权利相对人予以尊重与容忍的权利。消极权利和积极权利的划分往往对应于消极义务和积极义务的区分，前者对应于国家或他人的不作为义务，后者对应于一定的作为义务。[1]作为一种消极权利的知识产权，其相对应的义务为消极义务，也就是说，其要求第三方需要承担不作为的义务。如果行为人承担了不作为义务，其行为应该不会对知识产权造成损害。因而，从学理上讲，知识产权直接侵权必须是第三方的积极作为行为。不作为行为不构成直接侵犯知识产权的行为。

直接侵犯知识产权的行为必须是积极的作为行为。互联网平台提供商积极作为与第三方作为共同构成知识产权侵权的情形下，由于互联网平台提供商提供了积极的如教唆、引诱与帮助行为，其与第三方直接侵权人共同承担知识产权侵权责任，对此各方并无争议。然而，是否存在着互联网平台提供商的不作为与第三方作为的共同侵犯知识产权的情形呢？

（二）"知道"不是"不作为"

现行知识产权司法实践中，许多法院都以"知道"为前提来认定互联网平台提供商的不作为侵权行为责任。其路径是如果网络服务提供者知道存在具体特定的知识产权侵权行为而不采取任何措施就构成不作为的侵权责任。有些法院甚至认为互联网平台提供商知道或应当知道存在普遍的侵权行为或可能存在侵权行为而不作为就需要承担知识产权侵权责任。这在某种程度上意味着互联网平台提供商仅仅知道或应当知道侵权行为的发生就需要承担教唆、帮助责任。其本质是将不作为行为归入作为的范畴，以作为的标准来规制不作为行为。因为知道侵权行为只是一种认识状态，其跟作为与不作为完全没

---

[1] 胡敏洁："一种双重面向的权利——论福利权的法律性质"，载《河北法学》2007年第10期。

有关系，法理的基本价值便不能基于人的主观意识因素评价，否则有构成思想犯的危险。另外，以"知道"判断不作为侵权的依据错误适用了不作为侵权的因果链。不作为知识产权的侵权因果链应该是对特定知识产权侵权的不作为行为导致了权利人的损害。仅仅"知道"不会引发知识产权侵权的发生，互联网平台提供商必须因某种行为而具有作为的义务与可能时才需要承担侵权责任。

"知道"不是不作为侵权判断的构成要素。在不作为知识产权侵权判断中，即使当事人不知道某种侵犯知识产权的行为但法律规定其必须因此种不作为行为承担知识产权侵权责任时，互联网平台提供商也需要承担不作为侵权责任。现行知识产权法相关规则以知道作为判断不作为侵权的要件只是互联网平台提供商承担不作为侵权责任的一种方式。事实上，存在着大量的互联网平台提供商不知道侵权行为发生而应承担知识产权侵权责任的情形。法院一般采用所谓的"注意义务"规则来规制网络服务提供者的责任。违反"注意义务"不一定知道侵权行为的存在；而知道侵权行为而不作为一定是在某种程度上违反了注意义务。

以"知道"为要素来界定互联网平台提供商的知识产权侵权责任其实是限定了互联网平台提供商的责任范围。因为其本质是要求互联网平台提供商承担故意而不是过失的侵权责任。[1]而以"注意义务"的违反为要素来界定互联网平台提供商的责任其本质是一种过失责任而不是故意责任。但在司法实践中，大量的判决将这两个不同的要件放在一起探讨，损害了说理的逻辑性。有法院就认为，互联网平台提供商知道侵权行为发生而未采取措施阻止，其违反了相关的注意义务构成侵犯知识产权的行为。显然，这里的推论无疑是混乱与错误的。互联网平台提供商知道侵权发生事实上意味着其已经履行了一定的注意义务，对于服务中介而言，没有履行注意义务其如何知道侵权发生呢？[2]当然，也有法院在此问题上作出了正确的分析。在韩某诉百度文

---

〔1〕 曹阳："知识产权间接侵权责任的主观要件分析——以网络服务提供者为主要对象"，载《知识产权》2012 年第 11 期。

〔2〕 最高人民法院在"苹果公司、北京阅读纪文化有限责任公司侵害作品信息网络传播权纠纷案"（参见最高人民法院 ［2015］民申字第 1853 号民事裁定书）中就指出，作为图书类的 APP，苹果公司在可以明显感知涉案 APP 为 APP 开发商未经许可提供的情况下，仍未采取合理措施，故可以认定苹果公司并未尽到上述注意义务，具有主观过错，其涉案行为构成侵权。显然，如果苹果公司在如此众多 APP（截至 2016 年 3 月 31 日，App store 上共有 1 912 559 款应用）中知道了涉案 APP 为 APP 开发商未经许可提供，其显然已经尽到了较高的注意义务。

库案中，法院认为，根据现有证据无法认定百度明知百度文库中的《像》这一文档侵权。但作为依靠数以千万计的他人作品实现自身商业经营的公司，百度应当对维护他人知识产权抱有善意，对因显而易见的因素并有合理理由而需负较高注意义务的侵权文档，百度未采取相应措施，则应认定其存在过错。因此，百度的行为满足侵权责任构成要件，应为此承担相应的法律责任。[1]

（三）教唆不是"不作为"

互联网平台提供商承担间接侵权的情况主要有教唆与帮助行为。从字面含义看，教唆行为要构成侵权行为其前提是行为人必须实施了某种积极的教唆行为。如果积极的教唆行为是针对的第三方的直接侵权行为其无疑构成对他人知识产权的侵犯。然而，教唆行为不是针对某一具体的侵犯知识产权的行为其是否构成知识产权侵权呢？对这一问题各方的观点并不一致。本书不打算对此问题进行论述。本书要讨论的问题是教唆是否可能是不作为侵权，是否存在着不作为的教唆行为。

《最高人民法院关于审理侵害信息网络传播权民事纠纷案件适用法律若干问题的规定》指出，人民法院应当根据网络服务提供者的过错，确定其是否承担教唆、帮助侵权责任。网络服务提供者的过错包括对于网络用户侵害信息网络传播权行为的明知或者应知。该司法解释同时规定，网络服务提供者以言语、推介技术支持、奖励积分等方式诱导、鼓励网络用户实施侵害信息网络传播权行为的，人民法院应当认定其构成教唆侵权行为。只有积极作为，才可能构成教唆行为。然而，在现行司法实践中，法院以互联网平台提供商的过错来确定其是否具有教唆行为。其基本理念是如果互联网平台提供商知道或应当知道侵权行为的发生，其就构成教唆行为。这无疑是错误的裁判逻辑。

（四）消极帮助是"不作为"

帮助行为是否构成不作为侵权呢？作为和不作为侵权的区别在于前者积极的行为造成他人的损害，后者是消极的不作为或者未采取措施防止他人受

---

[1]　北京市海淀区人民法院民［2012］海民初字第5558号事判决书。

到损害。[1]作为和不作为都能产生侵权损害赔偿的违法行为。凡是法律要求人们在某种情况下必须做出某种行为时，如果负有这种义务的人不履行义务，便是不作为的违法行为，对造成的损害，应当承担损害赔偿的责任。不作为违法的前提是行为人负有某种特定作为义务。这种特定的义务不是一般的道德义务，而是法律所要求的具体义务。特定法律义务的来源，主要有三种：一是来自法律的直接规定；二是职务上或业务上的要求；三是来自行为人先前的行为。[2]在作为行为中，被主张权利者自己启动了具有法律意义上的因果链，而在不作为中则是未中断这一因果链。[3]在英国，不作为侵权责任是用注意义务理论解决的。在1932年多诺休诉斯蒂文森案中，法官确认了所谓的"邻居原则"。这个原则的核心是：如果你能合理预见可能损害你的邻居，那么你就必须采取合理的注意义务避免某种作为或不作为。一个人在他应该合理地预见发生的可能性但并没有尽到合理注意的时候，他就负有相应的注意义务。[4]可预见性被认为是判断注意义务的最基础标准。在德国，基于注意义务的责任是法官造法的产物。任何人无论其为危险的制造者还是危险状态的维持者，他都有义务采取一切必要和适当的措施来保护他人和他人的绝对权利。[5]有学者认为，德国法上的一般安全注意义务作为注意义务的具体化，实际上使德国侵权法也具有了一项一般条款。实务对这一条款的理解与法国法上的过错以及英美法上的过失并无二致。英美法中的过失侵权，发挥着大陆法系中的一般安全注意义务类似的作用。[6]

五、不作为侵犯知识产权的认定原则

（一）需要考虑技术发展现实

从理论上讲互联网平台提供商可以对其网络服务上的每一宗知识产权侵

---

〔1〕 刘信平：《侵权法因果关系理论之研究》，法律出版社2008年版，第203页。

〔2〕 杨立新：《侵权损害赔偿》（第4版），法律出版社2008年版，第102页。

〔3〕 ［德］克雷斯蒂安·冯·巴尔：《欧洲比较侵权行为法》（下卷），焦美华译，张新宝审校，法律出版社2004年版，第248页。

〔4〕 ［澳］彼得·凯恩：《阿蒂亚论事故、赔偿及法律》（第6版），王仰光等译，中国人民大学出版社2008年版，第69页。

〔5〕 ［德］克雷斯蒂安·冯·巴尔：《欧洲比较侵权行为法》（上卷），张新宝译，法律出版社2004年版，第145页。

〔6〕 杨垠红：《不作为侵权责任之比较研究》，法律出版社2012年版，第137页。

权事件从技术上进行控制，但这无疑会增加互联网平台提供商的经营成本。对网络服务提供者苛以严格责任，把版权所有者的维权责任转嫁到互联网企业身上。要求互联网平台提供商审查其计算机网络中"数以万亿比特计的数据"将迅速中断其商业运营。[1]因而，从技术现实角度来看，我们不能要求互联网平台提供商对每一侵权行为承担责任。

（二）有利于创新

对互联网平台提供商规制的核心是促进互联网创新而不是限制互联网发展。僵化的互联网平台提供商知识产权侵权判断规则会引发"寒蝉效应"，将对企业的商业发展与模式创新带来巨大的负面影响。Google 不可能在英国创立的关键要素是 Google 的服务取决于对任何时间互联网上的所有内容进行快照复制，英国的版权保护机制对此类创新（的包容度）不如美国友好。[2]欧盟甚至提出《版权法改革提案》要求互联网平台提供商采取内容识别技术等有效措施，主动发现、识别并阻止侵权内容，这表明欧盟有加重互联网服务提供商责任的立法趋势。从某种意义上讲，美国采取了比欧盟等更为有利的版权侵权认定规则是美国互联网产业领先的关键因素。

另外，对服务提供商施加过于严格的责任将使消费者难以或几乎不可能获得免费或低价格的服务，这将损害信息的自由流动，损害公众获得信息的能力，从而损害创新的发展以及消费者的利益。[3]

（三）有利于表达自由

互联网企业不应被视为国家审查行为的代理人。互联网企业的言论审查行为会损害言论自由。美国国会和法院免除了互联网企业因其他人行为而承担法律责任的可能。国会推翻了所有可能裁定互联网服务提供商对用户原创内容负责的法院判决。法院推翻了国会要求互联网企业大范围审查言论的尝试。二者共同作用的结果便是构建了一个有助于通过网络中间平台促进言论

---

〔1〕　NII Copyright Protection Act of 1995 (Part 2): Hearing on H. R. 2441 Before the Subcomm. on Courts & Intellectual Prop. of the H. Comm. on the Judiciary, 104th Cong. 235 (1996) (statement of Stephen M. Heaton, General Counsel and Secretary, CompuServe, Inc.).

〔2〕　Anupam Chander, "How Law Made Silicon Valley", 63 Emory L. J., 639 (2014).

〔3〕　"Intermediary Liability: Protecting Internet Platforms for Expression and Innovation", https://www.cdt.org/files/pdfs/CDT-Intermediary%20Liability_ %282010%29. pdf, last visited on Oct 23, 2017.

自由的法律框架。[1]但这些法律框架明确将知识产权诉讼排除在外。因而，任何汇集用户生产内容的网站都有可能因版权的相关纠纷而承担责任。这意味着通过施加知识产权侵权责任，互联网平台提供商在某种程度上可以控制言论的自由表达。因而，必须限制以版权维权为名的实质限制互联网自由表达的行为。

（四）需要平衡各方利益

侵权行为的民事责任规则在于平衡当事人之间的利益，这些规则会影响整个社会发展，甚至导致某一个行业或产业的兴衰存亡，因此我们应当清楚认识到这一点，并正确把握这个平衡。[2]美国联邦最高法院在 Aero 案中的判断为电视的互联网流媒体服务关上了大门。可见，需要认真考量互联网知识产权生态系统中各方利益主体的诉求，有效平衡各方利益而不是为了维护一方的利益而导致另一方的利益没有获得任何的考量。

六、不作为行为知识产权侵权的构成要件

（一）第三方具有直接侵犯知识产权的行为

互联网平台提供商不作为知识产权侵权的前提是他人的作为侵权。因为知识产权本质是一种消极性权利，需要行为人积极行为才能侵犯他人的知识产权。如果没有第三方的积极侵犯知识产权的行为，互联网平台提供商的不作为行为不可能侵犯他人的知识产权。也就是说，互联网平台提供商承担不作为侵权的前提是存在着直接侵权的行为。没有第三方直接侵权的行为，就不可能要求互联网平台提供商承担不作为的侵权责任。

值得注意的是，这里的第三方的积极侵犯知识产权的行为必须是特定的侵权知识产权的行为而不是存在概括性的侵犯知识产权的行为。也就是说，仅仅具有概括认知存在侵权的极大可能性不构成不作为侵权责任的前提。否则，可能构成要求互联网平台提供商普遍监控网络的义务，这与各国的立法与网络运行现状相冲突，同时也可能危害公民的言论与表达自由。

---

[1] Anupam Chander, "How Law Made Silicon Valley", 63 Emory L. J., 639 (2014).

[2] 张新宝：《侵权责任法原理》，中国人民大学出版社 2005 年版，第 23 页。

（二）互联网平台提供商具有某种作为义务

互联网平台提供商承担不作为责任的前提是其具有作为义务。依据侵权责任法的一般原理，不作为侵权是在其意识支配下，行为人有能力履行但没有履行作为义务，该故意或过失的不作为与所导致他人损害之间有因果关系，行为人应对损害结果负责的行为。在知识产权侵权判断中，作为义务被表述为注意义务，其核心是当事人基于法律规定、业务模式要求等所应承担的作为义务。其本质是网络服务提供者必须积极作为预防侵权行为的发生。

1. 法律义务

互联网平台提供商作为义务的主要来源是法律的直接规定。互联网平台提供商违反法律规定的作为义务无疑需要承担相应的法律责任。《最高人民法院关于审理侵害信息网络传播权民事纠纷案件适用法律若干问题的规定》第7条第3款规定，网络服务提供者明知或者应知网络用户利用网络服务侵害信息网络传播权，未采取删除、屏蔽、断开链接等必要措施，或者提供技术支持等帮助行为的，人民法院应当认定其构成帮助侵权行为。《侵权责任法》第36条第2款和第3款规定，网络用户利用网络服务实施侵权行为的，被侵权人有权通知网络服务提供者采取删除、屏蔽、断开链接等必要措施。网络服务提供者接到通知后未及时采取必要措施的，对损害的扩大部分与该网络用户承担连带责任。网络服务提供者知道网络用户利用其网络服务侵害他人民事权益，未采取必要措施的，与该网络用户承担连带责任。值得注意的是，《侵权责任法》第36条第2款与第3款存在冲突。在第2款规定的情况下，网络服务提供者在接到通知后其实就应该知道侵权行为的存在，此时的情况满足第3款规定的情形，那么到底是适用连带责任还是补充责任呢？另外，《信息网络传播权保护条例》第21条、第22条以及第23条都规定了网络服务提供者某种意义上的作为义务。

2. 业务要求

所谓业务上的要求是指除法律要求网络服务提供者需要承担某种作为义务外，网络服务提供者提供的某种义务的性质决定了其也需要承担一定的作为义务。例如，提供互联网汽车分享服务的企业必须核实平台驾驶人员与车辆的信息；提供视频与音乐分享网站的企业需要核实流行作品的知识产权状况等。有法院就认为，被告作为营利性的网站，明知热播的商业影片《疯狂的石头》存在被非法上传的可能，却疏于管理和监控，导致涉案电影作品被网络用户多次上传至被告网站而未能得到及时删除，故被告主观上具有纵容和帮助他人实施侵犯原告所享有的信息网络传播权的过错，应当承担侵权责任。[1]

3. 先前行为

所谓先前的行为导致不作为侵权的情况主要是指被告因先前的作为行为需履行某种进一步作为义务但却没有履行的情况。在互联网平台提供商的侵权案件中，最典型的情况就是先前的知晓行为导致互联网平台提供商有作为义务但却未履行该义务。根据《最高人民法院关于审理侵害信息网络传播权民事纠纷案件适用法律若干问题的规定》第7条、第8条、第9条、第11条等相关规定，人民法院应当根据网络服务提供者的过错，确定其是否承担教唆、帮助侵权的责任。网络服务提供者的过错，包括对于网络用户侵害信息网络传播权行为"明知"或者"应知"的情形。人民法院可以根据侵权事实是否明显、网络服务提供者应当具备的管理信息能力、是否主动对作品进行选择、编辑、推荐等因素，综合认定网络服务提供者是否构成"应知"的情形。如果网络服务提供者从网络用户提供作品、表演、录音录像制品行为中直接获得经济利益的，应当认定其对网络用户侵害信息网络传播权行为负有较高的注意义务。网络服务提供者明知或应知网络用户利用网络服务侵害信息网络传播权，未采取删除、屏蔽、断开链接等必要措施，或者提供技术支持等帮助行为的，人民法院应当认定其构成帮助侵权行为。[2]也就是说，如果网络服务提供者通过各种方式知晓了侵权的存在，其必须承担某种作为义务。有法院认为，上诉人应当明显感知涉案作品为未经许可提供，但其未采取合理措施予以预防或避免侵权行为的发生，对此具有主观过错，构成帮助侵权，应当承担共同侵权的责任。

---

〔1〕"新传在线（北京）信息技术有限公司诉上海全土豆网络科技有限公司侵犯著作财产权纠纷案"，参见上海市第一中级人民法院［2007］沪一中民五（知）初字第129号民事判决书。

〔2〕"苹果公司与中文在线数字出版集团股份有限公司与苹果电子产品商贸（北京）有限公司与艾通思有限责任公司侵害作品信息网络传播权纠纷案"，参见最高人民法院［2016］最高法民申1803号民事裁定书。

4. 注意义务与不作为

注意义务包括作为与不作为义务。合理注意义务以可预见性为标准，也就说，一个特定的行为，在特定的情况下，将可能产生预期的结果。合理注意义务的判断标准是一个客观标准，一般以理性的人为标准，不考虑行为人的独特特征。不作为侵权判断中法院通常以互联网平台提供商有作为的注意义务而没有履行该义务为由要求其承担侵权责任。我国最高人民法院认为，网络服务提供者从网络用户提供的作品、表演、录音录像制品中直接获得经济利益的，人民法院应当认定其对该网络用户侵害信息网络传播权的行为负有较高的注意义务。作为图书类的 APP，苹果公司在可以明显感知涉案 APP 为 APP 开发商未经许可提供的情况下，仍未采取合理措施，故可以认定苹果公司并未尽到上述注意义务，具有主观过错，其涉案行为构成侵权。[1]不作为行为违反注意义务的基本逻辑是行为人具有作为的义务而拒绝履行就是违反注意义务的行为。从这种意义上讲，注意义务标准在不作为侵权判断中并无任何价值与意义。不作为侵权判断中，法院需要考虑网络服务提供者是否有作为的义务，如果有作为义务而未履行其就应承担不作为的侵权责任。而"注意义务"的违反只不过是对应作为而不作为行为的性质界定。因而，应作为而不作为是一种违反注意义务的情形，但不能涵盖所有违反注意义务的情况。值得注意的是，不作为侵权的注意义务存在不同的层次。有法院认为，上诉人对小说事先设置分类，为网络小说的传播提供便利条件，其虽然在网站设置投诉渠道、不侵权提醒、关键词屏蔽，但这仅是网络服务提供者所负的一般注意义务，且投诉渠道未在手机客户端明示，不能以此认定上诉人已尽到与其具体经营行为相适应的注意义务。[2]另外，网络服务提供者的注意义务应该是一种主观的且针对特定情形下的注意义务。其主要理由是以注意义务的违反来构建互联网平台提供商的不作为侵权责任已经对互联网平台提供商施加了较为严格的责任。如果再以客观的注意义务标准与普遍的注意义务标准来要求互联网平台提供商，必将对互联网平台提供商的经营造成较大的阻碍。

---

　　[1]　"苹果公司、北京阅读纪文化有限责任公司侵害作品信息网络传播权纠纷案"，参见最高人民法院［2015］民申字第 1853 号民事裁定书。
　　[2]　"十九楼网络股份有限公司与上海玄霆娱乐信息科技有限公司侵害作品信息网络传播权纠纷案"，参见上海知识产权法院［2016］沪 73 民终 238 号民事判决书。

（三） 互联网平台提供商有作为的可能

互联网平台提供商有作为的可能是互联网平台提供商承担不作为侵权责任的前提。如果互联网平台提供商没有作为的可能或是即使有作为的可能其需要付出的成本远远高于知识产权保护的收益时不能要求互联网平台提供商承担不作为侵权责任。就网络服务而言，理论上存在互联网平台提供商发现并阻止每一个知识产权侵权行为的可能。但从实践来看，这样的要求无疑让绝大部分开放的互联网平台提供商转变经营模式，回归封闭的网络环境。假设我们要求淘宝平台对其服务平台上的每一宗侵犯知识产权的行为承担责任，淘宝的选择就只能是花费大量的人力与财力来监控每一笔知识产权交易或是关闭平台上的知识产权交易。这虽然可能在某种程度上保护知识产权人的权益，但却损害了一些合法销售者的利益，损害了互联网经济的发展与创新。

因而，互联网平台提供商作为的可能首先需要考虑技术现实，不能脱离现实技术环境来考虑作为的可能。从目前的情况来看，我们可以要求互联网平台提供商采取一定的事前过滤的措施，比如视频分享网站对一些过长视频的事前过滤与审查。但我们不能要求互联网平台提供商承担普遍的监控与过滤义务。这在技术上没有可行性。因为过滤技术不可能分清合法与非法的边界在哪里，哪些是合法销售的作品，哪些是非法作品，哪些行为是合理使用，哪些行为是侵权行为。其次，需要考虑商业现实。互联网平台提供商的作为需要考虑其对商业环境的影响。如果某一作为要求的后果是让某一商业模式终结，我们必须认真考虑该作为要求的可行性。作为的可能要求必须以商业现实为依归，促进多元商业模式的形成以及改善商业竞争环境。

（四） 过错

在认定互联网平台提供商的不作为侵权责任时是否需要考虑过错呢？还是说如果互联网平台提供商有作为的义务而没有履行该义务本身就构成过错行为因而需要承担责任。换句话说，"过错"是一个单独的标准还是隐含于应作为而未作为的情境中呢？

笔者认为，在不作为侵权中不需要单独考虑互联网平台提供商的主观过错问题。这主要是因为互联网平台提供商有作为的义务而拒绝作为行为本身就构成过错行为。一般认为，互联网平台提供商的作为义务来源于法律的规定、业务的要求以及先前的行为。法律要求互联网平台提供商履行一定的作为义务其没有履行，其无疑是主观上具有过错的行为。同样，基于业务以及先前的行为，互联网平台提供商具有作为的义务而拒绝履行，其无疑也是一种过错行为。这一过错主要表现在互联网平台提供商知道知识产权侵权行为存在而不作为。互联网平台提供商如何知晓知识产权侵权行为呢？除了互联网平台提供商实际知晓侵权的存在外（比如在知识产权人通知的情况下），其主要理由是因为互联网平台提供商提供业务以及先前行为使得其有理由知道侵权的存在，比如音乐分享网站经营者就应该知道最流行的音乐在其网络上传播是未经许可的行为。知道的范畴与对象是现今互联网平台提供商责任认定中最主要的争议。有学者认为，由于现行法律规则对网络服务提供者课以较重的责任，因此在解释法律规则时应采用有利于网络服务提供者的限缩解释方法。具体来看，《侵权责任法》第 36 条第 3 款中网络服务提供者的侵权责任主观要件应该限缩解释为"明知"，不应该包括"应知"。"明知"需要原告证明网络服务提供者事实上知道他人的侵权行为。如果解释为"应知"，则对网络服务提供者课以"一般注意义务"，对于不作为侵权人来说责任过重，有违法理。[1]过失是注意义务还是不合理风险。现行法律将过失与义务联系在一起，导致司法模棱两可，[2]有法院将之界定为不合理的风险时，就减少了模棱两可。在大多数案件中施加的义务或标准是具体情形下的合理注意义务。[3]所谓应知，是指根据 P2P 网络服务商的预见能力和预见范围，如果其应当预见到 P2P 软件用户存在实施侵犯他人知识产权的行为，但由于其未尽到"合理理性人"的谨慎和注意义务，导致损害后果发生或扩大的，就应当认定该网络服务商存在主观过错。这种过错认定标准，类似于美国判例法中的"红旗标准"和"鸵鸟政策"规则。

笔者认为，从不作为侵权的基本理论出发，互联网平台提供商对具体知识产权侵权行为有作为的义务而没有作为就构成侵犯知识产权的行为。分析的重点应该是互联网平台提供商是否有作为的义务以及是否履行了其作为义务。就"知道"而言，互联网平台提供商不作为责任的承担不应以"知道"为要件，"知道"是判断作为义务的一种情况，"不知道"侵权的情况仍承担

---

〔1〕 蔡唱："网络服务提供者侵权责任规则的反思与重构"，载《法商研究》2013 年第 2 期。

〔2〕 Henry Terry, "Negligence", *29 Harvard Law Review*, 40（1915）.

〔3〕 〔美〕丹·B. 多布斯：《侵权法》，马静等译，中国政法大学出版社 2014 年版，第 239 页。

知识产权侵权责任的情况并不少见。不作为侵权的核心是违反了注意义务，应作为而没有作为而不是"知道"。当然，"知道"是判断应作为的一种前提条件。在以"知道"为判断应作为的案件中，法院应坚持"实际知道"标准从而有效平衡各方的利益。

七、不作为知识产权侵权的责任承担

（一）不作为侵权承担责任的现行规定

《侵权责任法》第8条规定，二人以上共同实施侵权行为，造成他人损害的，应当承担连带责任。如何理解共同侵权中的"共同实施"呢？是否需要互联网平台提供商直接在侵犯知识产权的行为中起到直接作用还是说只需要在侵权过程中起到助推作用。"共同侵权"的共同包括共同故意、共同过失以及故意和过失的结合。[1]共同侵权必须具有主观意思的共同性。仅一方为故意，另一方为过失，不能构成共同的意思联络，从而不能成立共同故意。当网络用户与网络服务提供者存在主观意思联络，且二者的作为与不作为行为共同引发侵权发生时，二者构成共同侵权可以直接适用《侵权责任法》第8条的规定。但《侵权责任法》第36条规定的情形，二者并非存在共同故意，而是分别存在故意或网络用户存在故意而网络服务提供者为重大过失，因此适用第8条就存在一定的学理障碍。[2]于是在不作为侵权案件中，很多法院适用《侵权责任法》第9条来认定网络服务提供者的责任。然而，第9条是处理网络服务提供商的在先的积极作为行为而非不作为行为。该条要求互联网平台提供商存在积极的教唆行为。如果互联网平台提供商不存在任何的积极作为行为，无疑不能依据第9条来处理其责任问题。

另外，《侵权责任法》第12条规定："二人以上分别实施侵权行为造成同一损害，能够确定责任大小的，各自承担相应的责任；难以确定责任大小的，平均承担赔偿责任。"该条规范的是无意思联络的分别侵权行为，区别于《侵权责任法》第8条关于二人以上共同实施侵权行为对共同故意或者过失的要

---

〔1〕 全国人大常委会法制工作委员会民法室编：《中华人民共和国侵权责任法：条文说明、立法理由及相关规定》，北京大学出版社2010年版，第35页。

〔2〕 张玉东："论不作为侵权与作为侵权区分的必要性"，载《烟台大学学报（哲学社会科学版）》2014年第4期。

求。需要注意的是，该条款解决的是数人侵权情形下的责任承担方式及内部责任的分摊问题。至于各侵权人的侵权责任是否成立，仍应依据《侵权责任法》或者相关部门法中的有关规定予以判定。而且，该条款中明确规定"分别实施侵权行为"，也就是说，各侵权人的行为均应独立具备构成侵权行为的全部要件，无论是一般的侵权行为要件，还是特殊的侵权行为要件。这一条款无疑也不能处理互联网平台提供商的不作为侵权。因为在互联网平台提供商的不作为侵权中，互联网平台提供商的不作为行为不构成单独侵犯知识产权的行为。因为，单独直接侵犯知识产权的行为必须是积极的作为行为。

（二）不作为行为侵权一般构成间接侵权责任

不作为行为侵犯知识产权的主要表现形式是互联网平台提供商的消极帮助行为（有作为的义务而拒绝履行）导致知识产权人的权利受到侵害。互联网平台提供商不作为侵权的通常情况是互联网平台提供商违背了相关的注意义务，在知晓第三方侵权的情况下采取了不作为的方式，放任了侵权的发生与存续。在大部分互联网平台提供商的消极侵权案件中，互联网平台提供商与直接侵权者之间并不存在意思联络。因而，互联网平台提供商与直接侵权者一般不构成共同侵权行为。但是对于知识产权直接侵权行为的发生，互联网平台提供商并不是完全的无辜，其对侵权的发生起到了一定的促进作用。从侵权的因果链条来看，网络服务提供者并没有直接侵犯他人知识产权，但没有互联网平台提供商的不作为行为，侵权的链条就会缺少一环从而不会有侵权的发生。直接侵权的发生从某种程度上也归因于互联网平台提供商的不作为行为。因而，需要互联网平台提供商承担一定的侵犯知识产权的责任。这种责任不是共同侵权责任，也不是各自独立侵权责任导致共同损害的侵权责任，而是一种对直接侵权的发生起到消极帮助的间接侵权责任。

（三）互联网平台提供商不作为侵权的责任承担

从《侵权责任法》的规定来看，不作为与作为行为共同导致损害时的责任承担，有的适用连带责任，有的适用补充责任规则。对于网络服务提供者而言，《侵权责任法》规定的责任承担模式为：作为（故意）+不作为（故意或重大过失）＝连带责任。事实上，要求互联网平台提供商在所有不作为侵权的情况下都承担连带责任并不适合。任何侵权行为，所承担的责任无非是直接责任或替代责任。不作为侵权行为的直接责任是指行为人对自己的不作为行为所造成的损害后果由自己承担。而不作为的替代责任主要是指违反作为义务的行为人是与经营者相联系的主体或工作人员。我们知道，不作为侵权责任的前提是违反作为义务，但是违反作为义务的形式多种多样。互联网平台提供商最典型的违反作为义务的情况是知道侵权而放任侵权的发生。在这种情况下，互联网平台提供商与直接侵权者虽然没有直接的共同意思联络，但一般存在着某种心照不宣的共谋。因而，此时让网络服务提供者承担连带责任应该没有多大的法律障碍。但是在有些场合，互联网平台提供商并不知晓侵权的发生，其只不过违反了某种法定的或业务要求的注意义务因而需要承担某种侵权责任。此时要求互联网平台提供商承担连带责任是对于互联网平台提供商施加了过于严苛的责任。互联网平台提供商在此情况下承担补充责任无疑是更优的选择。

互联网平台提供商的不作为侵权责任是现今互联网平台提供商承担知识产权侵权责任的主要形式。互联网平台提供商的不作为侵权责任边界关乎我国互联网经济的可持续发展。实践中对于互联网平台提供商不作为侵权责任的承担存在着诸多误解，要么只是关注互联网平台提供商的主观要素；要么仅仅关注互联网平台提供商的客观行为要素。从技术与商业发展现实来讲，互联网平台提供商必须承担一定的不作为侵权责任。但互联网平台提供商的不作为侵权判断规则也必须考虑商业与技术现实、促进技术创新与言论表达并平衡各方的利益。互联网平台提供商不作为侵权的构成要件包括：①作为义务；②没有履行作为义务。注意义务的违反不是互联网平台提供商不作为侵权行为的构成要件。注意义务仅仅是判断作为义务的参考。违反注意义务包括作为与不作为。"知道"也不是不作为侵权的构成要件。"知道"不是不作为侵权判断的构成要素。在不作为知识产权侵权判断中，即使当事人不知道某种侵犯知识产权的行为但法律规定其必须因此种不作为行为承担知识产权侵权责任时，互联网平台提供商也需要承担不作为侵权责任。现行知识产权法以及侵权责任法在处理互联网平台提供商不作为侵权时缺乏系统性与逻辑一致性，导致互联网平台提供商在不作为侵权责任承担上出现错误认定。互联网平台提供商的不作为侵权责任一般情况下不是共同侵权责任而是间接侵权责任，在责任承担上，需要考虑互联网平台提供商的主观态度与认知。

第四节　互联网平台提供商直接作为侵权认定

一、直接侵权的判断标准

信息在网络中的传播过程通常会涉及两类行为：一类是信息网络传播行为，即在向公众开放的网络中向用户提供各种类型信息的行为；另一类是网络服务提供行为，即为信息在网络上的传播提供技术、设备支持和中介服务的行为，包括接入、缓存、信息存储空间和信息定位服务等。前者为信息网络传播权所直接控制的行为，他人未经许可实施上述行为，除非属于著作权法所规定的限制与例外情形，否则将构成对信息网络传播权的直接侵犯；后者虽不被信息网络传播权所涵盖，但如果符合相关法定要件，则行为人亦需承担帮助、教唆侵权等共同侵权责任。两类行为在行为性质、侵权构成要件、过错标准、责任形式等各个方面均存在很大区别，只有在准确界定哪些行为是信息网络传播权直接控制的信息网络传播行为的基础上，才能区分两类行为的性质，正确适用法律，明确法律责任。

在认定互联网平台提供商的行为是否为直接侵权行为时，司法实践中一般采用所谓"服务器标准""用户感知标准"以及"实质性替代标准"等不同的标准。所谓"服务器标准"是指只有将侵权信息上传至向公众开放的服务器的行为，才是受"信息网络传播权"控制的"网络传播行为"，才会直接侵犯"信息网络传播权"。互联网技术日新月异，服务器标准对于现已出现的一些新的传播方式已无能为力，因此有必要考虑其合理性。有人认为，在技术飞速发展的背景下，不能将"提供行为"仅限于"上传到网络服务器"这一种行为方式上，还必须合理认定技术发展所带来的其他"向公众提供作品"的行为方式，科学界定聚合平台提供服务的性质。实践中，一些法院还发展出所谓的"用户感知标准"以及"实质性替代标准"等不同的标准。[1]

"用户感知标准"强调只要用户从某个网络平台上能够持续地获得作品，并产生了侵权后果，即可以判定该网络平台的行为是提供作品行为，即使这

---

〔1〕 "北京易联伟达科技有限公司与深圳市腾讯计算机系统有限公司侵害作品信息网络传播权纠纷案"，参见北京知识产权法院〔2016〕京73民终143号民事判决书。

些作品不必然存储在该网络平台的本地服务器上。依据服务器标准，无论是深层链接行为，还是普通链接行为，均不属于信息网络传播权规制的行为。但不可否认的是，从外在表现形式看，深层链接行为与信息网络传播行为确实难以区分，如认定深层链接行为不属于信息网络传播行为似有不合理之嫌，这亦是长期以来用户感知标准存在的主要原因。"实质性替代标准"是指因网络服务平台提供的服务使得用户得以在该平台上直接实现对侵权信息的利用，且选择、编辑、整理等行为，以及破坏技术措施行为、深层链接行为对知识产权人所造成的损害及为行为人所带来的利益，与直接向用户提供侵权信息的行为并无实质差别，因此，上述行为共同构成信息网络传播行为。

对于互联网平台的直接侵权行为，必须坚持"服务器标准"。其原因在于，现行知识产权法律体系已经严格区分了直接侵权和帮助与教唆侵权行为。如果以"用户感知标准"以及"实质性替代标准"等作为直接侵权判断的依据，将导致现行的直接与间接侵权规则的区分失去价值，在互联网平台并无提供侵权信息的情况下，强制认定其行为构成提供侵权信息的行为。这与客观事实和法律的体系规定相冲突。

另外，在法律无明确规定的情况下，对于法律规定的具体理解，可参考该规定的立法渊源。《著作权法》第 10 条第（十二）项系我国履行国际公约义务的结果，该规定源于世界知识产权组织于 1996 年 12 月 20 日通过的《世界知识产权组织版权条约》。该条约第 8 条规定，在不损害《伯尔尼公约》有关条款规定的情况下，文学和艺术作品的作者应享有专有权，以授权将其作品以有线或无线方式向公众传播，包括将其作品向公众提供，使公众中的成员在其个人选定的地点和时间可获得这些作品。该条款整体是针对传播权的规定，但其后半句系我国《著作权法》中信息网络传播权的来源。这一立法渊源表明，对于《著作权法》第 10 条第（十二）项中"提供"行为的理解，《世界知识产权组织版权条约》缔结过程中的相关文件具有参考意义。该条约第 8 条指出，构成向公众提供作品的行为是提供作品的"初始行为"，而不是单纯提供服务器空间、通信链接或为信号的传输或路由提供便利的行为。因该文件对于条约的解释具有很高的权威性，故依据上述记载，该条款中的"提供"行为指向的是"最初"将作品置于网络中的行为，亦即将作品上传至服务器的行为，而非提供信息存储空间、链接以及接入设备等行为。基于此，《著作权法》第 10 条第（十二）项所规定的信息网络传播行为亦应指向的是最初将作品置于服务器中的行为。可见，我国《著作权法》中信息网络传播行为的确定标准应是"服务器标准"，而非"用户感知标准"。[1]

二、互联网平台直接侵犯知识产权行为的表现

互联网平台提供商为信息在网络上的传播提供技术、设备支持和中介服务，包括接入、缓存、信息存储空间和信息定位服务等。这些服务一般不涉及直接将侵权信息置于信息网络中的行为。依据服务器标准，互联网平台提供商的行为有可能被认为是直接侵犯他人知识产权的行为。

（一）纯粹提供存储服务的行为

《最高人民法院关于审理侵害信息网络传播权民事纠纷案件适用法律若干问题的规定》第3条规定，网络用户、网络服务提供者未经许可，通过信息网络提供权利人享有信息网络传播权的作品、表演、录音录像制品，除法律、行政法规另有规定外，人民法院应当认定其构成侵害信息网络传播权行为。通过上传到网络服务器、设置共享文件或者利用文件分享软件等方式，将作品、表演、录音录像制品置于信息网络中，使公众能够在个人选定的时间和地点以下载、浏览或者其他方式获得的，人民法院应当认定其实施了前款规定的提供行为。

因而，除非互联网平台直接参与了侵犯知识产权作品的上传与分享工作，否则其行为不构成直接侵权行为。

（二）对侵权他人知识产权的信息置于其服务器

《最高人民法院关于审理侵害信息网络传播权民事纠纷案件适用法律若干问题的规定》第4条规定，有证据证明网络服务提供者与他人以分工合作等方式共同提供作品、表演、录音录像制品，构成共同侵权行为的，人民法院应当判令其承担连带责任。依据该规定，在分工合作的情况下，虽然某服务提供者只是提供搜索、链接等技术服务，而未实施上传行为，但其仍会被认定构成共同提供行为。虽然互联网平台提供商形式上并未实施上传行为，但其与作品的实际上传者存在着针对作品的选择、编辑以及是否上传等方面的

---

[1] "同方股份有限公司与湖南快乐阳光互动娱乐传媒有限公司侵害作品信息网络传播权纠纷案"，参见北京知识产权法院［2015］京知民终字第559号民事判决书。

意思联络，其事实上参与到了对作品的提供之中，从而使得其网络服务提供行为与作品提供行为构成有机联系的整体。因此，这种行为完全符合按照服务器标准所确认的信息网络传播行为，需要承担直接的侵权责任。

第五节　互联网平台提供商间接作为侵权认定

互联网平台提供商虽然一般不直接承担侵犯他人知识产权的侵权责任，但基于互联网平台的"中介"与"平台"属性，其有鼓励他人提供侵权信息的动机。由于平台自身生产信息，且信息是平台黏合用户的基础。而信息的生产是需要成本的，因而，许多平台具有天然的鼓励用户使用侵权信息的基因。这种激励如果超出一定的范畴，就构成教唆、帮助侵权。

教唆与帮助行为存在的前提是互联网平台对他人的侵权行为具有认知，也就是说，其知晓他人利用自己的平台侵犯他人的知识产权，但仍实施了教唆与帮助行为。关于互联网平台提供商教唆与帮助行为认定的主观要件分析，前文已经述及，此处不再赘述。此处重点论述如何认定教唆与帮助行为。

一、教唆与帮助行为必须是积极的作为

教唆与帮助行为必须是积极的作为行为，消极的不作为不能认定为帮助行为。"见死不救"显然不是帮助行为，同理，对于侵权行为"置之不理"不是帮助行为，而是不作为行为。司法实践中，我们看到大量的判决认为，由于互联网平台提供商对其平台出现的明显侵权行为视而不见，或是对于反复出现的侵权行为未采取纠正措施，构成对他人的侵权行为的帮助，需要承担帮助的侵权责任。事实上，上述行为是典型的不作为侵权，需要依据上文提及的不作为侵权处理的规范进行处理。

对于互联网平台的教唆与帮助行为的表现主要是明知为侵权内容仍然进行推荐，通过积分奖励等方式鼓励用户上传侵权内容，为侵权内容传播提供支付、结算服务等。最高人民法院的相关司法解释认为，以言语、推介技术支持、奖励积分等方式诱导、鼓励网络用户实施侵害信息网络传播权行为的，人民法院应当认定其构成教唆侵权行为。

二、获利不能作为认定教唆与帮助的行为

现阶段司法实践中，还存在着以商业模式作为认定教唆与帮助行为的基础。其核心是如果互联网平台采取了一种易于导致知识产权侵权的商业模式或是其在经营过程中存在获利行为，其行为就可能被认为是教唆与帮助行为。最高人民法院认为，应当根据网络用户侵害信息网络传播权的具体事实是否明显，综合考虑以下因素，认定网络服务提供者是否构成应知：

（1）基于网络服务提供者提供服务的性质、方式及其引发侵权的可能性大小，应当具备的管理信息的能力；

（2）传播的作品、表演、录音录像制品的类型、知名度及侵权信息的明显程度；

（3）网络服务提供者是否主动对作品、表演、录音录像制品进行了选择、编辑、修改、推荐等；

（4）网络服务提供者是否积极采取了预防侵权的合理措施；

（5）网络服务提供者是否设置便捷程序接收侵权通知并及时对侵权通知作出合理的反应；

（6）网络服务提供者是否针对同一网络用户的重复侵权行为采取了相应的合理措施；

（7）其他相关因素。

网络服务提供者在提供网络服务时，对热播影视作品等以设置榜单、目录、索引、描述性段落、内容简介等方式进行推荐，且公众可以在其网页上直接以下载、浏览或者其他方式获得的，人民法院可以认定其应知网络用户侵害信息网络传播权。网络服务提供者从网络用户提供的作品、表演、录音录像制品中直接获得经济利益的，人民法院应当认定其对该网络用户侵害信息网络传播权的行为负有较高的注意义务。网络服务提供者针对特定作品、表演、录音录像制品投放广告获取收益，或者获取与其传播的作品、表演、录音录像制品存在其他特定联系的经济利益，应当认定为前款规定的直接获得经济利益。网络服务提供者因提供网络服务而收取一般性广告费、服务费等，不属于本款规定的情形。

从上述规定来看，商业模式与获利被作为认定是否构成知晓的主要因素。

由于司法实践中存在只要知悉侵权行为的存在就可能承担侵权责任的情况，将法律对互联网平台的主观认知直接转换为对客观教唆与帮助行为的认定。这意味着司法实践中直接以获利、商业模式的存在作为认定教唆、帮助行为存在的基础。这些做法无疑扩张了教唆、帮助行为的范畴，将积极作为的教唆、帮助与消极的不作为侵权混为一谈，损害了法律力图建立的平衡机制。

第六节　互联网平台的著作权侵权责任

前面已经就互联网平台上的知识产权侵权一般问题如直接侵权的认定、间接侵权的主观判断标准、客观行为等进行了分析。上述分析结论无疑适用于著作权侵权的判断。与其他类型的知识产权相比，著作权保护的作品可以完全通过互联网进行传播，无须线下的支持与帮助。另外，由于著作权保护客体的"无形性"以及"非排他性"等特征，使得著作权的大规模侵权成为可能，这严重损害了著作权人的利益，因而，如何处理这些大规模侵权问题是现今互联网平台发展面临的最主要著作权问题。

一、互联网平台著作权侵权特征分析

互联网平台著作权侵权与其他类型的侵权行为相比，具有独特性。首先，著作权保护的对象是无形的表达，而这些表达是以所谓信息的形式存在的。在互联网平台上，这些信息以所谓数据的形式存在。这些承担著作权表达的数据可以在互联网平台上任意传播，传播的广度无人能控制。由于互联网数据信息的传播成本基本可以忽略不计，而用户却可以通过这些传播的数据获得免费使用他人作品的便利。互联网平台的商业模式也是从这些数据的流动中获利的。因而，互联网平台与用户在著作权侵权方面存在着天然的合谋。这种合谋使得著作权侵权行为成为互联网平台的普遍现象，且不可能消除。值得注意的是，互联网平台上作品的传播与利用不需要线下的辅助工作，这同商标与专利侵权存在差异。商标与专利侵权一般都需要线下的实体商品交换才能完成。这导致著作权侵权问题成为互联网平台发展需要关注的核心问题。

除了侵权行为的广泛性、弥散性外，互联网平台著作权问题的另一个关注点是互联网平台也是作品的生产平台。互联网平台不仅仅为作品侵权提供平台，也为作品的创作提供了平台。用户创作的内容是现今互联网平台发展中面临的最重要的著作权问题之一。用户创作的内容有些是以他人的现有素材为基础的创作，有的是全新的创作。有的用户创作作品纯粹是兴趣所在，其并不希望获取相关作品的权利，而有的用户创作行为是基于获利的考虑，其将在互联网平台上的创作行为当作谋生的手段。即使希望通过平台创作获利的用户，其对如何处理自己创作的作品也存在不同的看法。有的希望公众能免费传播其作品，当作品成为网红作品时，其可以通过作品的衍生使用获取利益，而有的用户希望任何过程的作品使用行为必须获得其许可。

二、互联网平台下的著作权侵权应对

（一）混沌边缘应是权利人追寻的目标

传统的著作权法也试图在各种利益主体之间建立平衡，这种平衡是通过所谓的人为的制度设计来实现的。但是在作为复杂自适应系统的网络著作权体系中，各方参与者最终也寻求一种平衡的利益状态。然而，这种平衡的利益状态是各种要素相互作用自发形成的，人为制度设计不可能解决好如此多样性参与者的利益诉求。各方参与者的目标应该是维持网络著作权秩序的临界点抑或是可以代表著作权产业繁荣的创造性混沌状态。著作权法应在各个利益主体之间找到平衡，而平衡点，也就是所谓的文化稳态，是著作权系统的混沌边缘，在这里，著作权系统可以获得最大的可持续性。

权利人必须认识到，如果仅仅满足自己的利益诉求而忽视其他参加者的利益要求，网络著作权系统将不可能到达所谓的平衡点，系统将进一步处于混沌状态中，这可能不利于其利益的保护。因而，权利人在利用传统著作权法来强化自己的利益时，可能导致网络著作权体系向非平衡性发展，从而越来越远离混沌边缘。权利人应该顺应网络著作权体系的发展趋势，在介入时促进系统向混沌边缘迈进。权利人不应该过度干预系统的自我调节与自我平衡，否则将使得系统远离混沌边缘，从而损害自己利益。

（二）著作权法新定位

遵从局部规则是网络著作权体系突变的基础。这里的局部规则是否可以认为是著作权法所建立的规则呢？传统的著作权体系中，著作权法源自于中央权威的集体考量，在精巧的平衡各种相互竞争的利益后，著作权以所谓一般福利的名义为表达性作品建立了法定的权利。然而，这一模式能很好适用于由中央权威控制信息交流的讲求实际的、封闭的电路交换网络，但其在互联网体系中的适用可能存在问题。具有更高水平中央化的体系，可能存在太过于僵化的秩序，从而因为停滞与僵局受到损害。在互联网体系中，数据包通过不同途径传播，并不受中央权威控制，其一般采取分组交换方式。分组交换方式更加有弹性、有活力以及延展性，其能支持多层级的复杂性，也能鼓励丰富的非计划秩序。[1]因而，对于网络著作权系统而言，这里的局部规则不能是传统的著作权法，而应是满足网络著作权系统参与者所共同认可的局部规则。

大规模侵权肯定会伤害著作权人的利益，然而，对这些权利的僵化的财产化可能威胁作为复杂自适应系统的著作权本身。像许多复杂自适应体系一样，著作权体系如果想要具有持续性，必须处于混沌边缘。[2]如果权利人试图控制对其作品的每一次使用，就像被历史所抛弃的出版商公司那样垄断作品的使用，将会带来以下危险：首先，其可能没有为创新实验留下空间，从而损害而不是激励创新。其次，消费者可能将完全放弃使用著作权产品，认为其是无可救药的不合时宜，这样可能损害著作权体系为所有者提供的经济安全保障。有学者的实证研究也明确指出，知识产权保护程度过强，会使市场停滞；低于某一临界点，则意味着需要更强的保护以促进市场发展。[3]从某种意义上讲，著作权法就像细胞膜，其为创作者以及著作权产业提供受保护的环境，从而使其经济上可以运转。然而，其也必须具有弹性与渗透性，即允许一定数量信息向外流向所谓的分享文化，而这是促进最终回流到著作权体系的新创造之所在。事实上，P2P 技术出现时，音乐权利人认为对其构成致命威胁，采取了一系列强有力的措施来保护其知识产权，法院也通过扩张法律解释来维持权利人的利益。然而，虽然许多利用 P2P 技术的互联网服

---

〔1〕 Tom Bell, *Intellectual Property Privilege*, Mercatus Center at George Mason University, 2014, pp. 167~168.

〔2〕 Deborah Tussey, *Complex Copyright*, Ashgate, 2012, p. 112.

〔3〕 [美] 约翰·冈茨、杰克·罗切斯特：《数字时代 盗版无罪?》，周晓琪译，法律出版社 2008 年版，第115页。

务提供商被禁止从事相关服务，但音乐产业并没有就此重整雄风，传统的唱片产业逐渐式微。事实上，并没有充分的证据证明音乐分享软件对唱片的销售有实质影响。[1]另外，音乐分享软件也不会对音乐作品的供给产生实质性的影响。[2]文件分享可能增加社会的总福利，通过 P2P 分享系统所增加的社会福利可能较高。[3]事实上，著作权人应该认识到要让著作权真正发挥其作用，就应该允许一定信息的渗透与外流。权利人不应该采取一切可能措施来阻止信息的外泄从而可以对著作权进行完全控制。

因而，在互联网时代，著作权法不应过分关注权利的扩张，而必须重新思考信息的传播方式与手段，将重点放在如何促进信息的有效流动上。网络时代的著作权法作为一种外力介入复杂的自适应系统，必须精心平衡各方利益，并促进网络著作权体系向混沌边缘靠近。然而，人为设计的外力干预在复杂的自适应系统面前往往无能为力，因而，著作权的介入必须谨慎。网络时代的著作权法不应过分关注强化权利的保护，而应为混沌状态保留必要空间。

（三）权利人的具体应对措施

既然网络著作权体系是一个复杂自适应系统，那么处于混沌状态应是惯常之态。权利人不能指望像传统著作权体系那样，可以控制侵害著作权的所有行为。网络著作权体系既然是一个复杂自适应系统，权利人就应该忍受一定的非秩序状态出现。即使权利人采取强有力的措施来捍卫自己的著作权，在这样的复杂自适应系统中，效果也不会明显。2010 年，全世界的盗版率高达 42%，即使在版权意识较为先进的欧盟与美国，盗版率也高达 35% 与 21%。[4]在 2013 年 1 月，大约有 4.32 亿人从事了网络侵权行为。在此时期，在欧洲、北美以及亚太地区，大约有 1/4 的互联网用户从事了侵权行为，与 2011 年 11

---

〔1〕　Felix Oberholzer-Gee. , Koleman Strumpf. , "P2P's Impact on Recorded Music Sales, www. eecs". harvard. edu/p2pecon/confman/papers/s1p2. pdf.

〔2〕　Felix Oberholzer-Gee. , Koleman Strumpf, "The Effect of File Sharing on Record Sales: An Empirical Analysis", https://www. gsb. stanford. edu/sites/.../2006_ 10-05_ Oberholzer-Gee. pdf.

〔3〕　Rob, Rafael, Joel Waldfogel, " Piracy on the High C's: Music Downloading, Sales Displacement, and Social Welfare in a Sample of College Students", *49 Journal of Law and Economics*, 29~62 （2006）. Felix Oberholzer-Gee. , Koleman Strumpf, "The Effect of File Sharing on Record Sales: An Empirical Analysis", https://www. gsb. stanford. edu/sites/.../2006_ 10-05_ Oberholzer-Gee. pdf.

〔4〕　http://www. go-gulf. com/blog/online-piracy/.

月比，增加了 10 个百分点。[1]另外，权利人的一定克制行为将有助于网络著作权体系秩序的形成。由于网络著作权体系是一个自适应系统，其能自主产生突变，而系统的突变可能给权利人带来新的利益。如互联网的兴起带来音乐作品盗版的横行，但其也引发了音乐作品传播体系的突变，催生了音乐作品新的利用形式与商业模式，比如 iTunes 的兴起等。另外，网络著作权体系作为自适应系统，其将自主平衡各方参与者的利益，如果施加过多的外力，将损害系统自主的平衡能力，并进而损害系统最终秩序的形成，从而损害社会整体的福利效果。

网络著作权体系是一个混沌的体系，权利人可以从混沌中发现秩序与规律。比如，有的公司就从侵权行为中发现了流行趋势。当然，权利人不可能对大规模侵权视而不见，虽然要完全消除大规模侵权基本是不可能的，但权利人可以通过法律诉讼以及寄送律师函等方式引发"寒蝉效应"从而阻止一些侵权行为。"寒蝉效应"可能改变网络著作权体系参与方的行为，从而引发网络著作权体系的突变，产生新的商业模式与行为模式，从而有利于权利人利益的提升。然而，这种"寒蝉效应"的效果如何，现今并没有实证的研究结果，但从一般常识来看，其可能会改变一部分参与者的行为模式，但其不能改变网络著作权体系自身的发展趋势与行为模式。

作为复杂自适应系统的网络著作权体系具有自我平衡与发展的能力，外力介入网络著作权体系需慎之又慎。传统著作法显然不能很好适应网站著作权体系的需要。以传统著作权法为基础构建的权利体系在网络环境中的适用也会存在一定的障碍。因而，作为权利人，其必须意识到在网络著作权体系中，完全消除侵权根本不可能。权利人不可能根本改变作为复杂自适应系统的发展趋势以及利益博弈现状。当然，权利人可以通过某种外力对参与者行为进行威慑，从而在某种程度上改变参与者的行为模式，从而改变利益博弈格局，并最终让系统迈向有利于自己的混沌边缘。当然，通过强化著作权保护达到"寒蝉效应"从而改变参与者的行为模式是否有效值得观察。从著作权人的角度而言，最好的选择是利用混沌与秩序中的趋势，谋求作品新的利用模式从而获得更大的利益。

---

〔1〕 http://www.usnews.com/news/articles/2013/09/18/online-piracy-grows-reflecting-consumer-trends.

第七节　互联网平台的商标与专利侵权责任

一、互联网平台与商标与专利的关系

不同的互联网平台与商标之间的关系存在差异性。链接中介平台一般控制互联网的物理层与逻辑层，物理层与商标权关系不大，其更多关涉财产权问题，而逻辑层与著作权关系密切，其关涉平台提供商通过算法与技术措施控制内容的流转问题，其一般也不涉及商标问题。但开放链接平台在某种意义上可以控制什么样的内容可以传播以及如何传播。因而，在某种意义上链接平台可能构成对他人商标权的侵犯，如将他人商标作为推广链接关键词等行为。导航平台则在某种意义上为信息的聚合平台，用户可以通过该平台快速找到其所需要的信息。开放导航平台可以通过技术措施控制向用户推荐的商品信息。在这种意义上讲，其对平台商标信息的传播行为具有一定的控制力。有法院就认为，视频聚合平台不当控制了视频的传播方式的，需要承担相应的责任。[1]社交平台是用户进行社交的平台，其主要功能在于社交，因而，商标问题不是这一平台主要的考虑，其一般也不从算法与技术方面控制商标行为的传播。存储与应用平台与商标的关系较为密切，这些平台一般纯粹提供存储与应用服务。从理论上讲讲，其可以采取措施限制非法商品信息的存储与应用，但其后果可能是许多合法的商品信息也不能存储与应用。从这种意义上，开放存储与应用平台虽然与商标关系较为密切，但其对用户行为的控制力最弱，其与商标关系最为密切。开放商业平台包括完全开放的商业平台与受控制的商业平台。前者如淘宝，其旨在提供纯粹交易信息平台，平台不对提供的商品信息进行任何审查，后者如 Uber、滴滴、大众点评、饿了么、App Store 等，这些平台会对平台使用者的资质提出要求并对使用者进行一定的审查。开放商业应用平台在某种意义上便利了商标信息的流动，促进了合法或侵权商品的传播。但上述两种平台提供商对商标信息流转的控制力是不同的，完全开放的商业平台提供商除了通过算法以及技术措施限制商标信息的传播外，其基本不能控制非法商标信息的流动与传播。而受控制的

---

〔1〕　北京市石景山区人民法院〔2013〕石民初字第 1529 号民事判决书。

商业平台既可以通过算法与技术控制非法商标信息的传播，也可以通过人工干预的方式控制非法商标信息的流动。

互联网平台与专利之间关系不大，其最可能涉及第三方利用其平台销售侵犯专利权产品的行为。对于此行为，可以依据《侵权责任法》的相关规定进行处理。

二、互联网平台商标与专利侵权的表现形态

现今互联网平台的知识产权侵权责任的探讨集中于著作权领域，较少涉及专利与商标领域。互联网平台对商品与作品的传播控制存在着较大差别。除极个别商品外，大部分商品不能通过互联网获得传播与利用，互联网只能便利侵权商标信息与行为的传播，其自身不能生产与利用侵权商品，侵权商品的流转一般须在实体环境中进行。而作品通过互联网就能顺利完成生产、传播与利用。因而，著作权人更注重作品在网络环境中的利用与控制，这就是权利管理信息与技术措施在著作权领域广泛应用的根本原因。而在商标侵权领域，商标信息的流转在某种意义上是有利于权利人利益的保障的，权利人更关注的是这些流转的商标信息如何转换成为现实商业环境中的侵权商品的传播。另外，许多国家的著作权法为网络作品的自动存储、提供信息存储空间、搜索或者链接服务的开放平台提供商提供了一定的安全港保障，但大多数国家的商标法并未规定类似的安全港制度。即使在美国互联网平台提供商的商标侵权责任中也不存在明确的规则。[1]很少有国家制订专门针对互联网平台提供商商标侵权行为责任的规则，绝大多数国家在互联网平台提供商商标侵权的认定上采取了与著作权基本一致的规则。美国商标法实践中也认为网络服务平台如果被控商标间接侵权，其应承担与版权案件类似的责任。[2]我国商标法实践中也基本采取类似的态度。[3]

由于专利信息本身的公开性，因而在互联网平台传播专利信息本身不构成侵权行为。互联网平台可能涉及的专利侵权问题是平台用户利用其平台销

---

〔1〕 See Katja Weckstrom, "Secondary Liability for Trademark Infringement in the United States", 49 U. Louisville L. Rev. , 555 (2011).

〔2〕 Tiffany Inc. v. eBay Inc. , 600 F. 3d 93 (2d Cir. 2010)

〔3〕 上海市高级人民法院〔2008〕沪高民三（知）终字第116号等案件。

售了侵犯专利权产品的行为或互联网平台本身具有教唆、帮助他人实施专利侵权的行为。2015 年《专利法修订草案（送审稿）》第 62 条新增第 2 款规定，明知有关产品、方法属于专利产品或者专利方法，未经专利权人许可，为生产经营目的诱导他人实施了侵犯该专利权的行为的，应当与侵权人承担连带责任。诱导侵权是指故意引诱、唆使无权实施专利的人实施他人专利。

诱导侵权的成立须具备以下条件：

（1）诱导人实施了引诱、唆使无权实施专利的人实施专利的行为；

（2）诱导人系故意实施诱导行为，即明知他人对某个技术方案享有专利权，仍然唆使、引诱无权实施专利的人实施专利；

（3）诱导侵权的成立必须以被诱导人实施了他人专利为前提，即诱导侵权的成立以直接侵权的成立为前提。

明知有关产品、方法被授予专利权，未经专利权人许可，为生产经营目的积极诱导他人实施了侵犯专利权的行为，权利人主张该诱导者的行为属于《侵权责任法》第 9 条规定的教唆他人实施侵权行为的，人民法院应予支持。

未经专利权人许可，行为人以提供图纸、产品说明书、传授技术方案、进行产品演示等方式，为生产经营目的积极诱导他人实施特定技术方案，且他人实际实施了侵犯专利权行为的，行为人的诱导行为构成教唆他人实施侵犯专利权行为。

明知有关产品系专门用于实施专利的原材料、中间物、零部件、设备，未经专利权人许可，为生产经营目的将该产品提供给他人实施了侵犯专利权的行为的，应当与侵权人承担连带责任。帮助侵权是指虽然没有直接实施他人专利，但制造、销售专门用于制造专利产品或使用专利方法的部件、设备或原材料以及其他帮助行为从而促使直接侵权发生的行为。明知有关产品系专门用于实施专利的材料、设备、零部件、中间物等，未经专利权人许可，为生产经营目的将该产品提供给他人实施了侵犯专利权的行为，权利人主张该提供者的行为属于《侵权责任法》第 9 条规定的帮助他人实施侵权行为的，人民法院应予支持。

从上述规定来看，互联网平台提供商由于不提供具体的专利产品，其仅仅从事平台的技术支持与服务，因而其行为一般不构成专利法意义上的帮助行为，但如果教唆他人实施专利，其行为可能构成教唆侵权。认定互联网平台教唆侵权责任，一般参考著作权教唆侵权的认定方法，在此不再赘述。

三、互联网平台提供商的商标责任的构成要件分析

现阶段开放平台商标侵权责任的承担存在着以商业模式确立平台责任的趋势。这种方法强调平台的注意义务，即如果平台违反了相关的注意义务，不管其是否对具体侵权行为存在具体认知，平台都需承担相应的商标侵权责任。有法院就认为，用户上传了大量的精华资源，为被告带来了相应的广告收益，而权利与义务的对等性也要求被告承担合理的注意义务。对合理注意义务的违反意味着平台需承担相应的责任。[1]在前述的大众案中，法院认为百度违反了其需承担的合理注意义务，因而其需要承担相关的侵权责任。事实上，注意义务的核心要求应是前面提及的平台提供商需要承担的管理义务与合作义务，一般包括事前监管与事后补救义务。要求平台提供商承担一定的注意义务应是平台提供商的应有法律义务，但不能要求平台提供商承担一般的注意义务，欧盟各国也基本反对对平台提供商施加一般的注意义务。[2]以注意义务为基础构建的商标侵权责任不考虑开放平台提供商是否知晓某一特定侵权行为的存在，只要存在违反注意义务的情形，平台提供商都需承担相应的侵权责任。事实上，注意义务的违反存在着不同的情况。有些违反注意义务的情形并不导致平台提供商对具体的侵权行为具有认知。此时对违反注意义务的一方施以责任意味着要求其承担普遍的监控义务。事实上，平台提供商违反注意义务更多的应是向政府承担行政责任而不是向权利人承担民事责任。注意义务的违反只能是个案是否存在过错的一个判断因素而不是判断是否构成侵权的全部要素。

（一）存在着直接商标侵权行为

一般而言，开放平台提供商不直接进行商品的宣传与销售，其只是为相关商品的销售与宣传行为提供技术平台，因而，其一般不会直接侵犯商标权人的权利。在大多数案件中，平台提供商都应承担间接侵权的责任。从理论

---

[1] 宋学东、刘军华、唐震："网络服务商对网络用户的反复侵权行为负有注意义务"，载 http://fayuan. xinmin. cn/alyp/2012/03/14/14024524. html，2017 年 5 月 20 日访问。

[2] "Duty Of Care: The Friendly Sounding Way In Which Europe Threatens Free Speech & Internet Innovation"，https://www. techdirt. com/articles/20150709/22323631606/duty - care - friendly - sounding - way - which - europe - threatens - free - speech - internet - innovation. shtml，last visited on May 11，2016.

上讲，如果并无存在所谓的直接侵权行为，要求平台提供商承担间接侵权的责任不具有逻辑上的合理性。同时，正如上面所论述的那样，对平台提供商施加过于严苛的责任将有损互联网经济的发展。因而，在不存在直接侵权的情况下，一般不能要求平台提供商承担侵权责任。

（二）客观上有违背注意义务的行为

这种注意义务包含法律上要求的管理义务以及与权利人的合作义务。互联网平台提供商不能为每一个商标权人的商标在平台上的运行情况采取事前的预警机制，否则将构成对平台的普遍监控义务。但是，对于知名品牌的权利人而言，如果其品牌假冒泛滥，而且权利人愿意并希望与平台合作建立相关的预警机制，平台应有合作的义务。在著作权领域，YouTube 同主要的内容生产商合作建立了内容识别机制。在商标领域，阿里巴巴也尝试建立相关的知识产权保护平台。但值得注意的，网络商标侵权与著作权侵权存在着本质的区别，作品本身就是网络著作权侵权行为的消费对象；而商标侵权案件中，网络仅仅是辅助行为，消费者最终的消费对象需要在实体环境中流动才有意义。因而，这种预警机制的建立需更加慎重，以避免伤害合法商品的正常流动。这一注意义务是开放平台承担责任的前提。一般而言，违反注意义务包括对明显的侵权行为采取漠视态度，对平台上的大规模侵权行为不采取任何措施，没有及时履行通知—删除义务，对侵权行为提供帮助、教唆、引诱侵权行为的发生，对商标权人的合作要求不合理拒绝等。如果行为人没有任何违反注意义务的行为，其一般不承担侵权责任。这种注意义务既有来自法律直接的规定，比如要求平台提供商审查注册用户的真实性，也有来自于商业模式所引发的特殊注意义务，同时也包括权利人以及侵权人的相关行为所引发的注意义务。比如欧盟《电子商务指令》第 5 条要求平台提供商在从事电子商务交易时提供相关一般信息的义务。杜塞尔多夫高等法院就认为，平台提供商需要采取合理措施让零售商遵从相关信息要求，否则，需要承担责任。[1]值得注意的是，具有不同控制力的平台的注意义务是不同的。提供纯粹在线交易市场的平台提供商与竞价交易平台提供商之间就存在着不同的注意义务。一般认为，如果平台提供商纯粹提供技术支持等中立服务，而没有对直接侵

---

〔1〕　http://www.kwm.com/en/es/knowledge/insights/platform-providers-liability-for-their-retailers-20131206, last visited on May 28, 2016.

权提供帮助、支持或控制，一般不需承担过多的注意义务。

（三）　主观上存在着侵权的故意

《侵权责任法》第 36 条第 3 款规定，网络服务提供者知道网络用户利用其网络服务侵害他人民事权益，未采取必要措施的，与该网络用户承担连带责任。如何理解这里的"知道"存在着不同的看法。有人认为这是一种故意责任，有人认为是一种过错责任。笔者认为，过失不构成商标侵权责任的主观态度。《商标法》第 57 条第（六）项规定，故意为侵犯他人商标专用权行为提供便利条件，帮助他人实施侵犯商标专用权的行为构成商标侵权。按照《商标法》的规定，平台提供商承担责任的前提是故意，过失不构成责任承担的主观态度。但《侵权责任法》第 36 条的"知道"是"故意"还是"过失"责任呢？故意是指行为人"明知""预见"或"确信"损害结果或危险性会或基本上会发生，且对结果"欲求""默许"或"接受"。梅迪库斯曾指出，故意系指明知并想要发生依法定构成要件（为决定性的事态）。英美法上的界定亦相仿。而（一般）过失，当它作为主观心理状态时，意指行为人对损害结果或危险无认识也不欲求且不希望发生。[1] 值得注意的是，有学者认为重大过失是：行为人认识到损害或危险的可能（非必定）发生，或有意不去了解；同时，行为人也不希望结果发生。[2] 这其实是对重大过失内涵的误解，恶意忽视不是重大过失而是故意责任。恶意忽视意味着当行为人意识到需要一些调查然而拒绝进行调查因为其不希望知道事实，其宁愿保持无知。重大过失的恶性在于意识到风险，并在风险面前继续行为。而恶意忽视的恶性在于被告知道其有理由调查而故意不去调查的过错。

在商标侵权行为中，《侵权责任法》要求平台提供商承担责任的前提是知道而未采取措施。这无疑不是一种过失的责任。过失是行为人不知道侵权存在或知道存在侵权的风险或侵权事实上已经存在而不希望其发生，而《侵权责任法》要求行为人知道侵权的存在且追求或放任损害的发生，在具体行为上的表现就是"未采取必要措施"。如果采取了必要措施，意味着行为人不希望损害的发生，这显然不是一种过失责任。

---

〔1〕　叶名怡："侵权法上故意与过失的区分及其意义"，载《法律科学（西北政法大学学报）》2010 年第 4 期。

〔2〕　叶名怡："重大过失理论的构建"，载《法学研究》2009 年第 6 期。

知道一般包括"明知"与"应知"两层含义。"明知"是对行为人主观过错的事实认定，"应知"是对行为人主观过错的法律推定。[1]明知是事实上知道，而应知是推定知道。在司法实践中，许多法院会以是否违反注意义务来认定当事人的"应知"状态。有法院认为，所谓应知，是指根据 P2P 网络服务商的预见能力和预见范围，如果其应当预见到 P2P 软件用户存在实施侵犯他人著作权的行为，但由于其未尽到谨慎的注意义务，导致损害后果发生或扩大的，就应当认定该 P2P 网络服务商存在过错。[2]笔者认为，违反注意义务只能是判断"应知"的参考因素。事实上存在着违反注意义务（主要是指管理义务与合作义务）并不知道侵权存在的情况，并非所有违反了注意义务的行为都必然导致平台提供商知晓具体侵权行为的存在。

开放平台主观上的认识因素是对具体侵权行为的知晓。事实上，概括地知晓平台上存在着侵权行为并不会给平台提供商带来侵权责任。要求平台提供商承担概括知晓的侵权责任意味着要求其承担一般的监控平台的义务。事实上，对于开放平台而言，平台提供商一般都知道其平台上存在着商标侵权行为。任何平台提供商都知道其平台上可能存在着侵权商标权的行为，有的平台提供商甚至知道其平台存在着较为严重的商标侵权现状。但这并不能要求平台提供商承担侵权责任。否则，开放平台就只能转变为封闭平台或关闭相关的平台。这显然不利于"互联网+"经济的健康发展。美国一法院就认为，虽然 eBay 公司概括了解有些假冒的 Tiffany 商品在其网站销售，但法院认为，如果没有其他行为，这一认知不足以给被告带来责任。[3]我国在一些案件中采取的以概括知晓来认定侵权的状况必须禁止。在首例互联网电视著作权侵权案中，法院认定两被告侵权的理由，并非其知道特定的涉案影视剧能够通过其提供的搜索服务传播，而是其制作与搜索引擎配合使用的"影音资料库"具有概括性的侵权意图，以及其完全可以通过简单易行的技术手段判断搜索到的视频是否侵权。这完全是一种错误的侵权判断方法。正如上面所讲，这种概括性知晓判断方法将损害互联网的健康发展。另外，违反注意义务只是判断知晓的一个因素，即使违反注意义务，行为人如果只是概括知晓

---

〔1〕　吴汉东："论网络服务提供者的著作权侵权责任"，载《中国法学》2011 年第 2 期。

〔2〕　"庄某栋、佐佐木某子诉上海隐志网络科技有限公司侵害作品信息网络传播权纠纷案"，参见上海市第一中级人民法院［2011］沪一中民五（知）终字第 33 号民事判决书。

〔3〕　Tiffany Inc. v. eBay Inc.，600 F. 3d 93（2d Cir. 2010）.

侵权行为的存在，其也不能要求平台提供商承担责任。只有在行为人违反了注意义务，没有承担相应的管理义务与合作义务，且发现了具体的侵权行为时才需要承担责任。

一般认为，开放平台提供商必须对具体侵权行为有具体的认知才需承担责任。也就是说，平台提供商需要知晓谁的何种权利受到何种侵犯。一般认为，平台提供商必须认识到特定的商标被他人侵权。由于商标侵权判断的复杂性，一般不要求平台对行为的侵权性存在认知。

开放平台主观上的意志因素是追求或放任侵权的发生。追求或放任的具体表现是教唆、引诱与帮助侵权或知道侵权发生而不采取必要措施阻止。值得注意的是，《侵权责任法》的基本逻辑是知道后不采取必要措施来阻止侵权而不是事前必须采取必要技术措施来阻止一切可能的侵权行为。《侵权责任法》第 36 条关于网络服务提供者责任的承担以及《商标法》关于间接侵权责任的承担都体现了这种逻辑。在司法实践中，我们经常混淆这样的逻辑。事前采取必要技术措施而未能阻止侵权的发生是过失责任而不是故意责任。一般认为，事前采取了必要的技术措施意味着行为人不是追求或放任侵权的发生而是不希望侵权的发生。这一般是过失责任。正如我们前面所论述的，平台提供商的责任是故意责任而不是过失责任。正因为如此，是否事前采取必要的预防措施不是开放平台承担责任的前提。

互联网平台提供商对于"互联网+"经济的健康发展至关重要。而互联网平台责任范围的大小决定了互联网平台经济发展的模式与可持续性。互联网平台提供商的责任必须考虑平台经济发展现状、技术可行性、消费者权利保护以及互联网经济的可持续发展。对于开放平台提供商施加过于严苛的责任将损害平台的发展与创新，因而，各国普遍坚持开放平台不应承担监控平台的一般义务。但互联网平台不能对相关商标侵权行为采取听之任之的态度。从技术的角度来看，平台提供商有管理平台的责任与义务。另外，平台提供商有义务与权利人合作采取相关的预警措施来保护商标权人的利益。然而，这些管理义务与合作义务的违反只能是平台提供商承担责任的一个考量因素。互联网平台提供商不能因为没有履行相关的管理与合作义务而承担侵权责任。当然，其可能承担相应的行政责任。开放平台提供商承担侵权责任的前提是知晓侵权行为发生而不采取措施补救。因而，平台提供商承担责任的前提是主观上存在故意，客观上实行了违反注意义务的行为。

互联网平台的竞争法规制

第一节　互联网平台竞争的新经济学

　　传统经济以追求超额利润为核心。互联网平台经济与传统经济发展模式迥异。虽然亚马逊的增长速度惊人，但其产生的利润非常微薄，其通常选择以低于成本的价格进行大规模扩张。通过这一战略，该公司已发展为电子商务中心环节，并成为众多依赖它的其他企业的必要基础设施。该公司结构和行为要素无疑具有反竞争问题，然而其却逃避了反垄断审查。当前流行的反托拉斯框架以"消费者福利"作为竞争政策的考虑目标，以短期价格效应为考量方法并不足以应对互联网平台经济中市场力量的架构问题。如果我们主要通过价格和产出来衡量竞争，那么我们就不能认识到亚马逊优势所带来的竞争潜在危害。具体而言，当前的理论低估了掠夺性定价的风险以及跨不同业务领域的整合可能对经济造成的损害。平台市场经济学为公司追求增长而不是利润提供了动力，这是投资者获得回报的战略。在此情况下，掠夺性定价成为理性行为。由于互联网平台是关键性的中介机构，平台通过整合业务领域将这些平台定位于其竞争对手需依赖的基础设施。这种双重角色使得平台能够利用其收集的信息来打击其竞争对手。

一、反竞争规制的传统经济学

　　20世纪反托拉斯法及其释义的最重大变化之一就是摆脱了经济结构主义。

广义而言，经济结构主义基于以下观点：集中的市场结构促进了反竞争行为。[1]这种观点认为，由少数大公司主导的市场可能比众多中小型企业组成的市场更不具有竞争性。这是因为：①垄断和寡头垄断的市场结构使占支配地位者更容易协调，更容易进行价格固定、市场分割和默契合谋等行为；②垄断和寡头垄断企业可以利用其现有的优势来阻止新进入者；③垄断和寡头垄断企业对消费者、供应商和工人的议价能力较大，这使他们能够在保持利润的同时提高价格并降低服务和质量。

这种基于市场结构的竞争政策是整个 20 世纪 60 年代反托拉斯思想和政策的基础。基于上述观点，法院阻止了他们认定会导致反竞争市场结构的兼并。在某些情况下，法院会认为横向并购导致两个直接竞争者成为单一企业从而占据大的市场份额的行为是反竞争的行为。在有些情况下，法院也会拒绝垂直兼并交易，其理由是加入在同一供应链或生产链中不同层次运营的公司将"排除竞争"。

芝加哥学派的反托拉斯方法在 20 世纪 70 年代和 80 年代获得了主流司法体系的认可，该学派排斥所谓的结构主义观点。用理查德·波斯纳的话说，芝加哥学派立场的本质是"观察反托拉斯问题的恰当视角是'价格理论'"。[2]这一观点的基础是对由追求利润最大化者推动的市场效率的信心。芝加哥学派的这一方法将其产业组织的愿景建立在一个简单的理论前提之上："受市场约束的理性市场参与者通过以最有效的方式整合投入以实现利润最大化，否则其将受到市场竞争力的惩罚。"[3]

实际上，从结构主义向价格理论的转变对反托拉斯分析有两大影响。首

---

〔1〕 See, e. g., Joe S. Bain, "Industrial Organization" (2d ed. 1968); Donald F. Turner & Carl Kaysen, "Antitrust Policy: An Economic and Legal Analysis" (1959); Joe S. Bain, "Workable Competition in Oligopoly: Theoretical Considerations and Some Empirical Evidence", 40 Am. Econ. Rev. 35, 36~38 (1950). The institutionalists—scholars who emphasized the importance of social rules and organizations in producing economic outcomes—were also influential in this vein. See, e. g., John R. Commons, "Legal Foundations of Capitalism" (1924).

〔2〕 Richard A. Posner, "The Chicago School of Antitrust Analysis", 127 U. Pa. L. Rev., 925, 932 (1979). The key assumptions of price theory are "that demand curves slope downward, that an increase in the price of a product will reduce the demand for its complement, [and] that resources gravitate to areas where they will earn the highest return." Id. p. 928.

〔3〕 Marc Allen Eisner, "Antitrust and the Triumph of Economics: Institutions, Expertise, and Policy Change", 107 (1991).

先，它导致进入壁垒概念适应范围显著缩小。进入壁垒是需求进入企业所需承担的成本。芝加哥学派认为，由于规模经济、资本要求和产品差异所带来的现存企业优势并不构成进入壁垒。[1]从结构主义转向的第二个结果是消费价格成为评估竞争的主要指标。芝加哥学派学者、耶鲁大学法学教授罗伯特·博克断言，反托拉斯法的唯一规范目标应该是以追求经济效率的方式最大化消费者福利。[2]虽然他使用"消费者福利"来表示"分配效率"，但法院和反托拉斯主管部门主要通过对消费者价格的影响来衡量它。1979 年，美国联邦最高法院接受了罗伯特·博克的主张，认为"国会将谢尔曼法案设计为消费者福利的处方"。[3]如今，各国都要求反垄断行为需要对消费者福利造成损害，这种损害通常以价格上涨和产量限制的形式出现。[4]虽然现今我们在反垄断审查中也考量如产量质量的降低、产品种类的减少以及对竞争的影响等，但是由于经济要素更容易测算与分析，其在反垄断分析中仍然占主导地位。

掠夺性定价和纵向兼并是受到这种理论转向影响最大的两个领域。芝加哥学派声称，掠夺性定价、垂直兼并和搭售安排决不会或几乎不会减少消费者福利。而掠夺性定价和垂直整合在分析互联网平台的支配地位和权源时高度相关。

二、互联网平台竞争规制的新经济学路径

互联网平台在我们的商业和通信领域占据着越来越大的份额。然而有证据表明，平台市场的竞争正在萎缩，部分企业将聚集一两个巨头。[5]互联网平台公司通过积极追求增长而牺牲利润来建立自己的主导地位的公司，它整

〔1〕 Marc Allen Eisner, "Antitrust and the Triumph of Economics: Institutions, Expertise, and Policy Change", 107 (1991).

〔2〕 See Robert H. Bork, *The Antitrust Paradox: A Policy at War with Itself*, 1978, p. 7.

〔3〕 Reiter v. Sonotone Corp., 442 U. S. 330, 343 (1979), p. 66.

〔4〕 See, e. g., Ginzburg v. Mem'l Healthcare Sys., Inc., 993 F. Supp. 998, 1015 (S. D. Tex. 1997)

〔5〕 See a Giant Problem, "Economist" (Sept. 17, 2016), http://http://www. economist . com/news/ leaders/21707210-rise-corporate-colossus-threatens-both-competition-and-legitimacy-business [http://per-ma. cc/DNN2-YKL3] ("[T] he most striking feature of business today is . . . the entrenchment of a group of superstar companies at the heart of the global economy . . . . But they have two big faults. They are squashing competition, and they are using the darker arts of management to stay ahead.").

合了跨越许多相关业务的领域。因此，这些公司已将自己定位于互联网商业的中心，并为现在依赖它的其他企业提供必要的基础设施。反垄断法的消费者福利框架下互联网平台的商业策略和当前的市场支配地位的反竞争效果并未获得有效考虑。

为了解决这些反竞争问题，我们应该以竞争过程和市场结构为导向来取代消费者福利框架。例如，我们需要评估一家公司的结构是否会产生反竞争性的利益冲突、它是否可以跨不同的业务线交叉利用市场优势、市场平台经济学是否会激励掠夺性行为、一级资本市场是否允许这样的行为。更具体地说，恢复传统的反托拉斯原则以创建掠夺性假设并禁止主流平台的纵向一体化可能有助于维持这些市场的竞争。相反，如果我们接受占主导地位的在线平台作为自然垄断或寡头垄断，那么应用公用事业制度或基本设施义务的要素将维持规模效益，同时限制主导平台滥用其自身权力的能力。

笔者认为更好地理解互联网平台竞争的方法是关注竞争过程和市场结构。虽然笔者主张关注市场结构，但并不主张严格回归结构—行为—表现范式。笔者认为在不承认结构作用的情况下评估竞争是错误的。这是因为竞争的最好守护者是竞争过程，而且市场是否具有竞争性与这种市场结构不可分割地联系在一起，即使并非完全由此决定。换句话说，对竞争过程和市场结构的分析将比对福利措施更好地洞察竞争状况。此外，这种方法将更好地通过保护竞争性市场来促进的一系列利益。这些利益的基础是所有权和控制权的分配，这不可避免地是一个结构问题。促进竞争过程也最大限度地减少了监管参与的需要。注重过程赋予政府创造背景条件的任务，而不是干涉制造或干预成果。

在实践中，采用这种方法将涉及评估一系列因素，从而洞察竞争过程的中立性和市场的开放性。这些因素包括：①进入壁垒；②利益冲突；③看门人或瓶颈的出现；④数据的使用和控制；⑤谈判能力的动态。严肃对待这些因素的方法包括评估市场结构如何以及单个公司是否获得足够的权力来扭曲竞争结果。涉及这些因素的关键问题是：涉及企业的业务线和这些业务如何相互作用？市场结构是否创造或反映了依赖关系？是否有一个占支配地位者成为守门人，从而冒险扭曲竞争？

关注结构性问题和竞争过程对于在线平台尤为重要，在这些平台中，基于价格的竞争手段不足以捕捉市场动态，特别是考虑到数据的作用和使用。由于互联网平台在双方的通信和商业活动中占据越来越大的份额，确保我们的框架适合竞争在这些市场中的实际运作至关重要。通过结构和流程的透镜来做到这一点，使我们能够理解公司的战略并阐明其业务的反竞争方面。

第二节　互联网平台提供商的商业模式

一、以追求经济规模为核心

传统经济虽然追求所谓的规模效应，但其也存在所谓的中心经济模式。互联网平台必须以追求规模效应为核心。没有规模效用的互联网平台不具有可持续发展的基础。互联网平台经济的发展必须以规模扩张为核心，只有具有规模才能产生平台可以利用的数据。而这些数据才是平台竞争的核心。只有规模才可能产生"多边效应"，才可能产生所谓的"间接网络效应"。正如前面所论述的问题，互联网平台存在着多边用户问题，而一边用户的增长可能给另一边用户的价值带来指数级的价值扩张。如社交与共享平台，如果其只有有限用户，其对于潜在用户而言无任何价值。当用户数量达到一定规模后，每增加一个用户，其对另一边用户而言价值会呈指数级增长。汽车共享平台如果只有有限用户数量，其对汽车用户以及司机而言无任何价值，用户越多，司机越愿意加入；司机越多，用户也越多。这就是所谓的网络效应问题。

二、以追求多边效应为核心

多边效应包括"同边效应"与"异边效应"。与传统的线性经济模式不同，互联网平台经济呈现出非线性模式，其存在着所谓的影响回环。平台提供商一般力图建立尽可能多的多边用户从而促进规模效用的产生。从现今平台经济的发展来看，大多数平台都力图建立各具特色的多边用户群。平台追求多边效应的原因在于平台上的各边用户之间能够建立有效的互动，而这种互动既能促进平台对各边用户的价值，也能有效促进互联网平台的价值提升。

多边效应的价值在于各边之间可以互相支持，可以要求一边支付平台使用费，而另一边免费利用该平台，从而促进用户的不断增长。

值得注意的是，因为存在着所谓的"多边效应"，互联网平台上存在不同的价值单元，这些价值单元有的来自于"同边"用户，有的来自于"异边"

用户。这些价值单元是平台发展的基础，而互联网平台以追求这些不同的价值单元的增长为核心。

三、不以盈利为主要目标，以追求资本市场认可为核心

互联网平台经济的发展历程一般不以盈利为目的，只有当互联网平台发展到一定规模后，平台才会考虑盈利问题。现阶段互联网平台发展一般都从资本市场获取融资，以获得资本市场认可为核心，通过上市等途径获取相关收益。从某种意义上讲，现今的平台经济的核心是追求资本市场的认可，其更关心是否有人愿意投资。而投资人更关心其资本的推出机制，因此，互联网平台大都力图通过建立所谓的庞大用户群来尽快获取资本市场认可。

四、以追求平台业务延展性为目标

互联网平台是以软件为基础的延展性平台。延展性是平台发展的基础，互联网平台以追求平台的垄断性为核心。当互联网平台成为具有扩展性的平台时，平台提供商有强烈愿望最大化利用其平台来扩展其业务，而平台天然的扩展性使得这种扩张具有技术上的可能性。可以看到，几乎所有互联网平台提供商都不断扩展其业务范围。

五、以数据为基础的业务整合

数据是互联网平台发展的核心，数据收集、处理是互联网平台发展的核心要求。数据在某种意义上讲就是互联网平台发展的黄金资源，所以互联网平台都以争夺数据资源为核心。互联网平台争夺数据资源的原因在于数据是互联网平台获利的基础。现今的互联网平台如社交平台、搜索平台等都向用户提供免费服务，其获利的模式就是通过向广告商提供数据获取广告收入。数据除了是互联网平台获利的基础外，其也是平台发展的基础。互联网平台的核心就是数据的流动与整合。互联网平台的不同发展模式就是不同的数据利用模式。

第三节　互联网平台提供商的反不正当竞争责任

对于互联网平台不法竞争行为的规制主要依据《反垄断法》与《反不正当竞争法》。二者同属竞争法范畴，目的一致，都是为促进和保护竞争，规范市场竞争秩序，保护消费者的合法权益。目前我国对反垄断和反不正当竞争的立法采用分别立法模式，分别制定了《反不正当竞争法》与《反垄断法》。《反不正当竞争法》主要规制不正当竞争行为。不正当竞争行为主要是指扰乱市场竞争秩序、损害其他经营者或者消费者的合法权益的行为。《反垄断法》规制垄断行为，主要包括排除或者限制竞争、损害消费者权益或者危害社会公共利益的行为等。此处主要从不正当竞争角度分析互联网平台的法律责任。

一、《反不正当竞争法》的"互联网专条"在互联网平台上的适用

《反不正当竞争法》第 12 条专门规定了互联网不正当竞争行为。该条规定，经营者利用网络从事生产经营活动，应当遵守本法的各项规定。

经营者不得利用技术手段，通过影响用户选择或者其他方式，实施下列妨碍、破坏其他经营者合法提供的网络产品或者服务正常运行的行为：

（1）未经其他经营者同意，在其合法提供的网络产品或者服务中，插入链接、强制进行目标跳转；

（2）误导、欺骗、强迫用户修改、关闭、卸载其他经营者合法提供的网络产品或者服务；

（3）恶意对其他经营者合法提供的网络产品或者服务实施不兼容；

（4）其他妨碍、破坏其他经营者合法提供的网络产品或者服务正常运行的行为。

上述条款就是所谓的"互联网专条"。该条以概括加列举的方式对互联网领域的一些不正当竞争行为进行了规制。此外，该条还规定了所谓兜底条款以应对不断变化的互联网商业模式与竞争行为。

上述"互联网专条"主要处理插入链接、强制进行目标跳转、不兼容以及误导、欺骗、强迫用户修改、关闭、卸载其他经营者合法提供的网络产品或者服务等行为。对于互联网平台提供商而言，基于平台的延展性与开放性，

其非常愿意第三方使用其平台来获取利益。加入的用户越多，类型越丰富，平台实际上越有价值。大多数平台都通过开放 API 接口让第三方应用使用其平台从而促进平台的发展与壮大。因而，对于互联网平台而言，其一般不存在"不兼容"问题。值得注意的是，"不兼容"实际上乃市场自由竞争之常态，在自由竞争的市场经济中，企业应享有自主经营权，在未扰乱市场竞争秩序及损害社会公共利益时，无"兼容"其他竞争者产品或者服务的义务。另外，互联网平台都积极鼓励第三方应用利用其平台为其他用户提供服务，其一般不会妨碍、破坏其他经营者合法提供的网络产品或者服务正常运行。如果起初平台经营者鼓励第三方应用利用其平台，当这些用户发展壮大后，其采取措施限制这些应用的正常运行，其行为无疑具有不正当性。当然，其也不能误导、欺骗、强迫用户修改、关闭、卸载其他经营者在其平台合法提供的网络产品或者服务。平台经营者也不能未经其他经营者同意，在其合法提供的网络产品或者服务中，插入链接、强制进行目标跳转。

上述规定只有限列举了一些典型的互联网不正当竞争行为。然而，对于互联网平台而言，其为用户提供了多元不同类型的服务，其核心商业模式是数据的收集与整合。因而，对于互联网平台而言，如何规范这些数据的流动与使用应是不正当竞争法规范的核心要素。

对互联网不正当竞争行为的认定和查处除了依据《反不正当竞争法》中的法律条文外，还应综合考虑其他因素，如相关行为对公平竞争、市场秩序以及对消费者权益的影响，同时要考虑到技术进步、企业创新以及效率。互联网行业是一个创新密集型行业，对互联网领域的竞争一般采取审慎包容的态度，在认定互联网不正当竞争行为时需要正确处理好鼓励创业、创新与维护好公平市场竞争秩序的关系。

二、互联网平台特殊的竞争问题

（一）竞争者认定

竞争关系的界定直接决定着是否构成不正当竞争行为。换言之，竞争关系界定得宽与窄，直接决定着正当竞争行为与不正当竞争行为的边界。是否存在竞争关系以及存在何种竞争关系、竞争关系的体现形式是不正当竞争纠纷案件审理的前置性基础，故竞争关系的界定尤为重要。在传统商业模式下，对竞争关系的理解大多限于狭义、直接的同业竞争关系，即要求经营者之间经营的产品或服务相同或类似。《反不正当竞争法》第 2 条第 2 款对"不正当竞争行为"的规定并未明确要求原告与被告存在竞争关系，但对"竞争关系的界定缘于反不正当竞争法之调整对象""行为人之间的竞争关系也是竞争法调整的最基本关系"，这在学界和司法实务界未有争议，且其常常将竞争关系限缩解释为狭义的同业竞争关系，即要求不正当竞争行为人与其他经营者在经营范围、用户群落、盈利模式等方面完全相同或相似。事实上，传统狭义的同业竞争关系认定模式具有重要的历史意义，在传统不正当竞争行为的案件中，是否具有同业竞争关系往往是法官确定诉权、审理案件的前置性要件。但随着互联网行业的快速发展，网络经营者纷纷掀起"抢滩登陆战"，形式各异的新型不正当竞争行为使得狭义认定竞争关系的思路面临困境。[1]

司法实践中，在涉及互联网的案件中，对于竞争关系的判断主要有以下标准：

（1）同类产品和服务判断法。在深圳市腾讯计算机系统有限公司与北京掌中无限信息技术有限公司侵犯计算机软件著作权、财产权及不正当竞争纠纷案[2]中，北京市第一中级人民法院认为，被告的 PICA 产品和服务与原告的移动 QQ 系统产品和服务属于即时通信领域市场中的同类产品和服务，原、被告之间在该市场中具有竞争关系。

（2）同行业判断法。在北京百度网讯科技有限公司与北京奇虎科技有限公司等不正当竞争纠纷案[3]中，法院认为，经营者之间是否存在不正当竞争法意义上的竞争关系，并不取决于经营者是否经营相同的产品，而取决于经营者在相关的经营活动中是否存在竞争关系。原告系百度网（网址为 www.baidu.com）的经营者和主办者，被告北京奇虎科技有限公司系 360 安全中心网（网址为 www.360.cn）的经营者和主办者，360 安全浏览器和 360 极速浏览器下载文件所标识的数字签名及开发者英文名称所对应的主体为被告奇虎三六零软件（北京）有限公司，故法院认为原告和二被告同为互联网行业的经营者，都经营着互联网相关的服务和产品，故原告和二被告之间存在竞争关系。

---

〔1〕　叶明、陈耿华："互联网不正当竞争案件中竞争关系认定的困境与进路"，载《西南政法大学学报》2015 年第 1 期。

〔2〕　北京市第一中级人民法院〔2006〕一中民初字第 8569 号民事判决书。

〔3〕　北京市东城区人民法院〔2013〕东民初字第 08310 号民事判决书。

（3）同用户群判断法。在腾讯诉 360 隐私保护器不正当竞争案[1]中，法院认为，就竞争关系方面：第一，从主体的经营范围看，腾讯科技（深圳）有限公司、深圳市腾讯计算机系统有限公司与北京奇虎科技有限公司、奇智软件（北京）有限公司和北京三际无限网络科技有限公司之间存在业务重合，拥有相同的市场利益，具有竞争关系。第二，从涉案产品的用户群看，在本案中，"360 隐私保护器"只针对 QQ 软件进行监测，具有唯一针对性，因此"360 隐私保护器"是依附于 QQ 软件运行的，从而"360 隐私保护器"的用户群也是 QQ 软件的用户群。由于双方的客户群同一，从而使得两产品的经营者之间形成竞争关系。从上述两点看出，无论是经营范围，还是涉案产品的用户群，双方之间均存在竞争关系。

（4）竞争利益法。在优酷诉金山猎豹浏览器屏蔽广告不正当竞争案[2]中，法院认为，通常来看，《反不正当竞争法》所规范的经营者应具有竞争关系。传统行业对竞争关系的理解一般限于同业间的直接竞争关系，但由于当前互联网经济行业分工细化、业务交叉重合的情况日益普遍，对竞争关系的理解不应限定为某特定细分领域内的同业竞争关系，而应着重从是否存在竞争利益角度出发进行考察。竞争利益主要体现为对客户群体、交易机会等市场资源的争夺中所产生的利益。

对于互联网平台而言，上述四种方法都存在一定缺陷。基于互联网平台的开放性与延展性以及其多边性特征，以同类产品和服务、同行业以及同用户群来判断都具有较大局限性。互联网平台一般都提供平台技术支持与服务，其提供的服务一般具有多元化特征，如何来界定平台与第三方竞争者存在着同类的服务呢？以同行业、同用户群来界定竞争关系也是同样的问题。实际上，以竞争利益来界定竞争关系具有一定的合理性。在上述的优酷诉金山猎豹浏览器屏蔽广告不正当竞争案中，法院认为，互联网经济被广泛称为"注意力经济""眼球经济"，吸引并维持用户是互联网企业开展经营业务的基础。合一信息技术（北京）有限公司（以下简称"合一公司"）经营的优酷网通过提供各类在线视频节目吸引网络用户点播，同时吸引广告主在优酷网网页及视频节目播放过程诸位置投放广告而获得收益。用户访问量对优酷网

---

〔1〕 北京市朝阳区人民法院［2010］朝民初字第 37626 号民事判决书。

〔2〕 北京市第一中级人民法院［2014］一中民终字第 3283 号民事判决书。

至关重要，只有吸引更多用户点播，才能通过增加曝光率而吸引更多广告主投放广告，从而带来更多广告收益。二被告开发经营猎豹浏览器软件，对浏览器开发相关特色功能也是为了最大可能吸引网络用户使用该软件，因为用户使用量同样影响二被告围绕猎豹浏览器开展的衍生项目收益，只有开发更多、更强的功能，才能被更广泛的用户关注并使用。扩大用户数量、维持用户忠诚度对于互联网企业而言，均意味着赢得市场交易机会，获取交易利润。本案中，二被告提供过滤优酷网视频广告的猎豹浏览器，影响合一公司的交易机会和广告收益，使两个原本可以在各自领域并行不悖发展的企业存在现实的经营利益。因此，法院认为，合一公司与二被告间存在竞争关系，对二被告的辩称，法院不予采信。但适用竞争利益也存在一定的局限性，就是竞争利益的范围过于宽泛。几乎所有的互联网公司之间都存在一定的竞争利益，而几乎所有的互联网平台公司之间都存在着某种竞争利益，希望争夺更多的用户资源与外部延展。因而，笔者认为以竞争利益为竞争关系的判断标准太过于宽泛。

互联网平台的核心竞争要素是数据。谁掌握了数据，谁就掌握了平台的关键因素。因而，数据争夺一直是互联网平台经济发展的核心要素。对于互联网平台的竞争关系判断而言，以所谓的数据利益为核心来界定竞争关系具有合理性。其原因在于数据是互联网平台的支撑，互联网平台经营的过程就是数据收集、处理与运用的过程。在此过程中，互联网平台付出了极大的商业成本来获取这些数据。如果第三方不当获取了这些数据，对于互联网平台而言，其将承受巨大的损失。因而，以数据利益作为互联网平台的竞争关系判断标准具有合理性。也就是说，如果某一数据同平台与第三方而言都具有一定的价值，则该二者之间就应认定具有一定的竞争关系。

（二）数据争夺行为的正当性

1. 互联网平台基于数据控制行为享有数据获益权

对于互联网平台而言，最为典型的不正当竞争行为就是所谓的数据争夺行为。现阶段各国法律对于互联网平台所诞生的数据的归属权还存在着不同的看法。在大众点评案中，法院并没有具体讨论大众点评被侵犯的是何种权利，回避了数据属性这一复杂的问题，直接认定百度的行为本质上属于

"未经许可使用他人劳动成果"，将数据认为是加工者的劳动成果。[1]事实上，互联网数据平台的数据归属权判断是非常复杂的问题。有些数据是用户提供的，有些数据是互联网平台自己加工处理而成的；有些数据是公开的，有些数据是不公开的。要判断来源多样的数据的归属非常困难。但从商业现实的角度看，这些数据的收集、处理与控制者都是互联网平台提供商。虽然各国法律都严格规定了互联网平台在收集与处理用户数据方面需要承担的责任，但从不正当竞争法的角度看，其更关心互联网平台控制这些数据的范围与程度以及第三方在何种情况下对数据的利用构成不正当竞争行为。

2. 利用平台数据行为合法性的不同判断

对于互联网平台的数据争夺行为，现行不正当竞争法律并无明确规定，因而，一般认为应适用《反不正当竞争法》的一般条款，即第 2 条。最高人民法院在山东省食品进出口公司等与青岛圣克达诚贸易有限公司等不正当竞争纠纷再审案中提出，适用《反不正当竞争法》第 2 条认定构成不正当竞争应当同时具备以下条件：①法律对该种竞争行为未作出特别规定；②其他经营者的合法权益确因该竞争行为而受到了实际损害；③该种竞争行为因确属违反诚实信用原则和公认的商业道德而具有不正当性或者说可责性。北京知识产权法院[2]认为，基于互联网行业中技术形态和市场竞争模式与传统行业存在显著差别，为保障新技术和市场竞争模式的发展空间，本院认为在互联网行业中适用《反不正当竞争法》第 2 条更应秉持谦抑的司法态度，在满足上述三个条件外还需满足以下三个条件才可适用：④该竞争行为所采用的技术手段确实损害了消费者的利益，如限制消费者的自主选择权、未保障消费者的知情权、损害消费者的隐私权等；⑤该竞争行为破坏了互联网环境中的公开、公平、公正的市场竞争秩序，从而引发恶性竞争或者具备这样的可能性；⑥对于互联网中利用新技术手段或新商业模式的竞争行为，应首先推定具有正当性，不正当性需要证据加以证明。

从上述要件出发，法院认为，对于数据的获取和使用，不仅能成为企业

---

〔1〕 参见上海知识产权法院［2016］沪 73 民终 242 号民事判决书、上海市浦东新区人民法院［2015］浦民三（知）初字第 528 号民事判决书。

〔2〕 "北京淘友天下技术有限公司等与北京微梦创科网络技术有限公司不正当竞争纠纷案"，参见北京知识产权法院［2016］京 73 民终 588 号民事判决书。

竞争优势的来源，更能为企业创造更多的经济效益，是经营者重要的竞争优势与商业资源，脉脉方获取并使用非脉脉用户的新浪微博信息，无正当理由地截取了微博的竞争优势，一定程度上侵害了其商业资源，以及基于其 Open API 合作开发提供数据方的市场主体地位。法院认为认定竞争行为是否违背诚信或者商业道德，往往需要综合考虑经营者、消费者和社会公众的利益，需要在各种利益之间进行平衡。在认定一种行为是"正当"或者"不正当"时，对经营者、消费者和社会公众三者利益的不同强调将直接影响着对行为的定性。不正当性不仅仅针对竞争者，不当地侵犯消费者利益或者侵害公众利益的行为都有可能被认定为行为不正当。法院认为脉脉方并没有基于《开发者协议》在取得用户同意的情况下读取非脉脉用户的新浪微博信息，其获取前述信息的行为没有充分尊重《开发者协议》的内容，未能尊重用户的知情权及自由选择权，一定程度上破坏了 Open API 合作开发模式。法院进而认定脉脉方获取新浪微博信息的行为存在主观过错，违背了在 Open API 开发合作模式中，第三方通过 Open API 获取用户信息时应坚持"用户授权"＋"平台授权"＋"用户授权"的三重授权原则。基于以上两个考量因素，法院认定脉脉方违反了诚实信用原则和互联网中的商业道德，其行为不具有正当性。同时，法院认为新浪微博用户选择对公众公开个人信息，并不意味着脉脉可以未经新浪微博用户的同意，获取其头像信息、标签信息、职业信息、教育信息并展示在脉脉软件的人脉详情中。其次，脉脉方将微博用户的信息与脉脉用户上传的手机通讯录中的联系人进行对应关系的展示，使得在脉脉软件运行环境中非脉脉用户的微博信息进行了公开展示，而这样的展示并没有告知非脉脉用户亦未得到其同意，严重损害了非脉脉用户的知情权和选择权。综合各个要件判断，法官认定了脉脉方的行为不具有正当性。

在上述的大众点评案的二审中，法院认为，这种超越边界的使用行为也可能会损害未来消费者的利益。消费者利益的根本提高来自于经济发展，而经济的持续发展必然依赖于公平竞争的市场秩序。就本案而言，如果获取信息投入者的利益不能得到有效保护，则必然使得进入这一领域的市场主体减少，消费者未来所能获知信息的渠道和数量亦将减少。从消费者的角度来说，百度地图的行为并不利于消费者的自主选择。另外，法院还认为，虽然百度在百度地图和百度知道产品中适用涉案信息时，提供了跳转链接，但基于日常消费经验，消费者逐一阅读所有用户评论信息的概率极低，对于相当数量的消费者而言，在百度地图和百度知道中阅读用户评论信息后，已经无须再跳转至大众点评看更多的信息。所以百度的行为已经是替代了大众点评的相关服务，并且百度明显可以使用对大众点评损害更小的方式，如未全文显示并提供链接。本案的裁判为数据收集后的利用提供了清晰的指引，即在数据利用时不能实质替代原服务，应采取对原服务影响更小，并能在一定程度上实现积极效果的措施对数据进行利用。

对于同样的数据争夺案件，美国法院却作出了不同的判决。在 HiQ Labs, Inc. v. LinkedIn Corp 案[1] 中，HiQ 利用 LinkedIn 的公共资料信息来提供员工行为评测服务，比如预测员工可能何时辞职，为公司雇佣员工提供参考。LinkedIn 向 HiQ 致信，要求其停止从 LinkedIn 平台抓取数据，此后，LinkedIn 也采用技术手段阻止 HiQ 获取 LinkedIn 上的公共资料信息。美国法院认为，首先 HIQ 抓取其数据并不是直接进行利用，而是通过自己的算法与软件，对原始的用户数据进行分析之后得出了有价值的商业信息，这种行为符合竞争法促进市场竞争与鼓励创新的理念。其次，法官认为 HiQ 抓取的仅仅是 LinkedIn 的用户选择向公众公开的数据信息，法院认为公开的数据不应当由某方经营者垄断，互联网时代的本质是共享、公开。

比较两国法院对于数据抓取行为的考量，我国法院强调微博用户的隐私权保护；而美国法院强调人人得以利用数据这一公开、共享资源的权利。在判断是否不正当竞争行为时，美国法院强调第三方有权利用平台公开的信息；而中国法院强调对平台用户以及平台商业资源的保护以及第三方利用平台数据的行为是否构成实质替代服务。

3. 互联网平台数据争夺行为的不正当性分析

首先，互联网平台不能独占用户分享的公开信息。虽然互联网平台在搜集、处理用户数据方面进行了一定投入，但这些投入通过平台的收益已经获得了回报。同时，数据是互联网平台经济发展的核心要素，是互联网经济发展的最基础性资源，共享这些用户主动公开的信息有利于促进互联网经济的发展与创新。因而，对于用户主动公开的信息，互联网平台提供商无权阻止第三方的抓取与利用。互联网平台提供商不能设置技术障碍阻碍第三方抓取

---

[1] HiQ Labs, Inc. v. LinkedIn Corp., No. 17 - CV - 03301 - EMC, 2017 WL 3473663（N. D. Cal. Aug. 14, 2017）.

用户主动公开的信息。值得注意的是，对于这些公开信息抓取加工后产生的新数据如果涵盖用户的新的信息，此时，第三方不能进行公开。当然，此时并没有损害互联网平台提供商的利益，但有可能损害用户的利益。此种情况下，有些法院也可能基于损害消费者利益的理由认定第三方的行为构成不正当竞争行为。笔者认为，此种情形下，适用反不正当竞争法存在着学理上的不足，主要理由是消费者与第三方用户之间不存在所谓的竞争关系。

其次，对平台数据价值的不当占有构成不正当竞争行为。我国法院先前采用的商业资源标准与实质替代标准不符合平台经营现实。互联网平台数据商业资源众多，不是任何对于这些数据商业资源的利用都构成不正当竞争行为，比如用户公开的信息等。笔者认为，只有平台经过加工处理后的数据才能由平台进行保护，第三方对这些信息的利用才构成不正当竞争行为。因为只有经过加工处理后的信息才具有增值性，才应该是平台受保护的数据。此外，实质替代标准不能作为判断互联网平台不正当竞争行为的标准。互联网平台的延展性特征决定了平台服务提供类型的多元化与延展性。对于互联网平台来说，即使现今其并不存在与第三方类似的服务，其仍具有在该领域提供潜在替代性服务的可能。以实质替代作为标准将损害互联网平台的"延展性"，损害平台经济的发展。在 58 网站抓取奋韩网信息不正当竞争纠纷案[1]中，北京市海淀区人民法院认为，奋韩网中的经营信息数据属于青岛韩华快讯网络传媒有限公司（简称"韩华公司"）的经营权益，该数据系韩华公司通过长期经营，吸引了大批留韩学生在其网站注册和发布的，通过这些信息发布能够有效地形成一定的生活服务圈，应当受到法律保护。北京五八信息技术有限公司（以下简称"五八公司"）采集他人的网站特定信息后以用户名义发帖，严重损害了韩华公司的合法权益。五八公司根据奋韩网的数据信息进行了采集加工，并进行二次传播，自行编辑并上传了涉案文字和图片。五八公司采用不当手段、不劳而获地将奋韩网中的有效信息复制到自己网站中以抢占市场，主观恶意明显。经营者应当通过诚信经营、公平竞争来获取相应的竞争优势，不应未经许可利用他人的合法权益或者市场份额来进行商业运作。五八公司将韩华公司网站上的图片、文字直接发布在自己网站中的行为，不仅可以不劳而获地挤占奋韩网在租房市场上的份额，还会使在韩留

---

[1]　北京市海淀区人民法院［2017］京 0108 民初 4758 号民事判决书。

学生发布更多种类生活信息于 58 网站上，从衣食住行等各个方面截取奋韩网的流量，分流奋韩网的客户群，进而影响到奋韩网的网站生存问题。本案中，对于韩华公司所经营的平台上的数据信息如果韩华公司仅仅起到存储的角色，没有任何的处理加工行为的话，其不应该享有《反不正当竞争法》的保护，因为其未对信息进行增值处理。同时，若允许原平台享有用户创造信息的独占权，对用户而言也是不利的，应限制其交易机会。当然，如果韩华公司通过商业模式的创新赋予了这些数据新的价值与意义，其应该获得《反不正当竞争法》的保护。本案中，法院不能推定认为经过长期经营获得的信息互联网平台就享有所谓的经营权益，而应从数据价值本身的变化来论证获取不正当竞争法保护的正当性。二审法院[1]认为，在依靠信息量和用户量竞争的行业领域，不得以不正当手段复制、抄袭同业竞争者的信息来增加自身信息量，或利用同业竞争者的信息来吸引用户，谋取竞争优势和经营利益。

第四节　互联网平台提供商的反垄断责任

与传统互联网企业不同的是，互联网平台企业具有开放性、平台性以及延展性特征。传统的企业发展是线性单向度的发展，是单边市场。而互联网平台经济是典型的双边市场，各种不同的用户之间以及同类用户之间的网络效用是平台发展的经济学基础，这与传统古典经济学的模式完全不同。同时，随着互联网平台的发展壮大，越来越多的超级平台开始涌现。这类超级平台型互联网企业提供了信息时代的基础设施，掌握了用户的各种实时数据，制定了一系列影响竞争的规则。我们在规制平台的反垄断行为时必须考虑这些前提。

一、相关市场界定

（一）相关市场界定的必要性

我国《反垄断法》将各种垄断行为分为四类：垄断协议、滥用市场支配地位、经营者集中以及滥用行政权力排除、限制垄断。对于互联网平台而言，

---

〔1〕　北京知识产权法院〔2017〕京 73 民终 2102 号民事判决书。

其可能涉及前三种垄断行为。要判断主体的行为是否构成法律上的垄断，要求其不仅违反法律的禁止性规定，还须对市场竞争造成实质性的危害。然而这些危害又必须是产生在一定的相关领域内才可以进行断定的，否则，相关市场的过宽过窄都可能导致宽泛的市场界定夸大经营者面临的竞争约束，进而弱化其实际具有的市场力量；狭窄的市场界定又会低估经营者面临的竞争约束，因而高估其实际的市场力量。[1]《反垄断法》第 12 条第 2 款规定："本法所称相关市场，是指经营者在一定时期内就特定商品或者服务进行竞争的商品范围和地域范围。"在禁止经营者达成垄断协议、禁止经营者滥用市场支配地位、限制经营者集中等反垄断执法中都会涉及相关市场的界定。滥用市场支配地位界定的首要问题就是相关市场的界定。市场支配地位是经营者在相关市场内具有的能够控制商品价格、数量或者其他交易条件，或是具有可以阻碍其他经营者进入相关市场的能力。可见，市场支配地位必须在一个特定的范围内才可以谈及，而这个范围就是相关市场。[2]其次，对于垄断协议和经营者集中也要认定相关市场。垄断协议的内涵包括两个要素：一是行为由两个或两个以上的经营者共同实施，二是在行为结果上对相关市场产生排除、限制竞争的影响。[3]由此可见，在确定垄断协议时，必须先对相关市场进行界定，只有在一个相关市场内，才能判断这两个乃至两个以上的经营者是否有对特定相关市场产生排除、限制竞争的行为。对于经营者集中，并不是所有的经营者集中都需向反垄断主管机构申报，只有满足一定申报要求的集中才需依法申报。而世界各国立法中普遍采用的申报标准类型也都是在一定的相关市场才能进行界别的。比如市场份额标准，即参与集中的企业或集中后的企业在相关市场上的占有率达到一定标准，在实施集中前需要向反垄断当局申报法定事项。[4]

（二）相关市场界定方法

根据《国务院反垄断委员会关于印发〈关于相关市场界定的指南〉的通

---

〔1〕 盛媛："互联网行业垄断规制中相关市场界定"，载《现代经济信息》2016 年第 5 期。

〔2〕 李平、郝俊淇："互联网行业滥用市场支配地位认定中相关市场界定问题研究——基于'奇虎诉腾讯垄断案'终审判决的思考"，载《西部法学评论》2015 年第 4 期。

〔3〕 丁春燕："论我国反垄断法适用中关于'相关市场'确定方法的完善——兼论 SSNIP 方法界定网络相关市场的局限性"，载《政治与法律》2015 年第 3 期。

〔4〕 盛媛："互联网行业垄断规制中相关市场界定"，载《现代经济信息》2016 年第 5 期。

知》的规定，相关市场是指经营者在一定时期内就特定商品或者服务进行竞争的商品范围和地域范围。相关商品市场界定，通常需要进行产品市场界定和地理市场界定，同时当某些产品的生产周期、使用期限、季节性、流行时尚性或知识产权保护期限等已构成商品不可忽视的特征时，界定相关市场还应考虑时间性，即相关时间市场的考量。反垄断执法机构在界定相关市场考虑市场替代时，首要需要考虑的是需求替代。产品市场的需求弹性分析是从需求角度界定产品市场的重要方法，主要通过 SSNIP 来实现，考虑的主要是价格因素。供给替代则着重于从目前以及潜在的竞争者角度来评价竞争压力。[1]无论是具体应用于相关市场中的产品市场还是地理市场，SSNIP 的一般操作方法是相同的。以界定相关产品市场为例，它的基本操作方法如下：首先，产品群定位与细分；其次，建立临时产品市场；再次，考察在设定涨价幅度范围内涉案企业是否赢利。[2]然而，以上述所谓 SSNIP 来界定相关市场在互联网平台经济中会出现困难。主要理由是许多互联网平台并不以营利为目标，其主要关注规模的扩张。也就是说，即使互联网平台公司在某一个领域已经具有相当规模并占据优势地位，其可能仍然没有盈利。现今不盈利的具有影响力的平台公司比比皆是，如 Uber、美团等。电商平台巨头亚马逊也是最近才开始获利。因而，价格指标在互联网平台的相关市场界定其实并没有多大实用价值。在唐山市人人信息服务有限公司（以下简称"人人公司"）诉百度案（以下简称"人人案"）[3]中，百度认为其提供的搜索服务对用户完全免费，因此搜索引擎服务市场并不属于反垄断法上的相关市场。但法院基于搜索引擎服务能给百度带来经济利益的客观现实，认为免费的搜索引擎服务也能构成一个相关产品市场。

另外，在相关市场的划分上，还存在着细分市场之间界限模糊性的问题。传统市场一般是线性市场，每个产品都有自己的目标用户群。但在互联网平台经济中，市场的边界非常模糊。比如社交平台市场，其提供的产品既有社交媒体服务，也有广告、媒体、电子商务等服务。另外，这些市场并非孤立的存在而是互相影响，比如社交媒体市场会对广告市场、媒体市场带来影响。

---

〔1〕 仲春："互联网行业反垄断执法中相关市场界定"，载《法律科学（西北政法大学学报）》2012 年第 4 期。

〔2〕 丁茂中："论 SSNIP 测试法与相关市场的界定"，载《经济法论丛》2008 年第 2 期。

〔3〕 北京市高级人民法院〔2010〕高民终字第 489 号民事判决书。

互联网平台提供商通过在媒体市场获取的信息进行精准广告与媒体投入，从而获取利润。因而，在互联网平台相关市场的划分中，如果孤立地界定某个独立的市场而不考虑平台上各个市场的关联与影响，其结论无疑将是错误的。以人人案为例。百度与普通用户构成一个互联网信息搜索市场，与参与竞价排名的经营者构成一个竞价排名业务市场。当参与竞价排名的人人公司起诉百度滥用市场支配地位时，案件的产品市场应当如何界定就成为争议的问题。法院最终将本案的相关产品市场界定为"搜索引擎服务市场"，理由是百度向普通网络用户提供的是互联网信息搜索服务。对于百度认为搜索服务面向普通用户免费，因而本案不存在相关产品市场的抗辩，法院并不认同，理由是百度提供的搜索引擎服务虽然对普通用户免费，但向参与竞价排名的经营者收费，而百度之所以能向经营者收费，是因为普通用户在搜索相关信息时点击了经营者因参与竞价排名而产生的推广链接。法院最终选择了百度与普通用户构成的这一边市场作为本案的相关市场。如果着眼于普通用户利用百度的搜索引擎进行信息搜索，那么将相关市场界定为搜索引擎服务市场是可行的；但若着眼于经营者利用百度竞价排名业务进行广告营销，那么相关市场就应当是广告市场。当界定相关产品市场不同时，百度所具有的市场地位差距会非常明显。无论如何，百度也不可能在广告市场上具有支配地位，哪怕广告市场再细分为互联网广告市场、在线互联网广告市场等。[1] 显然，本案将相关市场界定为"搜索引擎服务市场"对百度不利，将相关市场界定为"广告市场"对人人公司不利。然而，正如上面的分析指出，将本质上为双边市场的搜索平台服务人为界定为单边市场，不考虑双边市场的相互影响，这样界定出来的相关市场无疑会存在问题，导致对市场力判断错误，从而导致最终的错误结论。

　　笔者认为，基于现行规则来界定互联网平台的相关市场存在着理论与实践的不足。理想的做法是以原告的诉求作为界定相关市场的基础。也就是说，如果原告认为其在某一领域因他人的垄断行为遭受损失，法院就应以该领域的相关市场作为本案的相关市场。同样，如果是由反垄断机构提出的反垄断案件，也应由该机构指出相关市场何在。笔者认为，在互联网平台的反垄断

---

〔1〕 焦海涛："论互联网行业反垄断执法的谦抑性——以市场支配地位滥用行为规制为中心"，载《交大法学》2013 年第 2 期。

案件中，相关市场的界定意义不是特别重要，更为重要的是要评估互联网平台的市场力。在评估市场力时，互联网平台并不一定遵循传统实体单边市场的定价法则，因此其价格结构具有不对称性。此外，互联网平台经营商在定价时还可能采取交叉补贴行为，即向市场一边如消费者提供免费服务，而由市场另一边如广告用户、服务提供商等提供补贴。这些做法使得市场领域和互联网平台经营成本都具有不确定性，在评估市场影响力时需要采用新标准，如用户使用情况、网络效应、获得竞争性数据的能力等。[1]实践中，一些国家的反垄断机构就绕开相关市场界定，使用直接证据来认定垄断问题。其认为在许多情况下用市场份额表示市场力存在严重问题，这种问题在双边市场中更加明显。产业组织理论显示均衡价格和市场份额之间存在正向关系，但是这种关系在双边市场中的一边并不明确。所以可以使用更加直接的证据来判断企业是否具有市场力，只要直接证据能够提供足够的信息，绕开相关市场界定就不会影响合并评估。荷兰竞争管理局在有些涉及双边市场的案件中绕开市场界定，直接分析竞争效应。[2]最高人民法院在3Q大战终审判决中指出，界定相关市场是评估经营者的市场力及被诉垄断行为对竞争影响的工具，其本身并非目的。即使不明确界定相关市场，也可以通过排除或者妨碍竞争的直接证据对被诉经营者的市场地位及被诉垄断行为可能的市场影响进行评估。

二、滥用市场支配地位

互联网平台基于其业务的平台性，在某种意义上成为一种网络基础设施性质的服务平台，因而其具有某种天然的垄断性质。此外，互联网平台的先发优势十分明显，对于形成规模的互联网平台而言，规模越大，用户越大，用户黏连度越高，双边效用越明显。因而，越是先发平台，越容易获得市场支配地位。

在传统经济领域，市场份额在认定支配地位时具有举足轻重的作用。各国反垄断法一般都规定，达到一定市场份额即可推定该经营者具有市场支配地位，如我国的单个经营者市场份额达到1/2。但在互联网条件下，高市场份

---

〔1〕 http://finance.people.com.cn/n1/2018/0419/c1004-29936008.html.
〔2〕 林平、刘丰波：“双边市场中相关市场界定研究最新进展与判例评析”，载《财经问题研究》2014年第6期。

额与控制能力之间可能没有必然联系。互联网平台市场份额高度集中于少数企业是一个常态，但是市场竞争仍然十分激烈，所以仅凭高市场份额难以判断企业是否具有市场支配地位。网络效应使得互联网行业高市场份额的取得具有偶然性、被动性，居于领先地位的互联网企业是否真的有控制市场的能力是个未知之数，以市场份额来推定市场支配地位，可能与互联网行业现状不符，甚至会伤害互联网行业的正常发展。[1]

笔者认为，锁定效应和路径依赖的背景下，网络经济中一些平台产品提供商的数据收集与处理能力是评估一个企业在互联网行业中是否具有市场支配地位的一个最重要的指标。用户数据是互联网平台争夺的核心资源。谁拥有更多的用户数据，谁就拥有更多的控制权以及商业模式延展可能。因而，数据的拥有量是判断互联网平台支配力的核心。同时，反垄断法还需要关注平台的数据处理与应用能力。平台的数据处理与应用能力是平台盈利的关键能力，是获取竞争优势的关键因素。另外，事实技术标准和路径依赖是应该考虑的另外两个重要指标，当某个企业占有较高市场份额并被用户接受甚至形成依赖的情形下，该软件技术（服务）就成为事实上的技术标准。路径依赖则是，人们一旦选择了某个体制，由于规模经济、学习路径依赖效应、协调效应以及适应性预期等因素的存在，会导致该体制沿着既定的方向不断地自我强化。技术标准或用户依赖以及其结合，容易形成市场进入壁垒。除此之外，在网络环境下正确计算市场份额，需要考虑"同一用户多产品共用的情形"，即不能仅凭该种产品的用户认定具体的市场份额。正确计算市场份额的方法应该是，根据本企业最终销售产品的数量占市场已销售同类产品总数的比例来判定。[2]市场进入壁垒有助于判断企业是否具有排除竞争的能力，是一个重要的参考因素。同时，考虑到创新是互联网企业保持市场领先地位的根本，还需要考虑企业创新研发的能力。

《反垄断法》第 17 条规定的滥用市场支配地位的行为有歧视待遇、不正当定价、掠夺性定价、拒绝交易、搭售和捆绑等。由于互联网市场具有产业网络外部性、高技术创新性、服务模式新颖性（很多服务都是免费的），传统

---

〔1〕 焦海涛："论互联网行业反垄断执法的谦抑性——以市场支配地位滥用行为规制为中心"，载《交大法学》2013 年第 2 期。

〔2〕 寿步："互联网市场竞争中滥用市场支配地位行为的认定"，载《暨南学报（哲学社会科学版）》2012 年第 10 期。

基于价格理论的定性标准并不总是适用于互联网平台市场。所以，适用于互联网市场的条款一般只涵盖非价格条款以及《反垄断法》第 17 条第 1 款第（七）项的兜底条款。互联网市场中的滥用市场支配地位行为可以分为两类，一类是危害竞争的行为，即妨害性滥用；一类是损害消费者利益的行为，即剥削性滥用。互联网市场中的妨害性滥用行为大多数情况下是对其他竞争者提高或者设置市场进入壁垒、拒绝其他竞争者参与合法竞争或者提高入门门槛以维持自身垄断地位。互联网市场中的剥削性滥用行为是针对消费者的，但不是通过操控价格来获取利益的。其表现形式有：第一，迫使用户接受不平等的格式条款和服务；第二，在用户不知情的情况下利用用户的信息牟利。[1] 以下就几种常见的平台滥用市场支配地位的行为进行分析。

（一）掠夺性定价

《反垄断法》第 17 条明确规定禁止具有市场支配地位的经营者从事滥用市场支配地位的行为，其中第 1 款第（二）项"没有正当理由，以低于成本的价格销售商品"所指的行为被通称为"掠夺性定价"。掠夺性定价一般表现为某企业为排挤、制约竞争对手或阻碍竞争对手进入市场而在相当长的一段时期内故意将价格设置于其成本之下，其目的是为将竞争对手逐出市场并随后设定高于竞争水平的价格，以收回前期降价的损失。对于互联网平台而言，掠夺性定价似乎是比较普遍的商业模式。虽然掠夺性定价是非法行为，但要证明掠夺性定价行为的存在却非易事。法院一般要求证明被控垄断者未来具有提升价格以填补损失的能力。

对于互联网平台而言，能否采用所谓的掠夺性定价规则来规制互联网平台提供商的法律责任呢？从现今互联网平台的商业实践来看，掠夺性定价似乎是比较普遍的商业模式，特别是有关初创性平台公司。互联网平台竞争的核心就是用户数据，许多平台都以所谓的免费模式来获取用户数据，即用户以自己付出的数据信息而获取平台提供的免费服务。互联网平台通过整合用户数据并利用这些数据在其他数据应用领域获取利益。因而，从某类型的用户角度看，似乎所有的平台公司都进行了某种掠夺性定价行为。但是从平台的整个商业模式看，似乎又不构成掠夺性定价行为。所以，必须修正现行的

---

[1] 寿步："互联网市场竞争中滥用市场支配地位行为的认定"，载《暨南学报（哲学社会科学版）》2012 年第 10 期。

掠夺性定价判断规则，从平台经济的整个生态链来看平台的定价行为。互联网平台的定价必须关注多边产品的定价情况以及跨边的互补效用。

对于互联网平台而言，可以采取修正的掠夺性定价规则。由于平台拥有投资者的支持，公司可以持续多年沉没成本。因而新掠夺性定价规则是指占有支配地位平台采用低于成本的定价策略时不再需要考虑成本收回问题。基于平台对于掠夺性定价行为支持的独特地位，基于竞争基础的反垄断策略可以假定具有支配地位的平台低于成本定价的行为构成掠夺性定价行为。支持该假定的理由是：一是平台可能多年后才进行价格提升，另外其可能在非相关产品上进行价格提升；二是平台可能通过个性化的定价或歧视性定价进行价格提升，而这种行为不易监测；三是即使没有价格提升行为，掠夺性定价本身就会带来一系列伤害，如降低产品质量或减少消费者选择。比如平台提供商可能基于其谈判能力从第三方使用者那里获得更有利的条件，而这些供应商可能会降低产品质量或减少供应。当然，何为低于成本定价是一个广泛争议的话题，其应根据具体情况进行具体判断。这里唯一确定的是平台对一边用户的免费并不意味着其是以低于成本价格提供产品与服务的。

（二）搭售

搭售作为企业滥用市场支配地位行为的典型样态之一，在经济生活中并不鲜见，搭售行为可能产生排除竞争对手、延伸市场力量等一系列限制竞争的效果。有鉴于此，世界主要国家和地区的反垄断法律无一例外地将其作为重要内容加以规范。最高人民法院在分析搭售行为可能对竞争产生的影响时认为："搭售行为本身既可能产生积极效果，也可能造成消极效果。搭售的积极效果是在特定情况下可以提高产品质量、降低成本、促进销售、确保安全，从而提高效率，其消极效果是搭售可能使得在搭售产品上市场具有支配地位的经营者将其竞争优势延伸到被搭售产品市场上。"在传统经济中，搭售也具有节约交易成本、保证产品质量等促进经济效率的一面，而在平台竞争模式下，经营者提供"一揽子"产品和服务，乃是一种普遍策略。有时候，搭卖品与结卖品多是知识型产品，都需要投入巨大的研发力量，因为二者的互补性，在研发时考虑将二者集成在一起能够使二者组成的系统性能更优。如果结卖品、搭卖品是免费的，也不限制消费者的选择权，便不容易引起消费者的反感，也不涉及价格歧视或者变动。在平台经营中，当经营者通过杠杆形成的网络效应构成搭卖品市场进入障碍、限制竞争者网络效应时，搭售的合法性和合理性就受到了挑战。[1]

"单一产品问题"，即搭售品和被搭售品的"独立性"是互联网平台经济模式下判断搭售问题面临的主要问题。"独立性"的判断标准类别繁多、名目驳杂，诸如搭售品与被搭售品组合销售是否可以降低成本；搭售品与被搭售品组合后的功能如何；搭售品与被搭售品是否显著不同；搭售品与被搭售品是否在单独的市场出售；搭售品与被搭售品是否单独定价；企业是否曾经单独出售过搭售品与被搭售品；等等。各项标准之间存在一定程度的冲突与竞合，经过反垄断实践的检视和筛滤，比较有生命力的标准包括以下三项：消费者需求标准、产品功能标准以及交易习惯标准等。[2]若消费者认为搭售品和被搭售品是两个独立且完全不同的产品，那么反垄断机构很可能确认两个产品具有独立性。[3]所谓产品功能标准，系指如果两个产品分开销售足以影响各自的功能发挥，而搭售能够提高产品的整体性能，则可认为两个产品密不可分。[4]所谓交易习惯标准，意指凭借"合理商人习惯范围内的参与者的一般看法"来判断特定交易行为是否合理。

基于互联网平台的平台性以及业务的延展性，互联网平台提供多元互联的服务一般是平台经济发展的基本模式。平台提供商在通过平台获取与整合数据后为用户提供针对性的服务是平台发展的基础。互联网平台基于用户的在线行为为其提供相关服务是现今互联网平台发展的基本模式。在互联网平台上，特别是一些超级平台上，并不存在所谓的"单一产品问题"，因为所有产品都是相互关联的，也不存在着所谓的"独立性"判断问题。从这种意义上讲，互联网平台上的搭售行为认定必须谨慎。在腾讯反垄断案中，两审法院均认为腾讯推出"QQ管家"不构成反垄断法所禁止的搭售，其原因在于腾讯在即时通信市场上的市场力量并未延伸到杀毒软件市场，打包安装具有一定的合理性，搭售行为的强制性并不明显。

〔1〕 张江莉："互联网平台竞争与反垄断规制 以3Q反垄断诉讼为视角"，载《中外法学》2015年第1期。

〔2〕 王磊："互联网企业搭售行为的认定困境及判断路径"，载《上海政法学院学报（法治论丛）》2016年第1期。

〔3〕 John H. Shenefield, J. Rwin M. Stelzer, *The Antitrust Laws*, The AEI Press, 1993, p. 70.

〔4〕 See Thomas D. Morgan, *Cases and Materials on Modern Antitrust Law and Its origins*, West Publishing Co., 1994, pp. 700~701.

那么，互联网平台的何种行为可能构成强制搭售而构成垄断行为呢？笔者认为，如果互联网平台提供商在某一领域具有市场支配地位，其利用该市场支配地位提供与平台数据整合运用无关服务的行为可能构成搭售行为。比如互联网社交平台利用该社交平台获取的用户数据为用户提供信息服务等行为就非搭售行为，然而如果其利用平台优势强制用户安装某种特定浏览器的行为就是搭售行为。因而，互联网平台搭售行为的认定须以是否利用与整合数据为中心构建。只要是利用用户数据信息提供的相关服务就不应认定为搭售行为，否则，大多数平台提供的服务都有搭售之嫌，这不符合互联网平台的商业实践现实。

（三）拒绝交易

《反垄断法》第 17 条第 1 款第（三）项明确禁止具有市场支配地位的经营者没有正当理由，拒绝与相对人进行交易。《反价格垄断规定》（已失效）第 13 条以及《工商行政管理机关禁止滥用市场支配地位行为的规定》第 4 条对此问题作出了细化解释。《反价格垄断规定》第 13 条规定，具有市场支配地位的经营者没有正当理由，不得通过设定过高的销售价格或者过低的购买价格，变相拒绝与交易相对人进行交易。本条所称"正当理由"包括：

（1）交易相对人有严重的不良信用记录，或者出现经营状况持续恶化等情况，可能会给交易安全造成较大风险的；

（2）交易相对人能够以合理的价格向其他经营者购买同种商品、替代商品，或者能够以合理的价格向其他经营者出售商品的；

（3）能够证明行为具有正当性的其他理由。

《工商行政管理机关禁止滥用市场支配地位行为的规定》第 4 条规定，禁止具有市场支配地位的经营者没有正当理由，通过下列方式拒绝与交易相对人进行交易：

（1）削减与交易相对人的现有交易数量；

（2）拖延、中断与交易相对人的现有交易；

（3）拒绝与交易相对人进行新的交易；

（4）设置限制性条件，使交易相对人难以继续与其进行交易；

（5）拒绝交易相对人在生产经营活动中以合理条件使用其必需设施。

在认定前款第（五）项时，应当综合考虑另行投资建设、另行开发建造该设施的可行性、交易相对人有效开展生产经营活动对该设施的依赖程度、该经营者提供该设施的可能性以及对自身生产经营活动造成的影响等因素。

现行垄断法下的拒绝交易行为以传统经济学为基础构建。在传统经济模式下，尽管拒绝交易行为作为一种滥用市场支配地位的行为被广泛调查和起诉，但最后判定违法的比例非常低。[1]对于互联网平台而言，互联网平台提供的是基于软件的以开放 API 为基础的互联网服务。基于平台服务的开放性与延展性，互联网平台发生拒绝交易的情况一般较少发生。一般而言，一些超级互联网平台如 Amazon、阿里巴巴等可以认为是平台经济领域的关键基础性设施，在某些情况下其拒绝交易行为可能被认为是违反垄断法的行为。对于一般平台而言，其花费大量人力与资金成本建立的平台拒绝第三方利用其平台具有正当性。第三人对平台的利用其实是希望获取平台的数据资源，这些数据资源对平台而言至关重要，平台当然有权利决定其向谁来开放这些数据资源的使用权。因而，互联网平台提供商一般不承担拒绝交易的垄断责任。基于平台的双边市场属性、网络效应与锁定效应等，互联网平台一般都愿意向第三方开放其平台以获取更多的数据资源。那么，在何种情况下，互联网平台提供商的拒绝交易行为构成垄断行为呢？笔者认为，具有市场支配地位的平台按照行业惯例需要向第三方开放 API 接口而拒绝开放时，其行为构成垄断行为。有些平台商业模式具有天然的开放性，其通过开放 API 接口让第三方可以自由地利用该平台获取利益。这种平台如果拒绝向第三方开放其 API 接口的行为就构成拒绝交易的行为。此外，平台经营者选择性拒绝交易的行为也可能构成垄断行为。

三、经营者集中

（一）经营者集中规制现状

我国现行反垄断法并未直接界定"经营者集中"这一概念。"经营者集中"概念的核心之一是独立市场竞争力量的结合，反垄断法关注的是独立市场竞争力量的结合对市场竞争的影响。基于上述考虑，凡是相互独立的经营

---

[1] 张志伟："中国互联网企业拒绝交易行为的反垄断法律规制探讨"，载《江西财经大学学报》2015 年第 3 期。

者之间产生或强化控制或关联关系的市场行为都可以归纳到经营者集中控制制度的范畴中来。[1]《反垄断法》第 20 条规定："经营者集中是指下列情形：（一）经营者合并；（二）经营者通过取得股权或者资产的方式取得对其他经营者的控制权；（三）经营者通过合同等方式取得对其他经营者的控制权或者能够对其他经营者施加决定性影响。"《反垄断法》第 21 条规定："经营者集中达到国务院规定的申报标准的，经营者应当事先向国务院反垄断执法机构申报，未申报的不得实施集中。"《国务院关于经营者集中申报标准的规定》第 3 条规定："经营者集中达到下列标准之一的，经营者应当事先向国务院商务主管部门申报，未申报的不得实施集中：（一）参与集中的所有经营者上一会计年度在全球范围内的营业额合计超过 100 亿元人民币，并且其中至少两个经营者上一会计年度在中国境内的营业额均超过 4 亿元人民币；（二）参与集中的所有经营者上一会计年度在中国境内的营业额合计超过 20 亿元人民币，并且其中至少两个经营者上一会计年度在中国境内的营业额均超过 4 亿元人民币。营业额的计算，应当考虑银行、保险、证券、期货等特殊行业、领域的实际情况，具体办法由国务院商务主管部门会同国务院有关部门制定。"第 4 条规定："经营者集中未达到本规定第三条规定的申报标准，但按照规定程序收集的事实和证据表明该经营者集中具有或者可能具有排除、限制竞争效果的，国务院商务主管部门应当依法进行调查。"

近年来，互联网平台企业的集中趋势愈加明显。比较重要的平台兼并案包括滴滴和 Uber 合并、58 同城收购赶集网、携程与去哪儿网的合并等。如何分析这些合并的反竞争效果值得关注。在互联网企业横向集中的情况下，单边效应的竞争分析中"背离企业"及潜在进入者分析变得重要，协同效应分析变得更加复杂。而互联网企业的非横向集中在有助于获取和保护企业核心信息技术的同时，也可能引发封锁或阻碍潜在进入者的后果，不利于技术创新和互联网产业的发展。

现阶段我国对互联网平台领域的集中审查的实体标准主要规定有 2011 年 8 月发布的《商务部关于评估经营者集中竞争影响的暂行规定》（以下简称《暂行规定》）。这个规定是为了细化《反垄断法》第 27 条和第 28 条，明确

---

〔1〕 "浅析'经营者集中'的内涵"，载 http://legal.people.com.cn/n/2015/0325/c188502-2674 4899.html.

商务部评估经营者集中对市场竞争影响所考虑的因素，从而一方面有助于提高执法透明度和法律的稳定性，另一方面也使参与集中的企业对其案件后果有可预见性。该《暂行规定》第5条至第11条比较详细地解释了评估经营者集中需考虑的一系列因素，包括市场份额、市场控制力、市场集中度、市场进入壁垒、对技术进步的影响、对消费者的影响、对其他经营者的影响、对国民经济发展的影响等。为了合理和科学地分析集中对市场竞争的影响，《暂行规定》还借鉴了欧、美反垄断司法辖区的很多经验。《暂行规定》第4条解释了《反垄断法》第28条，即什么情况下的集中可能具有排除、限制竞争的效果，由此执法机关可能作出禁止集中的决定。《暂行规定》第12条还解释了《反垄断法》第27条的兜底条款即"国务院反垄断执法机构认为应当考虑的影响市场竞争的其他因素"。然而，上述规定在互联网平台领域的反垄断审查可能存在一定的非适用性。

(二) 互联网平台的横向集中

对于平台的横向合并而言，其核心关注的是数据的整合与应用。因而，对于互联网平台的横向合并而言，反垄断审查机构必须关注整合后公司对数据的垄断与滥用的可能。值得注意的是，互联网平台的数据整合不是一加一等于二的问题，互联网平台所存在的间接网络效应使得两家企业的数据整合会产生更强大的市场力。比如携程与去哪儿网合并后，新的公司会控制网络用户的许多旅游数据，并利用这些数据拓展新的业务领域，或对用户进行歧视性定价等。这些行为有的可能具有促进竞争的效力，有的可能会涉及垄断效果。互联网平台的数据整合与延展能力可能是审查互联网平台合并必须考虑的主要问题。互联网平台企业通过合并除取得竞争对手的数据外，其也关心这些整合数据的价值与意义。但互联网平台企业在某一领域占据市场主导地位时，其如果利用平台数据在其他领域进行扩张或具有扩张的可能性时，该如何评估该行为的竞争性呢？笔者认为，基于平台性质的延展具有合法性。对于电子商务开放平台而言，其在收购第三方企业后通过数据信息整合延展业务到相关电子商务领域具有正当性。然而，如果其运用整合后的数据向其他领域如租车、订餐等方面扩张其行为就可能具有反竞争效果，损害了该领域其他竞争者的利益。此外，互联网平台集中的竞争审查的进入障碍因素的适用必须谨慎。其原因在于互联网平台天然具有先发优势与锁定效应问题。

对于互联网平台而言，网络效应是其商业模式的基础。在网络效应下，用户的迁移成本非常高，他们一般都会锁定于某一惯用的平台。因而，互联网平台一定程度的进入障碍具有正当性。总体而言，对于互联网平台横向合并的控制必须谨慎，需要考虑平台经济发展的独特模式。同时，必须关注平台合并后的规模结构以及未来业务延展的可能性，关注其可能对消费者利益以及社会经济秩序带来的伤害。

具体而言，横向集中涉及相关产品面临的竞争约束，以及面临各方竞争约束强度的测度。首先需要进行的是交叉网络外部性的测度，如果交叉网络外部性很小，可以直接使用传统相关市场界定方法以节约行政成本。如果交叉网络外部性较大，则需结合不同的双边平台分类将其纳入市场界定分析。在竞争影响分析中，传统的结构性分析应该审慎使用。而考虑到双边平台横向兼并高度模糊的福利影响，一定的量化分析是必要的。对单边效应而言，鉴于研究的滞后性，执法机构应该同时选择多种工具综合考察横向兼并的竞争影响。相比较而言，修正的 SSNIP 分析与涨价压力测试可以首先使用。前者适用于在相关市场界定阶段存在一个较好的修正的 SSNIP 分析的情形，而后者适用于难以明确界定相关市场的情形。同时，对单边效应的分析应该注意补贴与价格数据特征的潜在影响。在可以明确相关市场，且产品价格公开透明的情形下，执法机构亦应该注意潜在的协调效应。[1]

（三）互联网平台的纵向集中

对于纵向集中的规制也可从结构分析背离过程。长期以来，反垄断执法机构都认为纵向集中与横向集中的反垄断审查标准一致。当纵向集中行为实质性减少竞争或构成贸易的限制时，纵向集中行为就违背垄断法规定。然而，芝加哥学派认为纵向合并一般是有利于竞争的，这导致了对该领域垄断审查大幅度降低。传统理论认为，纵向集中行为之所以产生反竞争的效果缘于其杠杆效应与排斥效应。所谓杠杆效应是指企业可通过在一领域的独占地位在另一领域取得独占地位。而排斥效应意指一企业利用某一商业领域打击另一领域的竞争对手。比如拥有自己面包店的面粉厂可能向竞争对手出售高价或低质的面粉，或拒绝与之交易，这将损害竞争者利益。面粉厂的行为虽然没

---

［1］ 钟洲：“论双边平台横向兼并的反垄断”，载《财经理论研究》2017 年第 6 期。

有直接利用其排除力，但对于未来的进入者而言，这样的行为将使得其在两个层面进行竞争，增加了进入的壁垒。

芝加哥学派理论认为，对杠杆和排斥效用的担忧存在误导。在"单一垄断利润定理"下，企业从一个市场获得的利润数量是固定的，如果两种产品按固定比例使用，则不能通过扩展到邻近市场来扩大利润。在此前提下，垄断杠杆不会造成任何竞争问题，因为其只能是效率驱动，而不是利润驱动。事实上，纵向并购是有利于竞争的。罗伯特·H.博克称，传统上对排斥效应的担忧是没有根据的，因为"通过垂直合并进行掠夺的可能性极小"。[1]制造商不会更倾向于向其下游公司购买相关产品或服务，除非这样做比较便宜。垂直整合通常不会产生公司可以用来提高价格或限制产量的市场力量。在极少数情况下，纵向一体化确实创造了这种市场支配力，但这也会受到竞争对手实际或潜在进入的约束。反对垂直兼并的法律是一种反对创造效率的法律。

与传统产业不同，现今的许多互联网平台已经成为超级网络基础设施。基于互联网平台的延展性特点，互联网平台几乎可以在无限多领域延展其服务。现今的一些超级平台几乎都涉及大部分商业领域。这些超级平台既是互联网服务的中介者，其自身也提供某种互联网服务。与传统中介组织不同，互联网平台企业具有业务延展的便捷性特征，其容易利用平台向第三方商业领域延展。其次，互联网平台拥有数据优势。互联网平台公司纵向兼并的目的是获取下游相关用户的信息数据，通过这些数据来整合其业务。因而，在互联网平台的纵向合并中存在着所谓的交叉杠杆效用问题。目前的反托拉斯方法没有充分考虑纵向一体化如何引起反竞争性利益冲突，也没有充分解决占支配地位的企业利用其在一个领域中的优势来推进另一个业务领域的问题。在垂直整合互联网平台的背景下，这种担忧加剧了，这些平台可以利用通过一个部门获得的数据产生的洞见来破坏另一个部门的竞争对手。解决这一缺陷的潜在方法包括仔细审查将使公司获得有价值的数据并可能带来交叉杠杆使用的交易，对引起利益冲突的合并进行预防性禁止。

解决平台公司交叉利用数据能力的方法是明确将其纳入合并审查之中。依据目前的方法，只有超过特定金额门槛上的合并才需要机构审查，但交易的货币价值并不等同于数据涉及的范围和规模的效应。因此，反垄断审查机

---

〔1〕 Robert H. Bork, *The Antitrust Paradox: A Policy at War with Itself*, 1978, p.232.

构对涉及一定形式与数量的数据交易应主动进行审查。数据如果带给平台企业深入、直接的关于竞争对手商业行为的洞见，反垄断审查机构就应主动进行审查。更严格的方法会对已达到一定优势的平台进行垂直整合行为的预防性限制。一个平台跨多个相关业务线的参与可能会导致利益冲突，因互联网平台有动机对自己的业务予以优惠对待，歧视其他公司的业务。寻求防止产生这些特征的行业结构利益冲突可能比维持这些冲突更有效。采用这种预防措施意味着禁止占支配地位的公司进入任何它已经成为平台的市场，换句话说，就是直接与依赖它的企业竞争。例如，就亚马逊而言，这种预防性措施将禁止该公司同时运营一个占统治地位的零售平台和一个为第三方销售商提供支配的平台。这两家公司必须分成不同的实体，部分原因是为了防止亚马逊利用其作为第三方中介获得的数据信息为其零售业务服务。

互联网平台现在在链接大量经济活动中发挥着至关重要的作用。互联网平台本身有效地控制了互联网经济的基础设施。鉴于这种控制，通过亚马逊扩张到不同的业务线产生的利益冲突尤其令人担忧。让一个基本的中介实体与依赖它的公司竞争会产生不良的激励。允许一个垂直整合的主导平台选择它为谁提供服务，以及以什么条件选择，有可能扭曲公平竞争和整个经济。经济安全、过度的经济和政治权力也是值得考虑的问题。的确，互联网平台已经直接延伸到金融服务业。但是，至少在目前的规模下，其参与这些业务的程度不太可能以令人担忧的方式集中财务风险。相反，平台之间集中造成的系统性风险是另一种类型——数据的集中。互联网平台掌握的消费零售数据使其成为黑客攻击的目标。亚马逊网络服务崩溃就导致包括 Netflix 在内的其他几十家企业受到影响。

虽然采取更加严厉的反垄断措施规范互联网平台的纵向兼并行为有利于防止超级平台出现损害经济、金融安全以及竞争者的情况。但是，互联网平台的特征就是其业务的延展性，没有延展性的平台就不是互联网平台。因此，笔者认为需要在互联网平台的延展性与反垄断审查之间建立一定的平衡，即既要防止超级平台的出现也要防止对互联网平台经济的损害。兼顾二者发展的合理的标准应是保持平台的平台性，严禁平台跨入其服务对象的领域。

互联网平台的行政法规制

第一节 互联网平台提供商行政规制的必要性

与传统商业模式不同，互联网平台提供商业务模式的核心是数据的收集、处理与运用。互联网平台经济模式就是我们现在所称的"互联网+"经济模式。该种经济模式下，既有传统产业在互联网领域的应用，也有专属于互联网的新产业。对于互联网平台而言，其无疑有最大化利用其获取数据的目标，但这些数据可能涉及用户隐私、安全以及国家的政治、经济与文化安全。因而，从国家层面讲，国家必须对这些数据的收集、加工与利用进行监管。此外，一些传统行业存在的监管措施如何在互联网平台模式下应用也是需要关注的问题。

一、互联网平台数据利用的行政规制的必要性

数据是互联网平台经济发展的核心要素，被称为数字经济时代的石油资源。对于互联网平台而言，其对数据资源具有天然的渴望。这种渴望导致其在数据的收集、处理与利用时会追求数据效益的最大化，忽视数据安全、隐私等。对于一些具有基础设施地位的超级平台来说，其拥有的数据资源的数量与质量可以跟一些政府强力收集的部分数据相匹配，其收集的数据资源渗透进了消费者的各个领域。这些互联网平台掌握了消费者的个人身份信息、家庭情况、个人生活轨迹、朋友生活圈、个人财务状况、个人心理状况、个人学习状况、个人健康状况等。这些超级平台构成了所谓的数字威权主义者，

它们可以利用这些数据来影响人的情感、[1]操纵选举、跟踪人的行踪，也可以利用这些数据来扩展其服务。在这一数据帝国中，如果互联网平台未采取有效措施来保护这些数据，一些影响公共利益与国家安全的行为就会不断涌现，如煽动民族仇恨、销售假药、强奸、盗窃、诈骗、黑客攻击等行为。

互联网平台掌握的用户信息涉及国家政治、经济与文化的各个方面。互联网平台对用户信息掌握的精准度、完整性远远超过政府部门。这些数据是我国政治、经济与文化政策决策与发展的基础性资源，国家必须从公法层面规制这些数据资源的收集、加工与利用，以免给国家的经济安全带来巨大的伤害。有关数据显示，2016 年全球共发生 1800 起数据泄露事件，近 14 亿条记录外泄；而据估算，2016 年，因垃圾短信、诈骗信息、资料泄露等原因，造成中国网民的经济损失高达 915 亿元。全球每年因信息安全导致的平均损失分别达 270 万美元和 240 万美元。可能有人会认为，互联网平台有保护数据的利益驱动，其完全有动机来保护这些数据资源。事实上，互联网平台虽然有保护这些数据的内在动力，然而，这些数据也是平台获利的基础，平台在利用这些用户数据获取最大化利益时，这些数据的安全、隐私就不再是其考虑的优先问题。另外，由于算法黑箱的存在，互联网平台如何利用这些数据外在用户并不清楚，互联网平台也不愿意公开其数据处理与使用方式。从商业实践来，数据泄露与滥用已经成为现今互联网平台发展的主要问题。在 Facebook 的泄露事件中，剑桥分析公司从 Facebook 获得了其所需要的数据，这些数据被分析后用以操作美国的选举。从上述事件中，我们很清楚地看到 Facebook 并没有将用户数据安全作为优先目标，用户数据滥用对公共利益与公共秩序带来了损害。此外，还有人认为，让用户自己通过私法手段来保护数据可能是较好的选择。事实上，对于一些平台而言，用户在数据提供方面并没有自决权。其可能的选择是不利用该平台。但由于一些超级平台的地位类似于关键基础设施，用户不得不利用该平台的服务。因而，用户必须提供其不太愿意提供的数据。另外，基于算法黑箱与商业机密的考虑，平台如何利用这些数据对于用户而言是完全的无知之幕。用户并不了解平台如何利用这些数据获取利益。此外，用户自己也成为平台操纵的对象，平台利用这些数据操纵用户的行为与情感等，而对此用户完全不清楚其行为或情感表现是

---

[1] Facebook 被曝于 2012 年研究中试图操纵用户情绪，引发用户愤怒。

他人操纵的结果。因而，无论从哪个角度看，基于数据收集、处理与利用的公共利益要素，国家相关行政机构必须对互联网平台的数据收集、处理与利用行为从公法层面进行规制。

二、对"传统产业+互联网"类平台模式的行政规制

现阶段我国对"传统产业+互联网"平台的监管采取与传统产业监管一致的方式进行，要求互联网平台提供商遵守规制传统产业的相关规则。比如对订餐平台要求平台提供商遵守餐饮管理的相关规定；对租车平台要求遵守出租车管理的相关规定；对住宿平台要求遵守关于旅馆业管理的相关规定；对视频分享平台要求遵守电影电视管理的相关规定；对新闻分享平台要求遵守新闻出版的相关规定。从现今的商业实践来看，以传统行业的相关规范来规范"传统产业+互联网"商业模式存在着大量的问题，这些问题导致这些"传统产业+互联网"类平台出现了大量有损用户利益的消费，也给公众健康、安全等带来了危害。因而，需要建立新的规则来规范"传统产业+互联网"类平台的发展，保障互联网用户的隐私、安全与社会的公共利益和秩序。

笔者认为，"传统产业+互联网"商业模式至少包括两种类型：一种是平台对传统商业模式没有带来质变的"传统产业+互联网"商业模式；一种是平台促使传统商业模式发生了质变的商业模式。前一种如网上租车、网上订餐。这些所谓的"传统产业+互联网"商业模式只不过在传统的租车、订餐商业模式上添加了互联网外衣，并没有对该产业带来实质性的突变。这些商业模式本质就是原有模式的互联网延伸，互联网只是减少了信息的非对称性，增加了消费的透明度与消费者的选择，通过算法等方式节约了一些社会成本。但其商业模式的内核没有改变，仍是传统产业的问题。因而，对这类"传统产业+互联网"商业模式的规制应主要依据传统产业的规制方法。然而，对于后一种"传统产业+互联网"商业模式，互联网在传统商业应用中带来了商业模式质的变化，以传统产业的规制方法来规制此类商业模式必然会出现问题，比如电子商务领域、新闻分享与视频分享领域。在这些领域中，平台发展的核心不再是提供普遍的商业交易、新闻与视频信息，其本质是提供基于数据的信息服务，通过数据的收集、整合向消费者提供精准的服务或影响消费者的选择。对这些领域而言，政府规制的核心就是数据的收集与整合问题，如

果还是以传统领域的规范来规制此类型平台的发展，必然导致规制的偏差，损害平台的发展与用户利益的保护。比如对视频分享网站的规制，无疑不能用传统规制影视作品的方式来规制平台的发展，否则，将导致这些平台产生过分的监管责任，从而损害平台的健康发展，损害平台的技术与商业模式创新。

第二节　互联网平台行政规制现状与问题

我国现行相关规范对互联网平台的规制既体现为制定相关的专门针对互联网上信息流动的法规，也体现为传统行政法规在互联网平台领域的适用。现行网络交易平台行政责任的法律框架如下：[1]

一、《互联网信息服务管理办法》：建构框架的基础规范

我国的平台行政责任在立法中最早见于 2000 年实施的《互联网信息服务管理办法》（以下简称《办法》，已被修改），该《办法》的调整范围并不限于网络交易平台，而是涵盖了所有互联网信息服务提供者。例如，社交网站、搜索网站、视频分享网站等也受其规范。在互联网信息服务领域，全国人大及其常委会目前并无较为全面的立法。因此，虽然《办法》仅是行政法规，但仍扮演着基础性立法的角色。该《办法》第 15 条首先列举了互联网信息服务提供者不得制作、复制、发布、传播的八项内容，涵盖"反对宪法所确定的基本原则的""危害国家安全"等，并设定了一个兜底条款即"含有法律、行政法规禁止的其他内容的"。其中，不得"传播"的规定表明，平台不仅不得以自己的名义生产上述内容，对其用户发布的相关内容，也有避免传播的义务。具体的处理措施，《办法》亦有规定，即发现其网站传输的信息明显属于上述内容之一的，应当立即停止传输，保存有关记录，并向国家有关机关报告。同时，一旦违反该项义务，相关企业还要承担相应的行政责任，即由省、自治区、直辖市电信管理机构责令改正；情节严重的，对经营性互联网信息服务提供者，并由发证机关吊销经营许可证，对非经营性互联网信息服务提供者，

---

〔1〕　这部分内容主要来自于赵鹏："私人审查的界限——论网络交易平台对用户内容的行政责任"，载《清华法学》2016 年第 6 期。

并由备案机关责令关闭网站。总体而言，《办法》的规范体系存在两个特点：

第一，它的适用可以覆盖所有类型的用户违法行为。由于存在上述兜底条款，平台对用户发布违法内容需要承担的行政责任是开放的：只要用户利用平台发布了法律、行政法规所禁止的内容，在符合特定条件的情况下，均可要求平台承担责任，从而构成了要求平台对其用户违法行为承担行政责任的基础性规范。

第二，它试图为平台建构一个合理的注意义务。根据这一系列规范，平台承担责任的前提是发现"明显"违法而不采取措施。"明显"这一标准实际上试图排除平台对那些难以发现或者违法性难以判断的用户内容承担责任，说明《办法》试图通过设定合理的注意义务将平台责任限制在合理的范围内。

二、《食品安全法》《广告法》：具体监管领域的发展

自颁布以来，真正根据上述《办法》要求互联网平台对其用户内容承担责任的案例并不多见，监管部门更多是以潜在的制裁能力为后盾，通过约谈等方式促使平台采取符合监管要求的内部控制策略。究其原因，在于这一规范体系存在结构性的缺陷：其一，《办法》仅授权电信管理部门对平台课以行政责任，这项权力之后被转移至国家互联网信息办公室（以下简称"网信办"）。这意味着，如果平台用户违反的不是《办法》列举的八项内容，而是其他法律、行政法规所禁止的内容，则该《办法》存在执法真空。一方面，网信办缺乏专业能力去认定相关内容是否违反相关法律、行政法规；另一方面，相关执法部门虽能认定却不能自行进行处罚，而只能协调网信办进行处罚。其二，《办法》对平台承担责任的规定单一且较重。除去责令改正之外，真正对平台的制裁手段仅有吊销许可证。这一严格的责任形式，很可能激发地方政府为保护地方就业、经济发展等而抑制该项处罚的适用。

认识到《办法》的上述缺漏，一系列具体监管领域的立法试图通过更广泛的责任内容、更便利的实施机制来强化网络交易平台对第三方内容的行政责任，其中的代表包括《食品安全法》和《广告法》：2018年修正的《食品安全法》规定，平台需要对平台内的交易履行以下义务：对入网食品经营者进行实名登记并审查其许可证；发现相关违法行为履行报告、停止提供网络交易平台服务等义务。如果违反上述义务需要承担的行政责任包括：由县级

以上人民政府食品安全监督管理部门责令改正，没收违法所得，并处 5 万元以上 20 万元以下罚款；造成严重后果的，责令停业，直至由原发证部门吊销许可证。2018 年修正的《广告法》也规定，互联网信息服务提供者对其明知或者应知的利用其场所或者信息传输、发布平台发送、发布违法广告的，应当予以制止；否则，由市场监督管理部门没收违法所得，违法所得 5 万元以上的，并处违法所得 1 倍以上 3 倍以下的罚款，违法所得不足 5 万元的，并处1 万元以上 5 万元以下的罚款；情节严重的，由有关部门依法停止相关业务。

三、监管部门的规定：实施过程中的扩张

负有监管职责的部门在执行监管任务的过程中拥有制定规范性文件的权力，通过这些文件规定，上述立法为互联网交易平台设定的义务被解释为要求互联网平台普遍性的主动监控用户内容：

公安部等部门联合发布的《互联网危险物品信息发布管理规定》指出，网络信息服务提供者应当加强对接入网站及用户发布信息的管理，定期对发布信息进行巡查；国家工商行政管理总局发布的《网络交易管理办法》规定，第三方交易平台经营者应当对通过平台销售商品或者提供服务的经营者及其发布的商品和服务信息建立检查监控制度，而该局发布的《网络交易平台经营者履行社会责任指引》还要求及时上报"苗头性、倾向性、危害性严重的问题"。此外，原国家食品药品监督管理总局发布的《网络食品安全违法行为查处办法》亦规定，平台需要建立主动监控体系，而且，这种主动监控体系需要设置专门的机构或者指定专职人员，对平台上的食品经营行为及信息进行检查。这些规定的特别之处在于，它非常明确地表明，互联网交易平台不能仅仅采用关键词过滤等自动审查技术，还必须辅之以人工审核。

监管部门上述规定的合法性值得探讨。毕竟，监管部门规范性文件的权限在于执行、解释上位法已经设定的法律规则，而非创造新的义务。一旦这些文件的要求超出上位法相关规范所建立的义务框架，就构成扩张监管对象的义务，这是《立法法》明确禁止的。就此而言，《办法》《食品安全法》《广告法》等上位法的相关条款形成的规范结构为：如果平台"发现"，以及"明知或应知"相关违法活动时，需要采取行动予以处理，否则需要承担责任。这种规范结构，从其字面含义而言，仅指向平台发现违法行为后应当如

何处理，而并未指向平台应当如何去发现违法行为。因此，从文本而言，并不能得出平台有主动监控用户内容的义务这一结论。相反，更应理解为由于某种情形的出现——如消费者举报，使得平台对违法行为获得了实际的认知；或者由于具体案件中特定违法行为的明显性等因素，可以合理推定平台知道相关违法行为，平台方有义务采取措施。

从上述规定以及监管实践来看，在对待互联网平台的行政责任时，我国相关的法律规定与实践存在着一定的非契合性。法律所要求的明显注意义务在实践中转化为普遍的监督义务。从法律文本到实践异化的主要原因在于互联网平台的监管者在面临具有重大影响的监管事项时，为免于自己承担可能的责任，有采取严格监管的趋势。采取比法律更为严格的监管，将对互联网平台带来"寒蝉效应"，使得平台为免于承担不确定的责任，采取更为严格的审查，从而使自己免于责任承担。但是，这样做的后果是损害了互联网平台的发展。事实上，上述做法的本质是将本该由政府承担的监管责任转嫁给平台。这是《国务院办公厅关于促进平台经济规范健康发展的指导意见》明确反对的做法。

此外，现行规定没有考虑平台在大数据背景下对数据的收集、处理与利用问题。互联网平台越来越多地收集、分析和分享关于个人的详细信息。来自新来源的大量数据和用于大规模数据分析的新方法对个人性格、行为和关系等提供了更深入的理解。现在我们可以更频繁地评估人的活动，收集和存储与较长时期活动有关的数据，并在收集数据后分析数据。这些发展有望推动科学、公共政策和创新的发展。与此同时，平台正在创造更高的隐私风险，增加将数据结合到个人的可能性，并将数据应用于收集时无法预料的新用途。此外，结合长期数据收集和累积越来越"广泛"的数据，导致这些风险迅速增加，毕竟这些数据可以评估几十个甚至数千个与个人有关的属性。

现有的常规监管要求和隐私惯例不足以解决与长期大规模数据活动相关的风险。在实践中，政府通常依赖于有限的控制手段，如通知、同意或禁止识别，而不是从可用的各种隐私干预角度入手。人们越来越认识到，隐私政策往往不能充分告知用户平台如何使用他们的数据，尤其是从长期看。个人数据收集和存储规模的日益扩大正在侵蚀旨在通过简单地删除可识别信息来保护隐私的技术的可行性和有效性。

第三节　互联网平台行政规制的原则

一、以规制数据的流转为核心

互联网平台竞争的核心是数据资源的竞争，谁掌握了数据资源，谁就掌握了平台的核心资源。因而，行政法规对平台的规制必须以规制数据的收集、处理与利用为核心。在数据的规制方面，相关规则必须确保对数据的全流程、全方位的控制与管理。

互联网平台获得的数据资源包括用户提供的数据以及通过大数据分析获得的数据。前一类型的数据虽然用户可以通过契约的方式来规范互联网平台的利用。但基于互联网平台的某种意义上的关键基础设施地位，用户对于互联网平台提供的数据收集、加工与利用条件并没有谈判能力。基于用户数据信息的敏感性、安全性以及公共利益性，政府有必要从公共利益与公共秩序的角度确保互联网平台合法、合理利用这些数据。而后一类型的数据是基于用户的行为等由互联网平台提供商基于大数据等获得的信息。这些数据信息有的是用户公开的信息，有的是用户并不知晓的信息。这些数据信息虽然并非由用户提供，但其却指向了特定用户，是特定数据的主体。作为数据主体，虽然其不拥有获得这些数据的权利，但这些数据涉及该主体相关的个人特质，不正当利用这些数据将损害主体的利益，因而政府有必要对这些数据提供保护。

二、促进互联网平台的"开放性""延展性"与"创新性"

平台经济现为数字经济发展的主要模式。如何规制互联网平台是各国平台经济发展面临的重要课题。正如我们前面所分析的那样，欧美互联网经济发展产生巨大差异的原因在于对互联网平台规制方式的不同。美国对互联网平台的责任采取更为宽松的态度促进了互联网平台经济的发展与创新，而欧盟、日本等国采取更为严格的责任限制了互联网平台的发展。

从平台发展的商业逻辑来看，对互联网平台的规制保持一定的容忍度具有一定的正当性。互联网平台以开放性、延展性为主要发展目标，在此过程中，其会获得大量的用户数据，延展大量的业务新业态。对于这些业务新模式，现行法律与规则可能并无规定或规定并不明确，如果相关政府机构以严格责任来要求这些平台提供商的行为。那么对于平台提供商而言，其现实的选择是放弃平台的延展性、开放性，回归到更加封闭的商业模式。在封闭的商业模式下，其能更有效控制信息的收集、处理与利用，从而减少或消除潜在的违法可能性。这样的规制模式虽然有利于互联网平台加强对信息的控制与管制，但也损害了平台的开放性、延展性与创新。这无疑将对互联网平台经济的发展带来致命伤害。

三、考虑技术与法律现实

对于互联网平台的监管必须考虑技术与法律现实，要防止脱离技术与法律现实强加给互联网平台相关的审查义务。对于互联网平台存在的某些不良信息我们必须有容忍的义务，毕竟要求互联网平台保障其平台流转的所有信息都是合法与合规的，从技术上与商业模式上讲均不具有现实性。在"内涵段子"事件中，其经营者今日头条表示今后将不断强化人工运营和审核，将现有 6000 人的运营审核队伍，扩大到 10 000 人。我们即使不考虑这些人工审核所付出的成本，从商业模式的现实角度看，互联网平台都不可能杜绝不良信息的传播。对于今日头条而言，如果其坚持开放的平台商业模式，其平台上的不良信息就不可能消失。另外，从法律角度看，何为"不良信息"也不是一个清楚的概念，让这些社会招聘的审查人员来决定何为不良信息，从某种角度看有侵犯用户言论自由之嫌。就今日头条的案子而言，政府部门应从技术与法律的现实出发，要求平台经营者调整算法，对一些确切的不良信息进行机器与人工双重审核，而不能采取一关了事的做法。

四、保持谦抑性

互联网平台规制者在规制平台的行为时，必须保持谦抑的态度。互联网作为新兴作业，其具有发展的不确定性。对互联网平台的业务创新多一些鼓励将有利于互联网经济的发展。创新源自突破现有模式，墨守成规不可能有创新产生。对于互联网平台经济而言，创新更是商业发展的灵魂。基于互联网平台经济的网络效应以及用户锁定效应等，互联网领域的先发优势非常关键。谁最先创造出新的商业模式，谁就可能迅速占领市场。因而，规制互联网经济的核心是鼓励互联网平台进行创新。在现行法律规则的框架内，在规制互联网平台经济时，应尽可能保持谦抑的态度，不过分干涉互联网平台经济的创新与发展。在规制互联网平台经济时需要保持谦抑态度的另一个原因是：监管者事实上并不清楚互联网平台经济发展的现状与影响。由于互联网平台经济模式的延展性使得平台经济总是处于不断修正与变化中，即使是平台经营者也不完全清楚平台发展的可能性。对于监管者而言，对其不甚了解的东西采取谨慎的态度是符合社会公众的利益的。

　　总之，国家对新兴产业的规制应慎重。《行政许可法》第 13 条规定，在政府规制以外，还存在其他方法来达到规制目标，其中，市场竞争和自我规制具有方法论上的优先性。如上所述，这一规定蕴涵着回应型规制理念，即国家强权应慎入新兴产业，除了"威慑"和"服从"模式之外，还应综合采用惩治与说服策略。[1]

第四节　互联网平台的行政法义务

一、审查义务

　　审查义务是现阶段互联网平台承担的主要义务。任何平台都需承担某种审查义务，对此各方并无多大争议。现阶段争议的主要问题是承担何种审查义务。

　　赞成互联网平台负有审查义务的声音指出，虽然法律和行政法规没有明确规定此项义务，但不等于服务提供者不应该承担此义务，民法基本原则可以作为此项义务的产生依据。在依靠经营网络服务获得收益且具有能力监控和制止侵权行为的网络服务商与权利人之间进行权衡，将对网络传输内容进行一定的审查监控义务赋予服务提供者，更为公平。有法官特别指出，注意义务与审查义务本来就难以分离，网络服务提供者应尽到与其专业经营者地位相符的合理审查义务。如果对于网站上发生的一切听之任之，即没有尽到合理的注意义务。与这种观点相反，一些学者认为，不应对网络服务提供者

---

〔1〕　See Robert Baldwin, Martin Cave, Martin Lodge, *Understanding Regulation：Theory, Strategy, and Practice*（2the ed.）, OUP, 2012, pp. 259~267.

课以主动审查义务。其提出的理由主要有：我国《信息网络传播权保护条例》及最高人民法院相关司法解释均没有规定服务提供者的审查义务，因此要求其承担审查义务不符合法律的精神；[1]从美国《数字千年版权法》的规定来看，不要求服务提供者主动寻找"红旗"（明显的侵权信息）；要求服务提供者对海量信息进行审查是不现实的，会对服务提供者造成过重的负担，影响互联网产业的发展；此外，课以信息审查义务将导致服务提供者侵害公众的言论自由和隐私。[2]事实上，上述争议混淆了一个基本前提：公法上的审查义务不是司法意义上的审查义务。现行的司法实践也混淆了公法上的审查义务与私法上的审查义务的界限，将公法上的审查义务适用于民事侵权责任的承担。

（一）公法上的审查义务——主动审查义务

《网络安全法》《全国人民代表大会常务委员会关于加强网络信息保护的决定》《网络交易管理办法》《互联网信息服务管理办法》《互联网危险物品信息发布管理规定》等法律法规都规定了网络服务提供者的公法审查义务，主要有三种模式：

其一，明确提及网络服务提供者需对第三方内容进行检查。例如，《网络食品安全违法行为查处办法》明确规定网络食品交易第三方平台提供者应对平台上的食品经营行为及信息进行检查。

其二，规定网络服务提供者需对第三方内容建立检查（巡查、监控）制度。例如，《网络交易管理办法》规定第三方交易平台经营者应当对第三方发布的商品和服务信息建立检查监控制度。《互联网危险物品信息发布管理规定》指出，网络信息服务提供者应当加强对接入网站及用户发布信息的管理，定期对发布信息进行巡查，对法律法规和本规定禁止发布或者传输的危险物品信息，应当立即停止传输，采取消除等处置措施，保存有关记录，并向公安机关等主管部门报告。

其三，没有明确提到对第三方内容的检查，但规定网络服务提供者应加强对用户发布信息的管理。《互联网信息服务管理办法》第 15 条规定，互联

---

〔1〕《最高人民法院关于审理侵害信息网络传播权民事纠纷案件适用法律若干问题的规定》第8条明确规定，网络服务提供者未对网络用户侵害信息网络传播权的行为主动进行审查的，人民法院不应据此认定其具有过错。

〔2〕 刘文杰："网络服务提供者的安全保障义务"，载《中外法学》2012 年第 2 期。

网信息服务提供者不得制作、复制、发布、传播含有下列内容的信息：

（1）反对宪法所确定的基本原则的；

（2）危害国家安全，泄露国家秘密，颠覆国家政权，破坏国家统一的；

（3）损害国家荣誉和利益的；

（4）煽动民族仇恨、民族歧视，破坏民族团结的；

（5）破坏国家宗教政策，宣扬邪教和封建迷信的；

（6）散布谣言，扰乱社会秩序，破坏社会稳定的；

（7）散布淫秽、色情、赌博、暴力、凶杀、恐怖或者教唆犯罪的；

（8）侮辱或者诽谤他人，侵害他人合法权益的；

（9）含有法律、行政法规禁止的其他内容的。

《互联网信息服务管理办法》第16条规定，互联网信息服务提供者发现其网站传输的信息明显属于本办法第15条所列内容之一的，应当立即停止传输，保存有关记录，并向国家有关机关报告。

总之，公法上的审查义务是互联网平台对国家而不是单个用户承担的义务，其核心是保障公共利益与公共秩序，保障国家的互联网安全。公法上的审查义务是互联网平台必须承担的强制义务，这样的义务不能放弃。值得关注的问题是，这样的审查义务是否可以延伸到私法领域呢？当事人是否可以要求互联网平台因拒绝公法上的审查义务而要求其承担侵权责任呢？对此问题，下文将作分析。

（二）私法上的审查义务——注意义务的要求

现阶段，私法上的审查义务以注意义务为核心构建。《侵权责任法》第36条第3款规定，"网络服务提供者知道网络用户利用其网络服务侵害他人民事权益，未采取必要措施的，与该网络用户承担连带责任"。"知道"包括"明知"和"应知"两种主观状态。[1]是否"知道"的判断标准就是是否违反注意义务。注意义务的判断基准分为客观说、主观说、折中说等学说。客观说认为注意义务的确定应以一般人的注意能力或结果预见可能性作为标准；主观说认为注意义务的判断取决于行为人的个人能力或者个人注意能力；折中说用一般人能力作为判断一般人及低于一般人能力者的注意义务标准，坚

---

[1]　王胜明主编：《中华人民共和国侵权责任法释义》，法律出版社2010年版，第194~195页。

持客观说的立法,但对那些超出一般人能力的个体采取主观说,根据其个体能力作为注意义务的判断标准。[1]司法实践中,法官需要通过诉讼中的具体情形来认定注意义务的存在以及设置宽严不同的注意标准调节过失的成立,以适应保障行为人行为自由与受害人权益的平衡。[2]当然,法律规定的"知道"如何转换成侵权法上的注意义务的逻辑值得关注。事实上,"不知道"侵权行为存在但应承担注意义务的情形并不少见。比如在衣念案中,法院认为上诉人淘宝公司知道原审被告利用其网络服务实施商标侵权行为,但仅是被动地根据权利人通知采取没有任何成效的删除链接之措施,未采取必要的能够防止侵权行为发生的措施,从而放任、纵容了侵权行为的发生,其主观上具有过错,客观上帮助了被告实施侵权行为,从而构成共同侵权,应当与被告承担连带责任。[3]在此案中,淘宝公司并不知晓后续的侵权行为存在,但法院仍认为其存在注意义务,要求其承担相关的责任。因而,从"知道"向"注意义务"的转换在某种意义上扩张了互联网平台的法律义务。

一般认为,互联网平台承担的注意义务包括事前的提醒义务、事中的删除义务以及事后的监管义务等。事前的提醒义务不同于事先的审查义务。互联网平台提供商对相关用户发布的文章并不负有事先的审查义务。[4]技术服务提供者承担的注意义务应与其注意能力相匹配。面对网络上的海量信息,作为技术服务提供者在客观上没有能力对每条信息进行审查。鉴于此,各国立法一般都不要求网络服务提供者承担监督其传输和存储的信息的一般性义务,也不要求网络服务提供者承担主动收集表明违法活动的事实或情况的一般性义务。[5]但是互联网平台提供商具有某些情况下的私法审查义务。这些私法上的审查义务包括对某些反复出现的侵权行为的监控等。

(三) 公法审查义务的错误移植与危害

司法实践中,关于公法上的审查义务是否可以移植于私法上的侵权判断

[1] 李颖、宋鱼水:"论网络存储空间服务商合理注意义务——以韩寒诉百度文库案判决为切入点",载《知识产权》2013年第6期。

[2] 金凌:"略论注意义务对我国侵权行为法的启示",载《法学评论》2009年第2期。

[3] 上海市第一中级人民法院〔2011〕沪一中民五(知)终字第40号民事判决书。

[4] "张某某等与河南大象融媒体集团有限公司名誉权纠纷案",参见北京市第一中级人民法院〔2017〕京01民终2064号民事判决书。

[5] http://www. legalinfo. gov. cn/Case_ record/content/2012 - 11/16/content_ 3989492. htm? node = 40490.

存在着不同的做法。有法院认为，深圳科伟业公司开办的"法律论坛"作为自由、开放的信息交流平台，网络用户通过登录即可即时发布信息。由于网络信息即时性、海量性的特点，深圳科伟业公司作为电子公告服务提供者原则上不负有对网络用户所发布的信息的主动审查和事先审查义务。虽然根据《全国人民代表大会常务委员会关于维护互联网安全的决定》的相关规定，从事互联网业务的单位要依法开展活动，发现互联网上出现违法犯罪行为有害信息时，要采取措施，停止传输有害信息，并及时向有关机关报告。但这种监督和报告义务并非侵权法意义上的注意义务，不能因未尽到上述义务而导致侵权赔偿责任。《互联网信息服务管理办法》第13条、第15条等为行政管理部门对互联网进行行政管理的规定，具有行政管理上的指导作用，亦不能直接作为判断深圳科伟业公司是否构成民事侵权的依据。[1]但也有法院认为，1993年《反不正当竞争法》（已被修改）第9条第2款规定"广告的经营者不得在明知或者应知的情况下，代理、设计、制作、发布虚假广告"。同时国务院颁布的《互联网信息服务管理办法》亦规定"互联网信息服务提供者应当向上网用户提供良好的服务，并保证所提供的信息内容合法"，"互联网信息服务提供者不得制作、复制、发布、传播"侵害他人合法权益的信息。科普兰德公司通过其所属的颐家家居网站，以允许用户发布信息或查询信息的方式提供服务，并通过自己庞大的信息收集渠道收集、处理并向企业提供市场资讯等商务信息服务，应属互联网信息服务提供者。作为网络信息提供者，确保信息内容的真实客观性是其最基本的义务。科普兰德公司作为互联网信息的广告经营者未尽审查义务，具有主观过错。科普兰德公司的行为既损害了苏州金莱克的权益，又给有序的市场竞争制造了混乱，损害了其他经营者的利益，其行为不仅违反了《互联网信息服务管理办法》的相关规定，亦构成了我国《反不正当竞争法》规定的虚假宣传的不正当竞争。科普兰德公司辩称涉案信息的发布者是杭州金莱克，但未能提供有效证据，故其抗辩理由不能成立。科普兰德公司应承担停止侵权、赔偿损失、消除影响的法律责任。[2]在另一案件中，法院也认为，《互联网信息服务管理办法》第15条规定了互

---

〔1〕 "田某国与深圳市科伟业实业发展有限公司名誉权纠纷案"，参见广州市中级人民法院〔2010〕穗中法民一终字第538号民事判决书。

〔2〕 "苏州金莱克家用电器有限公司诉杭州金莱克电器有限公司等侵犯商标专用权及不正当竞争纠纷案"，参见苏州市中级人民法院〔2008〕苏中知民初字第0094号民事判决书。

联网信息服务提供者不得制作、复制、发布、传播的 9 项信息，其中第（九）项起兜底作用，即除前 8 项外含有法律、行政法规禁止的其他内容的。第 16 条规定，互联网信息服务提供者发现其网站传输的信息明显属于上述 9 项内容之一的，应当立即停止传输，保存有关记录，并向国家有关机关报告。用户为销售侵犯他人注册商标专用权的商品发布的信息不属于第 15 条前 8 项的内容，但无疑属于第（九）项的内容。另外，《互联网电子公告服务管理规定》也有基本相同的规定。[1]

　　侵权案件发生后，法官首先判断被告在侵权法上要不要对原告承担注意义务。因而，注意义务的违反是互联网平台承担责任的前提。在过错责任中，如何判断互联网平台有无违反其对原告承担的注意义务呢？一种理论为制定法上的过错理论。如果制定法对互联网平台所承担的义务作了规定，只要违反制定法所规定的义务，违反制定法所规定的义务的行为就是过错行为。另一种理论认为，即便立法者对被告承担的义务作了规定，平台违反制定法规定的义务，法院既不把违反制定法的行为视为过错，也不把违反制定法的行为推定为过错，这个时候有没有过错适用一般理性人标准。现行我国法院大部分采取第一种观点。采用第一种观点虽然有利于司法的确定性与便捷性，但却对互联网平台提供商施加了过重的侵权责任。公法上的审查义务针对的是公共利益与公共秩序的维护，其虽然也涉及个体权利的侵害，但其主要目标是公共利益与公共秩序的维护。对公法上的审查义务的违反承担的是更严格的公法上的责任；而对私法上的审查义务的违反承担的是侵权责任。将公法上的基于公共利益的审查义务移植于私法上的个人利益的保护无疑是强化了互联网平台上用户利益的保护。强化用户利益的保护的另一种表述就是强化了互联网平台的法律责任。互联网平台责任强化的后果就是导致立法所建立的互联网平台所享有的"避风港"制度失去其存在的价值与意义，并进而对互联网平台经济的发展与创新带来伤害。

　　（四）审查义务的公、私法界限

　　对于互联网平台的审查义务而言，必须坚持公、私法的分流。有学者认为，在审查义务的问题上，我国立法呈现出"悖论式并行"的现象，即公法

---

　　[1] "鲁道夫·达斯勒体育用品波马股份公司诉浙江淘宝网络有限公司等销售假冒注册商标的商品纠纷案"，参见广州市中级人民法院 [2006] 穗中法民三初字第 179 号民事判决书。

为网络服务提供者设定了明确的审查义务，而在私法上则采用国际通行的避风港规则，豁免了网络服务提供者的审查义务。[1]事实上，上述学者是对公、私法审查义务的认知存在错误。这种错误出现的原因既有司法实践中将公法审查义务纳入互联网平台民事侵权判断考量之中的司法谬误，也有对私法审查义务类型的错误认知。从公法审查义务来看，其更多涉及国家安全、公共利益与公共秩序的保护。公共利益虽然存在于个人利益之中，且它的真实性的确证离不开个人利益的实现，但它确实不是个人利益的简单总和，不可能完全归结和还原为具体的个人利益。公共利益是个人利益的有机总和，这种总和既过滤掉了个人利益中的任意性、偶然性和特殊性的因素，同时又综合并放大了其中的合理性、必然性和普遍性的成分，使某种普遍合理的利益得以生成和延续；只有这种普遍合理的利益才有资格成为集体行为的目标和个人行为道德价值大小的根据。[2]因而，具体的个人隐私是私人利益，不能通过公法的方式要求互联网平台承担对具体个人隐私的保护。但社会公众整体的隐私保护是一个公共利益问题，其关注互联网平台有没有建立相关机制来保护用户的隐私。也就是说，对于隐私保护而言，公法上的审查义务关注互联网平台保护社会公众整体隐私的义务，其关注互联网平台是否建立隐私保护的机制；私法上的隐私保护关注对具体个体的隐私权的侵犯，关注互联网平台是否侵害了某一个体的特定的隐私权。私法上的审查义务是基于某种契约或交易行为而产生的针对特定信息的审查义务。这种审查义务有的是基于业务模式的要求，有的是基于法律的规定，有的是基于互联网平台先前的行为要求等。

二、保护用户信息安全、隐私义务

互联网信息平台数据信息安全是互联网平台发展的关键保障。没有数据安全就没有用户隐私保障。现阶段，一些大规模的互联网平台成为黑客攻击的主要对象。几乎所有的互联网平台都曾遭受某种黑客攻击。2016 年，有黑

---

[1]　姚志伟："公法阴影下的避风港——以网络服务提供者的审查义务为中心"，载《环球法律评论》2018 年第 1 期。

[2]　杨通进："爱尔维修与霍尔巴赫论个人利益与社会利益"，载《中国青年政治学院学报》1998 年第 4 期。

客就窃取了 5700 万 Uber 用户的数据。互联网平台公司容易遭受黑客攻击的原因在于平台掌握了许多用户的数据资源，而这些数据资源具有重要的交换价值。此外，很多大型互联网公司轻视网络安全建设也是其频繁遭受攻击的原因之一。现今许多平台只重视平台的商业模式创新，不关心用户数据的安全投入与保障。由于互联网的安全投入是隐性投入，只会产生成本而不会带来多大的收益，平台公司天然有轻视安全投入的趋势。相关的公法规范必须强化互联网平台是互联网安全第一责任人的概念，要求其建立符合其业务模式的安全保障机制。

在隐私保护方面，互联网平台有保护用户数据隐私的公法义务。也就是说，互联网平台必须建立用户隐私保护的机制。欧盟《通用数据保护条例》规定的所谓的"缺省保护隐私"制度值得我们借鉴。"缺省保护隐私"制度意味着所有的缺省设计、缺省方案都是保护隐私的方案，产品设计不能随意更改缺省的隐私方案，从而保护数据主体的权利。同时要求产品或服务的整个生命周期都贯穿隐私和数据保护，包括从最早的设计阶段，到产品投放市场、使用直至最终停止使用，都将考虑数据保护合规因素。系统设计初始就应考虑隐私保护问题，而不能仅仅是在系统运行后才增加所谓的隐私保护方案。数据控制者应当以有效的方式实施适当的技术和组织措施以保护数据主体的权利。另外，数据控制者应只保留和处理完成其职责所必要的数据（数据最小化），并将个人数据的访问限于需要处理的人员。此外，当数据泄露后，数据控制者应采取措施防止影响扩大并及时通知用户。另外，数据主体有权让数据控制者删除其个人数据，停止进一步传播该数据，并可能让第三方停止处理这些数据。删除条件包括与原始处理目的不再相关的数据，或者数据主体撤回同意的数据。

三、强化数据处理行为的透明度

现阶段，各国都以所谓的同意规则来规制互联网平台对数据的收集与使用。但在大数据与人工智能背景下，同意规则的价值受到了极大减损。现今互联网平台对数据的利用，有的是用户主动提供的信息，而大部分信息是互联网平台自己所分析的信息。这些信息是现今规制互联网平台应重点关注的问题。依据欧盟《通用数据保护条例》的规定，至少满足以下其中一项，处理数据才是合法的：①数据主体同意了为特定目的处理其数据；②处理数据是为签订或履行合同所需的；③处理数据是为遵守法定义务所需的；④处理数据是为了保护数据主体或其他自然人的至关重要的利益；⑤处理数据是为了公共利益或行使政府授予的权力；⑥处理数据是为追求数据控制者的合理利益，但不得损害数据主体的利益。

现阶段我国并无任何规范数据处理行为的规则。如何处理这些数据、处理数据的结果如何相关数据主体一无所知。要解决这一问题，就必须强化数据处理行为的透明度。数据主体应有权要求数据控制者确认其是否在处理其个人数据、在何地以及基于何种目的处理其个人数据。此外，数据控制者有义务向数据主体提供其个人数据的免费电子版本。

数据控制者收集与处理用户数据必须获得用户同意，数据控制者与处理者必须在数据主体同意的范围与目的内处理收集的数据。数据主体有权知晓数据处理的过程与结果。在数据处理结果出现偏颇时，数据主体有权要求数据控制者与处理者纠正错误的结果。此外，当数据主体不再同意数据控制者使用这些数据时，数据主体应停止处理这些数据并删除这些数据处理的副本。

四、强化算法的公开、安全

现阶段互联网平台的竞争是数据与算法的竞争。不加监管的算法规则会损害公众利益，影响国家经济利益与安全。事实上，前段时间的"抖音事件"与"内涵段子"事件的核心问题是算法监管问题。

（一）解决算法黑箱

算法是配方、指令集，是用于实现特定计算或结果的任务序列。算法代表了可重复、实用的解决方案，其利用计算机流程和公式回答问题并将问题转化为答案，可以在有限时间内提供可靠预期结果。人工智能所使用的机器学习算法可以根据一些基本结构进行操作，如神经网络、贝叶斯分析或演化适应。通常最复杂的机器学习系统会结合多种算法。一旦构建了学习算法，就可以对它进行训练。通过大量的数据集进行训练，这些数据集可以提供许多期望结果或问题的例子。学习算法基于某种相对成功的信号随时间迭代。每一种算法都有一个输入和输出：数据进入计算机，算法完成它的任务并输出结果。机器学习反过来：数据和期望的结果出来的算法，将一个算法变成另一个算法。学习算法是制作其他算法的算法。由于他们通过模拟神经网络的百万倍迭代来实现新算法生成，所以它们输出的计算结构往往既有效又难以理解，这就是所谓的"算法黑箱"。

"算法黑箱"体现了信息时代的悖论：数据在其广度和深度上变得惊人，但往往对我们来说最重要的信息不在我们的控制下，仅供内部人士获取与使用。算法经常包含一系列计算过程，包括对用户行为的密切监视，所得信息的"大数据"汇总，结合了多种形式统计计算的分析引擎来分析数据，最后是一组面向人类的行为、建议和界面。而这些行为、建议和界面通常只反映幕后文化处理的一小部分。算法的表现取决于数据和预设条件（规则）。现今的算法本身就是"黑箱"。除了算法的编撰者，无人知晓算法是如何设计与运作的。企业对运行数据与方法算法都不遗余力地进行了保护。此外，随着深度学习等的发展，算法的编撰者有时可能也不清楚算法的运作机制。即使写出了一些非常成功与普遍存在的算法系统的工程师，如 Google 与 Netflix 等的软件工程师也承认其仅仅能理解系统所展示的行为的一部分。[1]华尔街的交易员常以如伏击和入侵者来命名其交易算法，但他们常常不知道他们赚钱的黑匣子是如何工作的。

基于机器学习的人工智能数据处理技术不可避免地会出现错误。对算法的决策过程进行解释是避免算法错误所需采取的措施，是让人工智能系统负责的有效方法。解释意味着算法以可理解的术语呈现。在机器学习系统中，可解释性意味着向人类提供可理解术语的能力。欧盟《通用数据保护条例》探讨了人工智能系统合法解释权问题。[2]算法的解释需要成本。在非军事领域，我们确实需要考虑何时需要解释以有助于防止人工智能系统带来的负面影响，而糟糕的选择可能不仅不能使人工智能系统承担责任，还会妨碍开发急需的有益人工智能系统。要求每个人工智能系统解释每一个决策可能会导致系统效率降低，强迫设计选择偏向于可解释但不理想的结果。有学者认为，真正的人工智能系统并不具有可解释性。[3]机器学习，特别是深度学习，可以将数据分析成数千个变量，并将它们排列成非常复杂和敏感的加权关系数

〔1〕 Ed Finn, *What Algorithms Want: Imagination in the Age of Computing*, MIT Press, 2017, p. 15.

〔2〕 Sandra Wachter, Brent Middelstadt, Luciano Floridi, *Why a Right to Explanation of Automated Decision-Making Does Not Exist in the General Data Protection Regulation*, International Data Privacy Law, 2017.

〔3〕 https://medium.com/berkman-klein-center/optimization-over-explanation-41ecb135763d.

组，然后通过基于计算机的神经网络重复运行这些数组。要理解这些结果，可能需要理解这些成千上万变量之间的关系，我们的大脑根本无法掌握那么多的信息。也许我们应该管理人工智能武器的优化。人工智能系统应该被要求声明它们被优化的内容。显著影响公众的系统的优化不应该由创建这些系统的公司决定，而应由代表公众利益的机构来决定。

（二）解决算法安全

互联网平台的算法设计者必须保障算法的安全，公私义务应禁止互联网平台开发的算法推介一些吸人眼球的不良信息、故意加入歧视性规则、对法律规定的不良信息不进行算法处理。此外，算法设计者自身的偏见以及算法运用中的大数据样本问题导致的错误与偏见屡见不鲜。Google 的图像识别软件曾经将黑人标记为"大猩猩"。在强人工智能背景下，算法可以自动生成新算法。以大数据为基础的算法，存在被攻击、被篡改、被操纵的可能。当数据库或算法被攻击时，算法的训练和更新就会偏离预计的轨道，形成恶性算法，在应用时可能无法分清敌我。

数据处理的算法必须确保安全性。算法安全意味着在设计算法时设计者不能带有偏见，故意加入一些非安全变量或算法中没有嵌入安全机制。互联网平台在收集数据时，必须坚持必要性与最低限度要求。互联网平台提供商收集数据以提供服务的必要性为基础。并非提供服务必要的数据互联网平台不能收集。此外，互联网平台收集的数据应以业务要求的最低数据为限。互联网平台掌握的数据越多，数据泄露的风险就越大。互联网平台在加工与处理数据时必须坚持全面、非偏颇处理原则。偏颇的数据处理结果可能导致数据主体的信息失真，使得数据主体不能获得其需要的贷款、可能获得的工作机会等。算法安全也意味着算法中必须有防止不良信息的审查机制。互联网平台提供商必须确保其算法符合国家的强制性规定，不得传播有损公共利益的信息。此外，互联网平台必须建立针对特殊人群的安全系统。互联网平台应建立反沉迷、反谣言、反低俗的系统。互联网平台应设置专项未成年人保护措施，从产品、运营、审核等多方面入手，保证未成年人的身心健康不受伤害。此外，数据与算法不得用于提供歧视性服务。

互联网平台越来越有成为网络经济基础设施的地位。这些网络基础设施既是互联网经济发展的基础，也是不良信息传播的主要场所。因而，从公法的视角看，相关的行政法律规范在保障互联网经济可持续发展的同时，也必须规制互联网平台上的数据收集、处理与使用问题。规制互联网平台的数据收集、处理与使用的技术路径是保障算法的透明与安全性。公法对互联网平台行为的规范必须考虑技术现实与可能。互联网平台不能完全杜绝其平台上的不良信息的传播，要求互联网平台通过人工审核方式来阻止不良信息的传播既不现实也不可能。从技术与商业现实角度看，通过算法控制不良信息的传播可能是目前最优的选择。事实上，互联网上海量的不良信息如果没有算法的推介会很快湮没于信息垃圾中，不能成为有效传播的信息，对社会也不会有太大的影响。因而，对于不良信息的传播，最好的方式与手段就是算法控制。除了不良信息的控制外，互联网平台还必须坚守数据公平与数据正义理念。数据公平与数据正义的实现也必须通过算法的规制予以实现。互联网平台在设计算法时必须嵌入数据公平与数据正义理念，切实保障数据主体的数据免受滥用与泄露，切实保障算法符合社会公共利益与公共道德，从而有效维持互联网平台经济的健康发展。

互联网平台提供商的刑法规制

第一节　互联网平台提供商刑事规制与问题

一、互联网平台的刑法规制现状

1997 年《刑法》粗略对"计算机犯罪"进行了规定，主要包括 285 条、第 286 条以及第 287 条。从立法背景及原意看，其显然并未直接涉及网络平台责任问题。《刑法修正案（七）》修改第 285 条，增加第 2 款、第 3 款。从新增两款的立法初衷看，旨在制衡非法控制计算机信息系统和非法获取计算机信息系统数据以及向非法侵入、非法控制计算机信息系统提供程序、工具的行为。《刑法修正案（九）》作出较大修改，并直接或间接涉及网络平台的刑事责任问题。包括：一是修改内容涉及网络平台犯罪。第一，新增第 286 条之一（拒不履行信息网络安全管理义务罪），犯罪主体是网络服务提供者，直接剑指网络平台犯罪。第二，新增第 287 条之一（非法利用信息网络罪），尽管并未明确规定网络平台是犯罪主体，但从设立网站与通信群组以及发布信息等危害行为方式看，原则上可以延伸至网络平台。而且，规定了单位犯罪主体，为对网络平台采取扩张解释奠定了规范基础。第三，新增第 287 条之二（帮助信息网络犯罪活动罪）。尽管这一条和第 287 条之一都未直接规定网络平台，但从提供互联网接入等危害行为看，原则上可以规制网络平台。同时，对单位犯罪主体作出规定，也为扩张解释预留空间。从立法原意看，该条将网络技术中立（片面）帮助行为予以正犯化并独立成罪，客观上为追究网络信息服务者的刑事责任提供了直接依据。第四，增设第 285 条、第 286

条的单位犯罪主体，间接为追究网络平台的刑事责任提供了规范基础。[1]

二、现行刑法规则对网络平台规制的问题

2017 年全球市值最大的十家公司中高科技互联网公司占据七席，包括 Apple、Google、Facebook、Amazon、Microsoft、腾讯与阿里巴巴。这七家互联网巨头无一例外都是平台型企业。互联网平台现已成为数字经济的核心，其责任边界关乎中国互联网经济的可持续发展。过于严苛的责任规则会引发"寒蝉效应"，损害互联网的创新与发展。过于宽松的责任规则会损害权利人利益，不利于优秀信息的生产与传播。有研究表明美国互联网产业勃兴的主要原因在于其采取了更有利于互联网企业发展的责任规则。而欧亚等国实施的严格的中介责任与违法责任规则阻碍了当地互联网企业的发展。[2]一种既有利于权利人保护也能有效促进互联网创新发展的平衡的刑事责任规则应该是各国的优选。然而，现今立法与司法界在如何界定互联网平台提供商的刑事责任方面仍存在着不同的观点与看法，这些不确定性严重损害了互联网产业健康发展所希冀的法律的预期性与稳定性。互联网平台提供商刑事责任界定差异巨大的原因在于各级法院对互联网平台提供商行为模式的认知存在问题，即混同了互联网平台提供商的作为与不作为行为，对其进行相同评价。这无疑会损害互联网商业模式创新与技术发展。事实上，区分互联网平台提供商之作为与不作为，以及不作为的义务来源和边界，是互联网平台责任划分中最为核心的问题。[3]不当行为责任要么是作为责任要么是不作为责任。[4]作为和不作为责任的区别在于前者积极的行为造成他人的损害，后者是消极的不作为或者未采取措施防止他人受到损害。[5]在作为行为中被主张权利者自己启动了具有法律意义上的因果链，而在不作为中则是未中断这一因果链。[6]

---

〔1〕 孙道萃："网络平台犯罪的刑事制裁思维与路径"，载《东方法学》2017 年第 3 期。

〔2〕 Anupam Chander, "How Law Made Silicon Valley", 63 Emory L. J., 639 (2014).

〔3〕 王华伟："网络服务提供者的刑法责任比较研究"，载《环球法律评论》2016 年第 4 期。

〔4〕 ［德］克雷斯蒂安·冯·巴尔：《欧洲比较侵权行为法》（上卷），张新宝译，法律出版社 2004 年版，第 261 页。

〔5〕 刘信平：《侵权法因果关系理论之研究》，法律出版社 2008 年版，第 203 页。

〔6〕 ［德］克雷斯蒂安·冯·巴尔：《欧洲比较侵权行为法》（下卷），焦美华译，张新宝审校，法律出版社 2004 年版，第 248 页。

互联网平台是以软件为基础提供产品或服务的在线市场平台，其提供了外部参与者能够建立互补产品或服务的基础设施。[1]互联网平台上一组用户的价值与另一组用户的数量息息相关，因而平台需要吸引尽可能多的不同类型用户并能让彼此间产生良性互动。互联网平台的价值就在于这些良性互动所产生的间接网络效应。大部分平台都是多类型用户模式，平台的价值与功能的提升不仅在于同类型用户之间的互动，同时也在于不同类型用户之间的互动。互联网平台以开放性与中介性为其主要特征，但不同类型互联网平台的开放性存在差异。以第三方加入与利用平台是否受到限制为基础，互联网平台可分为完全开放型平台、半开放型平台与封闭型平台。封闭型平台不是真正的互联网平台，因其没有提供第三方加入平台的可能。完全开放型平台是第三方利用该平台基本不受限制的平台，最为典型的就是搜索平台与社交媒体平台。而半开放型平台是用户加入需受到一定限制的平台，如电子商务平台与叫车平台。这些平台会限制一部分用户的加入。本书讨论的平台主要是后两种平台。互联网平台以多边市场与开放性为其主要特征，这是一种迥异于传统经济的市场。因而，以传统方法来规制互联网平台必然带来问题。[2]

三、刑法视野下的规制互联网平台原则与路径

（一）坚持刑法规制的审慎原则

互联网平台提供商作为互联网平台技术的提供者，其一般不直接参与犯罪活动，更多时候是对他人的犯罪行为无意识地提供某些协助行为。即使在民事侵权领域，这些行为是否违反法律的规定都不是确定无疑的。其主要原因在于在民事侵权领域，法律为互联网平台提供了避风港保护，互联网平台可以以避风港为原则主张责任的免除。作为对互联网平台施以更严重的刑事责任的刑法在互联网平台的适用就更应慎重。从现今大部分平台的商业实践来看，大部分平台仅仅提供信息与数据交流，除非互联网平台直接利用这些

---

〔1〕　Amrit Tiwana, *Platform Ecosystems: Aligning Architecture, Governance, and Strategy*, Morgan Kaufmann, 2013, p. 5.

〔2〕　Joseph Kennedy, *Why Internet Platforms Don't Need Special Regulation*, Information Technology & Innovation Foundation, 19 October 2015, p. 2.

信息与数据从事了法律直接明确规定的犯罪活动，不宜通过所谓的共同犯罪、教唆与引诱犯罪将互联网平台提供技术支持的行为纳入刑法的规制范围。我们虽然主张在民事侵权领域，法院应对所谓的"技术中立"规则的适用保持一定警惕性。但我们认为，在刑法领域，"技术中立"规则应是一个基本原则。刑法应首先推定互联网平台在从事互联网平台服务时是坚持了"技术中立"规则。要推翻所谓的"技术中立"规则，法院必须确认互联网平台提供商对他人的犯罪行为存在着共谋或明知仍予以教唆、帮助。

（二）严格区分作为犯罪与不作为犯罪

在现代社会，如果广泛处罚不作为，无疑会过于限制国民的自由。[1]对于不作为行为的处罚，现代刑法都保持一种审慎的态度。这与作为犯罪的重刑主义趋势迥异。现阶段我国在规制互联网平台的刑事责任时，存在着将互联网平台的不作为行为界定为作为行为的趋势，即将本不构成犯罪或构成不作为犯罪的行为纳入作为犯罪领域进行规制。这样做的后果就是严格的刑事责任规则给互联网平台提供商带来"寒透"的"寒蝉效应"。任何平台经营者都不希望自己因为经营的平台上存在的犯罪行为而让自己承担牢狱之灾。其后果是互联网平台提供商将放弃具有某种风险的平台的开发与经营。而风险正是现今互联网平台发展的惯常商业现实，是促进互联网平台勃兴的动力。互联网平台愿意承担某种可接受的风险是互联网平台发展到今天的最主要因素。但当这种风险有带来身陷囹圄的可能时，任何互联网平台提供商都不愿意承担这样的风险。因而，刑法的规则与实践必须对互联网平台的不作为行为保持某种谦抑，排除互联网平台的技术中立行为的违法性，对不作为行为的入罪化采取审慎态度。

（三）互联网平台犯罪规制的技术路径

互联网平台经济发展的核心要素是数据，数据资源是互联网平台争夺的核心资源。从互联网平台的作为犯罪来看，其主要表现为非法获取数据与利用数据的行为。非法获取数据的行为表现在非法收集用户数据、窃取他人的数据等。非法利用数据的行为表现为非法出售数据、非法整合数据、非法传

---

〔1〕 陈洪兵："作为犯与不作为犯的区分——以交通肇事逃逸为例"，载《法治研究》2017年第1期。

播数据、非法利用数据获取利益以及利用非法的数据等。对于互联网平台而言，一些平台完全提供线上服务，一些平台线上线下兼而有之。对于互联网平台的刑法规制而言，其独特性体现在对线上行为的规制。互联网平台的线下行为与传统行为并无多大区别，不是本书讨论的问题。互联网平台的线上作为行为必须是对数据信息的非法收集、利用与传播。互联网平台作为行为的规制应以数据保护为核心构建。对于互联网平台的不作为行为而言，由于不作为行为本身不涉及对互联网平台自身对自己控制的数据的利用，其主要涉及第三方利用互联网平台提供非法的数据信息的行为。互联网平台的不作为犯罪涉及的是，互联网平台具有刑法上的作为义务保证其平台数据的安全性、真实性与合法性，但其没有采取措施来保障其平台数据的安全性、真实性与合法性。因而，刑法对于互联网平台提供商不作为行为的规制应以保障其平台数据的安全性、真实性与合法性为目标。

第二节　互联网平台作为行为的刑事责任

一、非法获取用户数据的行为

（一）现行法律的规定

现今互联网平台获取数据的行为主要包括通过用户协议获取的数据以及通过大数据分析后获取的相关用户数据。《刑法》第253条之一规定，窃取或者以其他方法非法获取公民个人信息的，按侵犯公民个人信息罪论处。《最高人民法院、最高人民检察院关于办理侵犯公民个人信息刑事案件适用法律若干问题的解释》明确指出，非法获取、出售或者提供公民个人信息，具有下列情形之一的，应当认定为《刑法》第253条之一规定的"情节严重"：

（1）出售或者提供行踪轨迹信息，被他人用于犯罪的；

（2）知道或者应当知道他人利用公民个人信息实施犯罪，向其出售或者提供的；

（3）非法获取、出售或者提供行踪轨迹信息、通信内容、征信信息、财产信息50条以上的；

（4）非法获取、出售或者提供住宿信息、通信记录、健康生理信息、交易信息等其他可能影响人身、财产安全的公民个人信息500条以上的；

（5）非法获取、出售或者提供第三项、第四项规定以外的公民个人信息五千条以上的；

（6）数量未达到第三项至第五项规定标准，但是按相应比例合计达到有关数量标准的；

（7）违法所得 5000 元以上的；

（8）将在履行职责或者提供服务过程中获得的公民个人信息出售或者提供给他人，数量或者数额达到第三项至第七项规定标准一半以上的；

（9）曾因侵犯公民个人信息受过刑事处罚或者二年内受过行政处罚，又非法获取、出售或者提供公民个人信息的；

（10）其他情节严重的情形。

该司法解释同时指出，违反国家有关规定，通过购买、收受、交换等方式获取公民个人信息，或者在履行职责、提供服务过程中收集公民个人信息的，属于《刑法》第 253 条之一第 3 款规定的"以其他方法非法获取公民个人信息"。

（二）现行规定存在的问题与解决

现行刑法与司法解释对于非法获取用户信息行为的规制主要针对的是公民个人信息。公民个人信息是指以电子或者其他方式记录的能够单独或者与其他信息结合识别特定自然人身份或者反映特定自然人活动情况的各种信息，包括姓名、身份证件号码、通信通讯联系方式、住址、账号密码、财产状况、行踪轨迹等。对于非公民数据信息，现行刑法并不提供保护。事实上，在互联网平台经济中，非公民数据信息也具有重要的价值，非法获取与利用这些数据同样会给相关的非公民实体带来巨大损害。笔者建议采取欧盟《通用数据保护条例》的做法，将这里的公民改为"数据主体"，公民个人信息改为"数据"。这样用户在网络上的元数据就可以获得有效保护，从而防止互联网平台通过滥用这些元数据损害数据主体的利益。

现行规定存在的另一个问题是没有对互联网平台利用大数据整合数据的行为进行规制。现阶段大数据信息整合是互联网平台获取用户数据信息的另一主要方式。非法数据整合行为可能给用户带来巨大的伤害。比如非法整合数据后获得的用户信息被作为其资信的依据，由于数据加工、整合过程中存在的非完整性、算法缺陷等，导致结论错误，而该错误结论导致用户不能获得相关的贷款等。对于互联网平台通过数据整合后获得新数据的行为，如果其给用户带来了重大损失的也应纳入此罪的范畴。将该行为入罪化的主要考量是互联网平台提供商的数据加工与整合行为是其商业模式的核心，如果不对此行为进行有效控制，确保这些数据处理行为的公正性，互联网平台提供商将肆意妄为，随意地加工与处理相关数据，对数据主体带来巨大的伤害。

二、非法传播用户数据的行为

现阶段刑法对于非法传播行为的规制主要表现为非法出售或提供行为。《最高人民法院、最高人民检察院关于办理侵犯公民个人信息刑事案件适用法律若干问题的解释》指出，向特定人提供公民个人信息，以及通过信息网络或者其他途径发布公民个人信息的，应当认定为《刑法》第253条之一规定的"提供公民个人信息"。未经被收集者同意，将合法收集的公民个人信息向他人提供的，属于《刑法》第253条之一规定的"提供公民个人信息"，但是经过处理无法识别特定个人且不能复原的除外。

按照上述司法解释，非法传播用户数据的行为既包括将非法收集的数据信息向他人提供的行为也包括合法收集的信息未经同意向他人提供的行为。与上述问题一样，本罪涉及的数据主体的范围只包括公民个人信息，非法传播非公民个人信息的行为不构成此罪。

非法传播用户数据的行为，不但可能损害用户隐私，同时也可能损害公众安全。这种对公众安全的损害是刑法规制的重点。

三、非法利用用户数据的行为

互联网平台提供商通过收集与加工用户数据获取收益，收集与加工数据是互联网平台的主要经营模式。因而，法律不应禁止互联网平台利用合法收集的数据进行处理加工从而获取利益的行为。

现行刑法并没有对互联网平台非法加工与处理数据的行为进行规制。笔者认为，互联网平台非法加工处理数据的行为可能给数据主体带来伤害，特别是其通过算法进行数据加工、处理可能涉及用户隐私保护以及其他权利的损害。当然，是否要将互联网平台的非法数据加工行为入罪化还需仔细衡量。

四、对用户犯罪行为提供教唆、帮助行为

互联网平台利用其平台地位进行教唆、帮助行为的，其无疑与其他一般主体一样可能构成教唆犯、帮助犯。现行刑法规则规定，明知他人利用信息网络实施诽谤、寻衅滋事、敲诈勒索、非法经营等犯罪，为其提供资金、场所、技术支持等帮助的，以共同犯罪论处。《刑法修正案（九）》第 29 条第 4 款、第 5 款和第 6 款规定："明知他人利用信息网络实施犯罪，为其犯罪提供互联网接入、服务器托管、网络存储、通讯传输等技术支持，或者提供广告推广、支付结算等帮助，情节严重的，处三年以下有期徒刑或者拘役，并处或者单处罚金。单位犯前款罪的，对单位判处罚金，并对其直接负责的主管人员和其他直接责任人员，依照第一款的规定处罚。有前两款行为，同时构成其他犯罪的，依照处罚较重的规定定罪处罚。"《最高人民法院、最高人民检察院关于办理利用互联网、移动通讯终端、声讯台制作、复制、出版、贩卖、传播淫秽电子信息刑事案件具体应用法律若干问题的解释（二）》规定，以牟利为目的，网站建立者、直接负责的管理者明知他人制作、复制、出版、贩卖、传播的是淫秽电子信息，允许或者放任他人在自己所有、管理的网站或者网页上发布的，依照《刑法》第 363 条第 1 款的规定，以传播淫秽物品牟利罪定罪处罚。

上述规定适用的情况应是互联网平台提供商明知他人在从事相关的犯罪而通过明确的行动予以帮助。司法实践中，存在着将这种情况认定为是将"技术中立"入罪化的趋势。笔者认为，这是对互联网平台的教唆、帮助犯行为的错误理解。教唆、帮助行为必须是积极的作为，对互联网平台用户提供一视同仁的普遍的技术支持与服务行为不构成这里的教唆、帮助行为。这里的教唆、帮助行为必须是互联网平台在明知第三人的行为构成犯罪时，仍然为其提供某种技术支持与服务的行为。互联网平台提供商的技术支持与服务是专门针对第三人犯罪行为的特定的支付与服务工作。

这里值得讨论的问题是互联网平台提供商的普遍的技术中立行为为什么在互联网平台提供商知晓第三人的犯罪行为后就构成了某种犯罪行为。这里的转换逻辑是什么呢？显然，刑法在此的负面评价行为是互联网平台本应履行删除相关不良信息的法定义务但其拒绝履行相关的义务。也就是说，互联

网平台提供商的非法行为不是其提供技术支持与服务的行为而是其拒绝履行相关法定义务的行为。因而，以教唆、帮助来规制互联网平台提供商知晓第三人利用其平台进行犯罪行为后拒绝履行相关的法定义务的行为具有逻辑上的严谨性。由于现行刑法并不规定拒不履行法定义务罪，司法实践中就以所谓的教唆、帮助来规制互联网平台的技术中立行为。此外，教唆、帮助犯行为作为共同犯罪，二者之间需存在着某种共同犯罪的意图。互联网平台的提供普遍的技术中立与服务意图如何也不可能因为互联网平台提供商知晓第三人的犯罪行为就转换为与第三人公共犯罪的意图。因而从逻辑的严谨性角度看，互联网平台的教唆、帮助行为只能是专门针对第三人犯罪行为的特殊的技术服务与支持行为。也就是说，如果是合法成立的平台，其提供的一般的技术支持与服务行为也是合法的，那么只有在其知晓了某一特定第三人实施的犯罪行为后，特为其提供某种特殊的技术支持与服务行为才是教唆、帮助行为。此时，双方存在着共同犯罪的合谋，一方对另一方的行为提供了特殊的支持与帮助，此时构成教唆、帮助行为无疑是合适的。如果平台本身就是非法的平台，如为赌博与诈骗网站提供技术支持与服务的平台等，这些平台可能构成非法利用信息网络罪。

第三节　互联网平台不作为行为的刑事责任

一、平台提供商刑事不作为行为的刑事规制规则

从现今互联网平台的发展实践来看，互联网平台主要包括提供存储、搜索与链接服务的平台等。与传统的互联网服务提供商相比，互联网平台更具有开放性，其更具有中介服务提供商的属性。但是无论从哪种角度看，互联网平台都提供了某种互联网服务，其行为符合互联网服务提供商的特征，是互联网服务提供商的一种类型。现行刑法也主要从互联网服务提供商的角度来规制平台的责任。从现行刑法的规定与实践来看，互联网平台提供商的不作为行为承担刑事责任的情形主要涉及违反相关安全管理义务、对网络犯罪活动提供消极帮助以及在其他类型犯罪中的不作为情形。互联网平台提供商不作为行为可能违反的罪名包括：

（1）拒不履行信息网络安全管理义务罪。《刑法修正案（九）》第28条

第 1 款规定："网络服务提供者不履行法律、行政法规规定的信息网络安全管理义务，经监管部门责令采取改正措施而拒不改正，有下列情形之一的，处三年以下有期徒刑、拘役或者管制，并处或者单处罚金：（一）致使违法信息大量传播的；（二）致使用户信息泄露，造成严重后果的；（三）致使刑事案件证据灭失，情节严重的；（四）有其他严重情节的。"第 28 条第 1 款是一种真正的不作为犯罪，其要求互联网平台提供商对不履行法律、行政法规规定的信息网络安全管理义务且经监管部门责令采取改正措施而拒不改正的行为承担刑事责任。

（2）帮助信息网络犯罪活动罪。《刑法修正案（九）》第 29 条第 4 款、第 5 款、第 6 款规定："明知他人利用信息网络实施犯罪，为其犯罪提供互联网接入、服务器托管、网络存储、通讯传输等技术支持，或者提供广告推广、支付结算等帮助，情节严重的，处三年以下有期徒刑或者拘役，并处或者单处罚金。单位犯前款罪的，对单位判处罚金，并对其直接负责的主管人员和其他直接责任人员，依照第一款的规定处罚。有前两款行为，同时构成其他犯罪的，依照处罚较重的规定定罪处罚。"

帮助行为分为积极的帮助行为与消极的帮助行为。此条是对提供网络技术支持的中立行为定罪，[1]意味着可以由不作为行为如消极帮助行为构成。

（3）传播淫秽物品牟利罪等罪。《最高人民法院、最高人民检察院关于办理利用互联网、移动通讯终端、声讯台制作、复制、出版、贩卖、传播淫秽电子信息刑事案件具体应用法律若干问题的解释（二）》规定，以牟利为目的，网站建立者、直接负责的管理者明知他人制作、复制、出版、贩卖、传播的是淫秽电子信息，允许或者放任他人在自己所有、管理的网站或者网页上发布的，依照《刑法》第 363 条第 1 款的规定，以传播淫秽物品牟利罪定罪处罚。虽然在此司法解释中没有对行为方式进行具体规定，但从刑法理论上分析，这是一种不作为的行为方式。[2]据此，互联网平台提供商在某些不作为情况下可能构成传播淫秽物品牟利罪。除了淫秽物品牟利罪外，按照《刑法修正案（九）》第 29 条第 4 款、第 5 款、第 6 款的规定，如果帮助行

---

〔1〕 郭泽强、张曼："网络服务提供者刑事责任初论——以中立帮助行为的处罚为中心"，载《预防青少年犯罪研究》2016 年 第 2 期 。
〔2〕 陈兴良："在技术与法律之间：评快播案一审判决"，载《人民法院报》2016 年 9 月 14 日。

为构成其他犯罪的，依照处罚较重的规定定罪处罚。因而，互联网平台提供商不作为行为还可能构成诈骗罪、假冒注册商标罪、侵犯著作权罪等。

二、平台提供商刑事不作为行为规制存在的问题

上述三个涉及不作为行为的罪名中，拒不履行信息网络安全管理义务罪无疑是一种典型的不作为犯罪。刑法要求互联网平台提供商承担对违法行为的控制义务，如果其拒绝承担作为刑事作为义务的"信息网络安全管理义务"，其需要承担刑事责任。然而，对于"帮助信息网络犯罪活动罪"而言，刑法所列举的帮助行为如技术支持、广告推广与支付结算是一种典型的中立行为。这种中立行为本身并不具有违法性。互联网平台提供商对所有服务对象一般都提供无歧视性的技术支持、广告推广与支付结算。依据上述帮助信息网络犯罪活动罪的规定，如果互联网平台服务提供商知道他人利用信息网络实施犯罪后，其合法的中立行为就可能演变为犯罪行为在逻辑上无论如何也是不能自恰的。同样地，一个行为在当事人主观认知发生改变后就从合法行为演变为犯罪行为无疑具有主观归罪的危险。因而，"帮助信息网络犯罪活动罪"的帮助行为不能是互联网平台提供商一直从事的技术支持、广告推广与支付结算行为，其只能是互联网平台提供商在知晓其平台存在的犯罪行为后，为此犯罪行为提供的特定技术支持、广告推广与支付结算行为。在此情况下，互联网平台提供商与他人之间存在共谋，应该构成共同犯罪或帮助犯罪。互联网平台提供商的行为构成此罪不是因为其技术中立行为而是因为其在知晓第三方利用其平台从事相关的犯罪活动后有义务停止相关服务行为但却继续提供相关服务。因而本罪不能由不作为构成，不能理解为对技术中立行为的入罪化。但现行刑法相关条款的规定无疑是一种技术中立入罪化的立法。《刑法修正案（九）》第29条第4款明确指出，互联网平台提供商知晓了其平台存在的犯罪活动后继续提供技术支持、广告推广以及支付结算等行为可能构成犯罪。在这种立法模式下，如果互联网平台提供商采取了一种易于诱发犯罪的商业模式，其就可能构成"帮助信息网络犯罪活动罪"。此外，为互联网犯罪提供技术支持的行为以及推广、结算的行为无疑也是一种没有履行管理网络安全的行为。互联网平台如果严格履行网络安全管理义务，平台犯罪活动将大大减少或完全不存在。违反信息网络安全管理义务与帮助网

络犯罪之间其实是因与果的关系。正是因为网络平台没有履行信息网络安全管理义务因而才构成帮助网络犯罪。而将一行为的因与果分别进行惩处，违反了刑法"一事一罚"的基本法理。因而，将提供技术支持等中立行为入罪化存在着逻辑上的非严谨性。事实上，对互联网平台提供商此种行为的规制完全可以通过"拒不履行信息网络安全管理义务罪"进行规制。

另外，上述司法解释明确体现了"共犯正犯化"理论的实际适用，即"将表象上属于犯罪行为的帮助犯、实质上已具有独立性的'技术上的帮助犯'等帮助行为，扩张解释为相关犯罪的实行犯，即不再依靠共同犯罪理论对其实现评价和制裁，而是将其直接视为'正犯'，直接通过刑法分则中的基本犯罪构成对其进行评价和制裁。"实际上是直接从服务商的角度而不是以实施了实行行为的正犯角度确立了新的行为规范。[1]总体来说这种做法加大了服务商的刑事责任，肯定了为他人内容负有管理责任的刑事责任依据；逐步采取实质评价为正犯的扩张解释思路。另外，该司法解释同时赋予网络技术帮助行为两种性质，一是共同犯罪中的帮助行为，另一个则是单独犯罪中的实行行为，而此种"一个行为双重性质"的解释方法，必然会导致在定罪上的"一个行为两次判断"，进而必然会在个案中产生"依照共犯构成犯罪而依照正犯化司法解释不构成犯罪"的罪与非罪认定上的冲突和矛盾。[2]也就是说，互联网平台的消极技术帮助行为既可能构成所谓的帮助信息网络犯罪活动罪同时还可能构成传播淫秽物品牟利罪等罪。

在知识产权民事侵权领域，一般将无意思联络的侵权行为界定为间接侵权行为。知识产权领域间接侵权理论的基本法理是由于知识产权人难以发现侵权人或要求侵权人承担侵权责任不具有现实可能性。因而各国法律都要求在此种情况下互联网平台提供商对其平台的侵权行为承担一定的责任从而有利于阻止其平台的侵权行为。从这种意义上讲，刑法在能够对直接犯罪行为进行有效规制的情况下，将互联网平台提供商的中立行为入罪化缺乏正当性。在对互联网平台服务商的本身中立技术支持行为入罪化的同时，还通过帮助犯正犯化处理的方式扩张其刑事责任就更不具有正当性可言。刑法应该惩处的是直接犯罪者而不是提供技术支持的互联网平台提供商。由于在刑法领域

---

〔1〕 于志刚："网络犯罪与中国刑法应对"，载《中国社会科学》2010年第3期。
〔2〕 于志刚："网络犯罪与中国刑法应对"，载《中国社会科学》2010年第3期。

并没有所谓间接犯罪的概念，司法实践中将互联网平台提供商的行为纳入共同犯罪进行规制。在这一所谓的共同犯罪案件中，双方之间并无所谓的意思联络存在。因而，即使采取所谓的客观意思联络判断标准，那么这里的共同犯罪的主犯是谁呢？只有直接实施犯罪人的行为达到非常严重的程度时，网络平台提供者才需要承担所谓的共同犯罪责任。然而，在此情况下，互联网平台提供商的不作为导致某种法益处于危险状态，其并没有积极实施帮助的行为，这时以所谓的"传播淫秽物品牟利罪"来界定互联网平台提供商违反网络管理相关义务的行为在逻辑上无论如何都是解释不通的。因而，互联网平台提供商的消极不作为行为在任何情况下都不可能构成所谓的"传播淫秽物品牟利罪""侵犯著作权罪"等需要行为人积极行为才可能构成的犯罪。互联网平台提供商只有积极作为与第三方共同行为才可能构成上述犯罪。因而，上述所谓的对犯罪行为的放任行为并不能构成所谓的传播淫秽物品牟利罪、侵犯著作权罪等罪名。可见，上述司法解释值得商榷。

三、网络平台不作为行为入罪化的必要性

对于网络犯罪行为的规制而言，互联网平台提供商无疑处于最有效的控制地位。在网络犯罪生态系统的众多参与者中，互联网平台提供商是技术与服务的提供者。其对网络犯罪行为无疑具有最有效、最可行的控制手段。网络服务从来都是受控制的服务，以所谓"技术中立"来免除自己的犯罪控制责任并不符合现实。自2011年以来，"技术中立"就被认为是互联网政策的核心原则。[1]"技术中立"的核心思想是技术本身没有对错，法律规则不应对某些技术持有偏见。[2]然而，我们必须认识到中立性常常不是真实的，而是一种假象。[3]事实上，算法都是人编写的，人们可以把所有的偏见与观点植入其中。[4]著名科技史学家马尔文·克兰兹伯格提出的"克兰兹伯格第一定律"

---

〔1〕　OECD（2011），*OECD Council Recommendation on Principles for Internet Policy Making*，13 December.

〔2〕　Maxwell et al.，"Technology Neutrality in Internet, Telecoms and Data Protection Regulation"，*Computer and Telecommunications Law Review*，November 23，2014.

〔3〕　［美］卢克·多梅尔：《算法时代：新经济的新引擎》，胡小锐、钟毅译，中信出版集团2016年版，第216页。

〔4〕　［美］卢克·多梅尔：《算法时代：新经济的新引擎》，胡小锐、钟毅译，中信出版集团2016年版，第138页。

指出，"技术既无好坏，亦非中立"。算法在编写过程中存在偏见与观点，但在运行过程中确实是客观且不受人的偏见影响的。另外，从某种意义上讲，互联网平台提供商是网络犯罪生态的主要受益者，其从放任犯罪行为中收获了巨大的利益。因而，让其承担一定的控制犯罪的责任也符合网络商业生态系统的实际情况。另外，现今网络犯罪形势非常严峻，大规模泛滥的网络犯罪行为损害了权利人的权益同时也对一国的创新带来了损害。然而，要求国家相关机构在每一个案件中去搜寻直接犯罪者并进而要求其承担犯罪责任不具有实践的可操作性。因而，从交易成本以及司法效率的角度来看，追究互联网平台提供商的某种责任无疑是最有效的选择。然而，让互联网平台提供商承担过于严苛的责任将不利于一国的创新，会损害互联网平台的开放性、中介性。

四、互联网平台不作为刑事责任认定路径

法国《刑法》总则中没有规定不作为的可罚性，因而，对不作为的处罚只以分则明文规定为限，"只有在法律明文规定的情形下，'不作为'才具有'实行'的价值，从而使当事人受到对'实行的犯罪行为'所规定的刑罚"。[1]我国刑法采用的是法国、比利时的立法模式，总则不设拟制性规定。处罚不作为，只以分则特别规定为限。以分则为基础来惩罚互联网平台提供商的不作为行为，必须坚持不作为责任的轻罪化。

刑法的本质特征不是保护法益，而是惩罚、禁止以某些特定方式侵害法益的行为。刑法的主要目标，是禁止暴力以及可能引发暴力的行为。随着社会的发展，刑法增设了很多行政犯、过失犯等轻罪，对于这些轻罪，刑法主要考虑的是法益保护，相对弱化了对行为性质的判断。简言之，传统重罪，是以行为危险性为蓝本存在的，是行为主义刑法；而现代轻罪，是以法益保护为出发点设立的，是结果导向的刑法。[2]如果将互联网平台提供商的不作为犯罪界定为重罪，那么意味着国家对这一行为本身存在负面评价。事实上，互联网平台提供商不作为行为的刑事危害性在于致使某种"法益"受到损害，

---

〔1〕〔法〕卡斯东·斯特法尼等：《法国刑法总论精义》，罗结珍译，中国政法大学出版社 1998 年版，第 217 页。

〔2〕 高艳东："不纯正不作为犯的中国命运：从快播案说起"，载《中外法学》2017 年第 1 期。

而不是因不作为行为本身的危害性。网络平台的不作为行为本身并不总具有危害性。在某些情况下，虽然互联网平台提供商的不作为行为致使其没有阻止平台中的犯罪行为，但这样的不作为可能在某种意义上保护用户隐私或是有利于商业模式的改变与成功。因而，从任何意义上讲，互联网平台提供商的不作为犯罪只能是轻罪而不是重罪，不能以"传播淫秽物品牟利罪"等重罪来规制互联网平台提供商的不作为行为。

以此为出发点，司法实践在界定不作为的刑事责任时，必须：

（一）谨慎界定刑事"作为义务"

互联网平台提供商具有作为义务是其不作为行为入罪化的前提。鉴于互联网平台提供商主要为平台提供技术支持与服务，对于平台的作为义务的界定必须谨慎。

首先，平台具有网络安全管理的作为义务。《刑法修正案（九）》规定，如果互联网平台提供商拒不履行法律、行政法规规定的网络安全管理义务可能需要承担刑事责任。值得注意的是，一般意义上进行信息网络安全管理的适格主体应当是国家网络安全管理部门，而非网络服务提供者，包括网络中介服务者。"信息网络安全管理义务"的内涵应当是明确的，"法律和行政法规"的笼统规定显然不能提供这样的基础。通过进一步分析该罪条文可以发现，"致使违法信息大量传播""致使用户信息泄露，造成严重后果"以及"致使刑事案件证据灭失，情节严重"将"信息网络安全管理义务"限缩在了网络信息传播治理的范畴。[1]

其次，平台不具有主动监控其平台犯罪的义务。除了法律明确要求互联网平台提供商承担的监控义务外，刑法不能要求其承担一般的监控其网络犯罪活动的义务。网络平台不具有主动监控其平台犯罪行为的义务的核心是不能以商业模式来界定平台的刑事责任，不能以互联网平台提供商采取了一种易于诱发犯罪的商业模式而要求其承担刑事责任。事实上，将互联网平台提供商提供一般技术支持、广告推广与支付结算的行为入罪化的本质是以商业模式来界定其刑事责任。在现今互联网平台商业模式中，几乎所有平台都向用户提供某种技术支持、支付结算与广告推广。虽然刑法要求互联网平台提

---

〔1〕 敬力嘉："论拒不履行网络安全管理义务罪——以网络中介服务者的刑事责任为中心展开"，载《政治与法律》2017 年第 1 期。

供商明知他人存在犯罪活动仍提供技术支持、广告推广、支付结算等行为才需承担刑事责任。然而，事实是互联网平台提供商的商业模式就要求其向用户提供普遍的技术支持、广告推广与支付结算。商业模式入罪化的核心要素是法院以互联网平台提供商是否获利来认定其是否承担法律责任。事实上，几乎所有的互联网平台提供商都以获利为其商业目的。有些看似免费的应用其实是用户付出了大量的信息与时间成本换取的。[1]在互联网商业实践中，一般存在着补贴方与付费方。补贴方一般可以免费利用互联网服务，而付费方是互联网平台提供商的利润来源。以是否获利来界定服务提供商的法律责任意味着服务提供商都需要承担某种责任。以商业模式入罪的另一个后果就是要求互联网平台提供商主动进行网络犯罪监控。事实上，在民事司法领域，最高人民法院认为网络服务提供者未对网络用户侵害信息网络传播权的行为主动进行审查的，不据此认定其具有过错。[2]

现今刑法并没有为互联网平台提供商建立一般的普遍的刑事作为义务。在民事侵权领域，行为人的不作为义务主要来自于三个方面：一是来自法律的直接规定；二是职务上或业务上的要求；三是来自行为人先前的行为。[3]不作为责任是用注意义务理论解决的。一个人在他应该合理预见发生的可能性但并没有尽到合理注意的时候，他就负有相应的注意义务。[4]这样的作为义务规则不能直接移植到刑法领域。刑事作为义务具有严格的法定性，没有刑法的明文规定，不能要求互联网平台提供商承担刑事作为义务，否则就违背了罪刑法定原则。在刑事司法领域，法院不能以互联网平台提供商没有履行一般的注意义务为由，要求其承担刑事作为义务。从现今刑法规定来看，互联网平台提供商承担的刑事作为义务只有信息网络安全管理的刑事作为义务。未来是否要扩张其刑事作为义务需要仔细考量。随着平台经济的深入发展，利用平台从事网络犯罪活动呈现出不断增长的趋势。平台经济的核心是数据与信息的流动，谁控制了平台上实时流动的数据，谁就占据了新经济的

---

〔1〕 "The 'Free' Economy Comes at a Cost", https://www.economist.com/news/finance-and-economics/21727073-economists-struggle-work-out-how-much-free-economy-comes-cost accessed Sep 25, 2017.

〔2〕《最高人民法院关于审理侵害信息网络传播权民事纠纷案件适用法律若干问题的规定》第8条。

〔3〕 杨立新：《侵权损害赔偿》（第4版），法律出版社2008年版，第102页。

〔4〕 ［澳］彼得·凯恩：《阿蒂亚论事故、赔偿及法律》（第6版），王仰光等译，中国人民大学出版社2008年版，第69页。

制高点。有效控制平台犯罪活动的手段就是控制平台的信息与数据流动。从有效规制平台犯罪的角度看，除了现行刑事作为义务外，未来随着技术的发展与进步可要求互联网平台提供商承担以保障平台信息与数据合法流动的一般刑事作为义务。这种义务不是源自于其商业模式的要求而是基于某种保护公共利益与秩序的需要。

（二）谨慎考量"作为可能"

互联网平台提供商有"作为可能"是互联网平台提供商承担不作为刑事责任必要考虑的要件。不能因为互联网平台提供商没有履行相关的刑事作为义务就认定其行为构成犯罪。此时，法院还必须考虑其是否具有作为的可能。如果互联网平台提供商没有作为的可能或即使有作为的可能其需要付出的成本过高时不能要求互联网平台提供商承担不作为刑事责任。

首先，互联网平台提供商的"作为可能"在技术上应是可行的。对互联网平台提供商课以严格责任，是把权利人的维权责任完全转嫁到互联网企业身上。要求互联网平台提供商审查其计算机网络中"数以万亿比特计的数据"将迅速中断其商业运营。[1]从技术现实角度看，这样的要求无疑会迫使绝大部分开放型平台类互联网平台提供商转变经营模式，回归封闭的网络环境。假设我们要求淘宝平台对其服务平台上的每一宗犯罪行为都承担责任，淘宝的现实选择就只能是花费大量的人力与财力来监控每一笔交易甚至关闭平台上的交易。这虽然可能在某种程度上保护一些人的权益，但却损害了平台利用者的利益，损害了互联网的开放性与中介性。

其次，互联网平台提供商"作为可能"还需考虑对创新的影响。互联网平台提供商是现今互联网经济发展的关键支撑。[2]无限扩张互联网平台提供商的责任范围将损害互联网经济的健康发展。僵化的互联网平台提供商不作为法律责任规则会引发"寒蝉效应"，将对企业的商业发展与模式创新带来巨大的负面影响。[3]另外，对服务提供商施加过于严格的责任将使消费者难以

---

〔1〕　NII Copyright Protection Act of 1995（Part 2）：Hearing on H. R. 2441 Before the Subcomm. on Courts & Intellectual Prop. of the H. Comm. on the Judiciary，104th Cong. 235（1996）（statement of Stephen M. Heaton，General Counsel and Secretary，CompuServe, Inc.）.

〔2〕　David S, Evans, Richard Schmalensee, *Matchmakers：The New Economics of Multisided Platforms*，Harvard Business Review Press, 2016, p. 40.

〔3〕　Anupam Chander, "How Law Made Silicon Valley", 63 Emory L. J., 639（2014）.

或几乎不可能获得免费或低价格服务，这将损害信息的自由流动，损害公众获得信息的能力，从而损害创新的发展以及消费者利益。[1]

再次，"作为可能"考量需防止将互联网企业视为国家审查行为的代理人。美国国会和法院免除了互联网企业因其他人行为而承担法律责任的可能。国会推翻了所有可能裁定互联网平台提供商对用户原创内容负责的法院判决。法院推翻了国会要求互联网企业大范围审查言论的尝试。二者共同作用的结果是构建了一个有助于通过网络中间平台促进言论自由的法律框架。[2]对互联网平台提供商施以过于严苛的刑事责任会引发"寒蝉效应"。互联网平台提供商为了使自己免于承担刑事责任，无疑会采取一切可能的手段来消除平台上有害信息的传播。但互联网平台提供商并不总具有鉴别有害信息的能力，在此情况下，其无疑会尽可能最大范围消除平台上的所有其认为可能有问题的信息。而在这些所谓的有问题的信息中，有许多是用户合法表达的受法律保护的信息。对这些合法信息流动的阻碍无疑损害了他人的表达自由。

最后，"作为可能"需平衡各方利益。侵权行为的民事责任规则在于平衡当事人之间的利益，这些规则会影响整个社会发展，甚至导致某一个行业或产业的兴衰存亡，因此我们应当清楚认识到这一点，并正确把握这个平衡。[3]互联网平台是一个多边市场，存在着多种类型的利益主体。一个有效率的平台必定是各方利益均衡的平台。平台刑事责任规则需要考量互联网平台生态系统各方利益主体的诉求，有效平衡各方利益。如果平台的"作为可能"考量只关注某一利益主体而忽视其他利益主体，其后果就是刑事责任规则强行打破商业实践已经建立起的利益均衡，损害互联网的商业模式与创新。

总之，互联网平台提供商的"作为可能"首先需要考虑技术现实，不能脱离现实技术环境来考虑"作为可能"。从目前的情况来看，法院可以要求互联网平台提供商采取一定的事前过滤的措施，比如视频分享网站对一些过长视频的事前过滤与审查。但不能要求互联网平台提供商承担普遍的监控与过滤义务。这在技术上没有可行性。因为过滤技术不可能分清合法与非法的边

---

[1] "Intermediary Liability: Protecting Internet Platforms for Expression and Innovation", https://www.cdt.org/files/pdfs/CDT-Intermediary%20Liability_ %282010%29.pdf, last visited on Oct 23, 2017.

[2] Anupam Chander, "How Law Made Silicon Valley", 63 Emory L. J., 639 (2014).

[3] 张新宝：《侵权责任法原理》，中国人民大学出版社 2005 年版，第 23 页。

界在哪里，犯罪行为认定从来都不是一个非黑即白的问题，即使是法学专业人士也对某些行为是否构成犯罪存疑，更何况这些提供互联网中介服务的平台提供商。其次，需要考虑商业现实。互联网平台提供商的"作为可能"需要考虑其对商业环境的影响。如果某一作为要求的后果是让某一商业模式终结，法院必须认真考虑该作为要求的可行性。"作为可能"要求必须以商业现实为依归，旨在促进多元商业模式的形成以及改善商业竞争环境。

(三) 严格限制对"明知"的认定

现行刑法对互联网平台提供商不作为犯罪规定的主观要件上都要求其对犯罪行为存在"明知"。在民事侵权领域，明知的认定除了权利人发出的侵权通知外，还包括"漠视侵权行为"与所谓的"红旗规则"。"漠视侵权行为"认定需要怀疑特定事实可能存在，但其决定不采取任何步骤去证明其存在。要构成"漠视侵权行为"，必须满足两个条件：一是被告必须主观上相信某一事实的存在有较高可能性；二是被告必须采取故意行为避免了解该事实。[1]加拿大最高法院认为，"漠视侵权行为"可以替代实际知道，如果行为人怀疑相关事实到一定程度，其认为需要进一步调查，然而却故意选择不进行相关调查，这就是所谓的"漠视侵权行为"，"漠视侵权行为"知道意味着行为人已实际知道相关事实。[2]所谓"红旗规则"是指，当有关他人实施侵权行为的事实和情况已经像一面色彩鲜艳的红旗在网络服务提供者面前公然飘扬，以至于处于相同情况下的理性人都能发现时，如果网络服务提供者采取鸵鸟政策，装作看不见侵权事实，则同样能够认定网络服务提供者至少应当知道侵权行为的存在。"红旗规则"也就是所谓的明显知道。[3]

笔者认为，不能将民法领域认定"明知"的规则纳入刑法的范畴。主要原因是民法领域的责任大多是金钱赔偿责任，适当加大平台的责任可能促使其更好地管理平台。然而，如果将民法领域相关的"明知"规则纳入刑法的范畴，将导致对网络平台的不作为入罪的客观化，可能的后果是只要是网络

---

〔1〕　Manifest Shipping Company Limited v. Uni—Polaris Shipping Company Limited and Others〔2001〕UKHL 1.

〔2〕　R. v. Briscoe, 2010 SCC 13,〔2010〕1 S. C. R. 411.

〔3〕　Melvile Nimmer, David Nimmer, *Nimmer on Copyright*, Mattew Bender&Company, Inc., 12B. 04〔A〕〔1〕(2003).

平台出现了明显的犯罪行为，互联网平台提供商都要承担刑事责任。这样的责任规则将禁锢互联网平台类公司的发展。因而，从刑法的角度看，互联网平台提供商的"明知"应是对具体犯罪行为的具体认知。也就是说，网络平台基于某种法律义务发现了某种犯罪行为或第三人向平台举报了犯罪行为时其行为才构成"明知"。网络平台对平台犯罪的概括认知不是这里的"明知"，也就是说，网络平台明明知道其平台上有些用户可能在从事犯罪行为并不能产生不作为的刑事责任。另外，网络平台还必须对第三人行为的刑事性有足够认知，如果网络平台虽然知晓了第三人的犯罪行为但其主观上不认为是犯罪的，此时其行为应该不是这里的"明知"。

现行刑法对于互联网平台提供商的不作为犯罪的规制存在着逻辑上的非严谨性。这表现在将不作为行为视为作为行为进行规制、忽视技术与商业现实扩张网络平台的不作为行为范畴、将网络平台的帮助行为与正犯行为同样对待。另外，不作为犯的各个罪行之间边界模糊。互联网平台提供商由于对平台的控制以及从平台中获得了巨大利益，要求其承担一定的阻止他人利用平台进行犯罪活动的义务具有一定的正当性。但这种义务的承担必须考虑技术发展现实，考虑对商业模式、创新以及言论自由等方面的负面效应。在界定互联网平台提供商的不作为犯罪时，首先需明确这种不作为犯罪是一种轻罪而不是重罪；其次作为义务的界定必须谨慎，除了法律的明确规定外，其他类型的作为义务只能是管理其网络信息的义务。这种管理网络信息的义务不是源自于其商业模式的要求而是基于某种保护公共利益与秩序的要求。另外，互联网平台提供商还必须具有作为的可能。仅具有作为的义务但并没有作为的可能不能要求其承担刑事责任。最后，互联网平台提供商承担不作为责任的主观要件是其对第三方犯罪行为的"明知"，此时的"明知"应作限制解释，将"推定知道"等情况排除在外。

以此为前提来审视我国刑法所规定的不作为犯罪，除了拒不履行信息网络安全管理义务构成不作为犯罪外，互联网平台提供商的不作为行为不可能构成帮助信息网络犯罪活动罪以及传播淫秽物品牟利罪等罪名。帮助信息网络犯罪活动罪是针对互联网平台提供商对某种具体犯罪行为实施了积极作为行为，其表现形式是在明知他人利用其平台实施犯罪行为后，仍积极为他人提供技术支持等专门服务，其行为应与第三方构成共同犯罪或帮助犯罪。互联网平台提供商一般的技术支持行为不构成帮助犯。互联网平台提供商对其平台犯罪的纯粹不作为行为不构成帮助犯，但其可能构成拒不履行信息网络安全管理义务罪。同理，互联网平台提供商的不作为行为也不构成传播淫秽物品牟利罪等罪名。互联网平台提供商只有在与第三人合谋故意通过平台传播淫秽物品牟利的情况下才构成传播淫秽物品牟利罪。而此种情况完全可以通过传统的刑法理论予以解决。对于互联网平台提供商的其他的严重不作为行为，基于罪刑法定原则，目前不能通过刑法的手段予以惩处。鉴于互联网平台不作为行为可能带来的严重危害，未来刑法修订可以考虑建立互联网平台提供商不作为犯罪的一般规则，其核心是要求平台承担数据与信息合法流动的刑事作为义务。

五、拒不履行信息网络安全管理义务罪

此罪主要涉及互联网平台拒绝履行信息安全管理的义务。这里的信息安全管理义务既包括合法信息也包括非法信息。此罪处理的问题主要是互联网平台拒绝履行其管理互联网安全的义务。互联网安全是互联网发展的基础，没有安全的互联网将导致互联网成为法外之地，损害公众的利益与国家的信息安全。然而，互联网的信息安全是需要投入与成本来保障的。互联网经济从某种意义上可以说是眼球经济，互联网平台基于追求"眼球利益"而对"眼球"之外的信息安全可能投入不足。这种对互联网安全投入与重视的欠缺导致了互联网平台用户信息被大量泄露，违法信息泛滥。而安全投入不足的互联网平台也容易成为黑客攻击的对象，这将导致用户信息的进一步泄露。此外，一些具有基础设施地位的平台的安全管理就更为重要，其掌握涉及国家经济、文化与政治安全的大量信息，如果被泄露，将给国家的经济安全带来致命的伤害。因而，将拒不履行信息网络安全管理义务入罪化具有合理性。值得注意的是，本罪关注的是互联网平台经监管部门责令采取改正措施而拒不改正的行为。即使互联网平台故意不履行其信息网络安全管理义务其也不构成此罪，只要在相关的监管部门责令改正后其拒绝改正的才构成此罪。这意味着，只有互联网平台有改正信息，不管改正效果如何，其都不构成此罪。笔者认为，保障互联网平台的信息安全是互联网平台必须承担的义务，如果其故意在平台设计与营运中漠视其管理互联网安全的义务，这样的行为可能给公民的信息安全与国家经济安全带来巨大的潜在的损害，这样的行为入罪

化具有现实的必要性。也就是说，我们需要建立专门针对互联网平台漠视其安全管理义务，可能或已经造成重大的信息安全事故的刑事责任规则。

六、不履行处理犯罪信息行为入罪化的现实要求

拒不履行信息网络安全管理义务罪处理的非法信息主要是大量传播的违法信息，针对某一特定犯罪而言，其只能处理导致刑事案件证据灭失，情节严重的行为。该罪不能处理互联网平台无视他人的犯罪行为，仍为其提供技术支持与服务的行为。拒不履行信息网络安全管理义务罪也不能处理特定犯罪信息在互联网平台的传播。司法实践与相关司法解释将无视他人的犯罪行为仍为其提供技术支持与服务的行为界定为帮助与支持的行为。事实上，互联网平台在此情况下并无特殊的帮助与支持行为，其只是依据其商业模式向用户提供普遍的技术支持与服务。正如我们前面所分析的那样，将这样的普遍技术支持与服务行为入罪化必须有法律逻辑上的自恰性。首先，互联网平台提供的普遍技术支持与服务行为不应因知晓第三方的犯罪行为后从合法的受到鼓励的行为转换为犯罪行为。这里的转换逻辑何在呢？其次，互联网平台提供商与第三方犯罪主体之间并不存在着所谓的教唆与帮助关系。事实上，互联网平台提供的是一般的技术支持与服务，其与第三方犯罪主体之间并无共谋与帮助意图。互联网平台提供一般技术支持与服务的行为在不知晓第三方的犯罪行为之前是合法的，在知晓第三方行为后其就构成了教唆、帮助无论如何在逻辑上都是不能成立的。再次，将这里的行为界定为教唆、帮助行为的后果是将互联网平台本身的轻罪行为重罪化，这损害了互联网平台的发展。将互联网平台的一般技术支持与服务行为界定为教唆与帮助行为的后果就是将互联网平台不履行处理犯罪信息的行为重罪化。显然，互联网平台不履行处理犯罪信息的行为与拒不履行管理信息安全的行为相比，其损害后果应是更小而不是更大。法律对拒不履行管理信息安全的行为采取轻罪化的处理，而对不处理犯罪信息的行为重罪化的合法性是存疑的。最后，此种情况下，互联网平台行为的非法性在于其不履行处理犯罪信息的行为而不是提供技术支持与服务的行为。互联网平台这种行为的不法性显然不能与第三方犯罪主体从事的传播淫秽物品牟利罪等重罪的不法性相提并论。将两种不法性差异巨大的行为纳入共同犯罪并以重罪行为进行处理缺乏正当性。

对于互联网平台不履行其处理犯罪信息的行为，现行法律以教唆、帮助行为进行处理显然是错误的。现行法律其实对该行为并不明确规制。在民事侵权领域，存在着将互联网平台拒不处理违法信息的行为纳入教唆、帮助行为的趋势。《最高人民法院关于审理侵害信息网络传播权民事纠纷案件适用法律若干问题的规定》第7条规定，网络服务提供者在提供网络服务时教唆或者帮助网络用户实施侵害信息网络传播权行为的，人民法院应当判令其承担侵权责任。网络服务提供者以言语、推介技术支持、奖励积分等方式诱导、鼓励网络用户实施侵害信息网络传播权行为的，人民法院应当认定其构成教唆侵权行为。网络服务提供者明知或者应知网络用户利用网络服务侵害信息网络传播权，未采取删除、屏蔽、断开链接等必要措施，或者提供技术支持等帮助行为的，人民法院应当认定其构成帮助侵权行为。《北京市高级人民法院关于涉及网络知识产权案件的审理指南》第21条指出，平台服务商在提供网络服务时，教唆或者帮助网络卖家实施侵害商标权行为的，应当与网络卖家承担连带责任。平台服务商故意以言语、推介技术支持、奖励积分、提供优惠服务等方式诱导、鼓励网络卖家实施侵害商标权行为的，可以认定其构成教唆网络卖家实施侵权行为。平台服务商知道网络卖家利用网络服务侵害他人商标权，未采取删除、屏蔽、断开链接等必要措施，或者仍提供技术、服务支持等帮助行为的，可以认定其构成帮助网络卖家实施侵权行为。在民事侵权领域，将平台不履行处理违法信息的行为纳入侵权的范畴虽然也具有一定逻辑上的非严谨性，但由于侵权行为的判断与认定不存在所谓的层级性问题，即使将互联网平台的不作为侵权行为作为化处理其法律后果并无多大差别。主要原因在于侵权法以填补当事人的损害为目标。不管以何种方式来定义互联网平台的责任，对于民事权益受到损害的第三方而言，其只要获得足够的赔偿就可以满足其要求。但是刑法作为一种最严厉的惩罚当事人的制裁措施，其适用必须审慎与严格。对于互联网平台不履行处理犯罪信息的行为，不能将之纳入共同犯罪的框架中，需要建立单独规则来处理互联网平台不履行处理犯罪信息的行为。基于互联网平台信息的公开性与传播的广泛性，刑法需要建立某种规则来处理互联网平台故意或怠于处理犯罪信息的行为，以此通过犯罪信息传播的深度与广度来认定互联网平台不处理犯罪信息的行为是否构成犯罪。

互联网平台规制的未来发展：平台法

第一节　现行规则以限制互联网平台责任为核心

　　传统互联网平台规制的制度建设主要围绕互联网服务提供商责任为基础构建。各国都围绕互联网服务提供商建立了大量的规则与制度。各国在规制互联网服务提供商责任时基本以限制互联网服务提供商的责任为基础。各国规制互联网服务提供商法律责任的样板立法即美国《数字千年版权法》的重要目标就是限制互联网服务提供商的法律责任。美国《数字千年版权法》的立法者认为，如果赋予互联网服务提供商过于严苛的责任，将会限制互联网的发展。然而，随着互联网技术与经济模式的不断发展与改进，互联网服务提供商的发展模式呈现出数据化、平台化等特征，这与传统的提供信息服务的互联网提供商有着巨大的差异。

　　我国涉及网络服务提供商的法律规则也以限制网络平台的责任为核心。《信息网络传播权保护条例》除了规定针对网络服务提供商的安全港制度外，还明确要求网络服务提供商以知道或应当知道侵权行为的发生为承担责任的前提。在著作权侵权领域，"应知"具有明确含义。其意指网络服务提供商对侵权行为有明显的认知。因而，从著作权法的基本逻辑看，其对网络平台的规制以限制其责任为核心，既不要求其承担主动的监控互联网的义务，更不要求其对平台出现的所有侵权行为承担法律责任。我国著作权法领域建立的相关规范不断向其他领域扩张，比如在商标侵权、一般民事侵权领域，许多法院都要求平台必须对侵权行为具有明确的认知。《侵权责任法》也秉承了《信息网络传播权保护条例》的立法模式，要求网络服务提供商对侵权行为知晓才需要承担责任。

因而，依据现行立法模式，互联网平台承担责任的前提是对他人的侵权行为具有明确的认知。这与一般侵权行为的责任规则具有明显的差异。传统的一般侵权责任规则以"过错"为责任承担的前提。"过错"一般认为包括故意与过失两种不同的形态。"知道"而不作为显然只是"过错"的一种形态。

第二节 互联网平台发展：从"技术换利益"模式到"数据换利益"模式转变

传统网络服务提供商以提供接入、信息存储、链接、搜索服务为核心。这些传统服务以"技术获取利益"为商业模式的核心。其核心商业逻辑是网络服务提供商为网络服务提供某种技术服务，而用户须为此支付某种对价来获取这种技术服务。因而，在传统网络服务提供领域，"技术中立"原则一直是网络服务提供商用以限制自己责任的核心原则。其基本要义就是网络服务提供商是技术提供者，而技术本身是中立的，没有好坏之分。然而，随着互联网技术的革新，大数据与人工智能的发展，互联网平台的发展模式发生了革命性变化。互联网平台从"技术换取利益"的平台发展成为"数据换取利益"的平台。

在传统的单边市场中，市场经营者只需了解客户的偏好并尝试满足这些需求即可。数据不是这种线性经济的关键驱动因素，所有收集的数据都用于营销特定类型的产品或服务。但在平台经济中，通过平台的数据流对于实现增长最大化至关重要，并且多年来一直被认为是经济增长和生产力的关键驱动因素。[1]

平台的运行取决于所谓的同边和异边效应。平台运营商通常试图为平台的每一侧实现尽可能多的不同用户组以实现这些类型的网络效果。没有规模经济和数据流的平台市场没有可持续发展的基础。只有规模才能产生所谓的"多边效应"和"间接网络效应"。因此，追求用户规模是所有平台发展的基

---

〔1〕 Robert Pepper, John Garrity, Connie LaSalle, "'Cross-Border Data Flows, Digital Innovation, and Economic Growth'", http://reports. weforum. org/global-information-technology-report-2016/1-2-cross-border-data-flows-digital-innovation-and-economic-growth/#view/fn-3> accessed 8 January, 2019.

础。只有规模才能带来能探索的大数据，只有规模才能将"多方效应"变为现实。追求规模意味着平台必须尽一切努力获取数据资源。没有数据的平台不是真正的平台。这些平台的扩张性质意味着在完全不同领域运营的公司正在竞争性地攫取数据的压力下不断融合。[1]今天的互联网平台为某些类型的用户提供免费服务，以收集它们想要的数据。例如，Google 的模式就是收集相关客户的数据以用于广告目的。Google 可以为客户提供更有可能购买广告客户产品的权利，并且重要的是，帮助以用户愿意支付的最高价格销售这些产品。[2]无论如何，Google（或任何搜索广告商）向广告商提供的核心价值来源是其庞大的用户个人数据库中包含的对用户的深入了解。当各国对行为数据收集施加限制时，如在欧洲部分地区，研究发现广告效果急剧下降，表明用户数据对在线广告至关重要。[3]

平台的本质就是一种匹配行为。[4]平台通过在生产者和消费者之间建立联系来促进价值流动，数据是成功匹配的核心，并将平台与其他商业模式区分开来。平台捕获有关参与者的丰富数据，并利用该数据促进生产者和消费者之间的联系。[5]因此，数据成为平台在双边市场上销售的商品。数据是双边数字经济的利润中心和新石油。[6]这些数据是核心资产，也是平台运营和新货币的基础。[7]自互联网成为主流以来，大数据便成为市场营销和销售的最大机会。大爆炸的数据释放了数 TB 的洪流，从客户行为到天气模式，再到

---

〔1〕 Nick Srnicek, "The Challenges of Platform Capitalism: Understanding the Logic of a New Business Model", https://www.ippr.org/juncture-item/the-challenges-of-platform-capitalism> accessed 8 September, 2018.

〔2〕 Nathan Newman (n 47).

〔3〕 Avi Goldfarb, Catherine E. Tucker, "Privacy Regulation and Online Advertising", *1 Management Science*, 57~71 (2011).

〔4〕 James Grimmelmann, "The Platform is the Message", *2 Georgetown Law Technology Review*, 217 (2018).

〔5〕 Mark Bonchek, Sangeet Paul Choudary, "Three Elements of a Successful Platform Strategy", https://hbr.org/2013/01/three-elements-of-a-successful-platform> accessed 5 August, 2018.

〔6〕 Joris Toonders, "Data is the New Oil of the Digital Economy", https://www.wired.com/insights/2014/07/data-new-oil-digital-economy/> accessed 9 May, 2018.

〔7〕 James Kanter, "Antitrust Nominee in Europe Promises Scrutiny of Big Tech Companies", *3 October New York Times*, 2014.

新兴市场的人口消费变化。[1]控制并能够快速分析大数据可以为平台提供关键的竞争优势。

平台成为主导，不是因为它们拥有的东西，而是因为它们通过链接用户创造的价值。[2]在平台中，我们可以看到几个不同的价值单元。这些价值单元中的一些来自相同的交互，另外一些来自交叉的交互。互联网平台以追求这些不同价值单元的增长为重心。不同的价值单元本质上是具有不同价值的不同类型数据。以社交网络平台为例，平台提供商将整合和处理最终用户提供的数据信息，并将其出售给相应的数据销售商。卖方将这些数据信息用于广告。此外，平台提供商还通过浏览收集的数据向现有用户推荐新用户。因此，用户的规模不断扩大，从而产生更多数据，使得平台获得更多的广告收入。基于平台丰富的数据信息，平台运营商可以轻松地将业务扩展到相关领域，这可以为它们创建相对独立的数字业务生态系统。社交媒体平台承诺将用户联系起来，将消息传递给选定的受众（有时是一个人，有时是朋友列表，有时是所有可能想要找到它的用户）。但作为其服务的一部分，这些平台不仅托管该内容，还组织它，使其可搜索，在某些情况下甚至通过算法选择它的一些子集作为首页产品、新闻、订阅频道或个性化推荐。在某种程度上，这些选择是平台销售的核心商品，其旨在吸引用户并将其保留在平台上，以换取广告和个人数据。[3]

互联网平台的本质是数据流和探索平台。平台的不同开发模型实际上是不同的数据利用模型。数据是平台以及平台市场商品增长的驱动力。

第三节 建立平台特别法处理互联网平台提供商的法律责任

基于大数据与人工智能技术，互联网平台呈现出与传统互联网平台提供

---

〔1〕 "Big Data, Analytics, and the Future of Marketing & Sales", https://www.mckinsey.com/~/media/McKinsey/Business%20Functions/Marketing%20and%20Sales/Our%20Insights/EBook%20Big20data%20analytics%20and%20the%20future%20of%20marketing%20sales/Big-Data-eBook.ashx> accessed 8 December, 2018.

〔2〕 Alex Moazed, Nicholas Johnson, *Modern Monopolies*: *What It Takes to Dominate the 21st Century E-conomy*, St. Martin's Press, 2016, p. 101.

〔3〕 Tarleton Gillespie, "Platforms are not Intermediaries", *2 Georgetown Law Technology Review*, 198 (2018).

商完全不同的发展模式。传统的互联网平台提供商强调技术与商业模式的价值，强调技术创新与商业模式创新。现今的平台经济下，数据成为核心关注与平台的主要资产。数据争夺成为平台发展的核心要素。与数据利用相关的问题是算法。通过算法，平台可以创造新的商业模式，获取平台发展所需的数据资源。因而，要规制互联网平台的责任，必须从数据与算法入手。数据与算法是规制互联网平台发展的核心，传统以商业模式为核心规范互联网发展显然不适应互联网平台发展的需要。

一、制定平台法的必要性

传统限制互联网平台提供商的法律体系显然不能适应现行互联网平台发展的需要。传统规制互联网平台的法律体系以限制互联网平台的责任为核心，要求互联网平台只对知晓的侵权行为承担责任。然而，随着互联网平台的发展，特别是算法与大数据的发展，仍旧以知晓作为侵权的前提显然不利于对权利人利益的保护。例如，有些平台在算法设计时故意设计容易引发侵权的模块。此外，现今随着大数据与人工智能的发展，知晓的内涵与外延似乎也发生了质的改变。因而，在司法实践中，有些法院抛弃了所谓的"知晓"规则，以一般注意义务的违反作为平台责任的条件。在许多司法裁判中，法院不再探讨平台是否知晓侵权行为的存在，其裁判的基本逻辑是平台是否需要承担注意义务，如果需要承担注意义务而平台未履行该注意义务的，平台就需要承担责任。

然而，这种以注意义务为核心构建的侵权责任框架没有考虑平台的特殊性。传统司法实践在探讨平台的注意义务时大多关注平台的事前审查义务、事中管理义务与事后配合义务。然而，以算法与数据为基础构建的平台随着人工智能技术的不断发展与演变，"注意义务"的维度呈现出与传统以商业模式为基础构成的"注意义务"完全不同的表现形式。随着人工智能技术的发展，平台自身的自我管理与控制能力不断强化，而平台经营者的管理与控制能力正不断弱化，如果仍旧以规制平台经营者为核心来构建平台的责任无疑与技术与商业现实不符。可见，必须建立独特的规制平台本身的规则才能促进平台经济的可持续发展。

二、平台法的基本原则

（一）以规制平台自身而不是平台经营者为核心

传统规制平台的法律责任框架以规制平台经营者为核心。起初，许多国家的法律都要求平台经营者对侵权行为有明确的认知。随着互联网技术的飞速发展，以知晓为基础的责任承担方式在实践中遇到诸多问题，一些法院在司法实践中开始摆脱知晓因素的约束，以注意义务的违反作为平台经营者承担责任的基础。然而，随着大数据与人工智能技术的发展，以平台经营者为核心构建的责任体系显然不能应对商业现实的挑战。在大数据与人工智能技术背景下，规制平台自身显然比规制平台经营者更为有效与有价值。

在大数据与人工智能背景下，平台具有强大的自我学习与延展能力，传统的平台不断发展出新的模式。在此种情况下，仍以平台经营者为核心规制平台经济无疑与商业现实严重不符。现今的平台以数据与算法为核心构建，平台经营者可能既不是算法的设计者，也不是数据的商用化者，其可能仅仅是算法与数据的使用者、收集者。而现今平台的许多责任是数据与算法所引发的责任，其与平台经营者没有多大关系，比如由于数据与算法偏差，导致平台在对某个人进行画像时存在偏差，平台经营者对此并无多大过错，此时要求平台经营者承担责任并无法律依据。传统的经营商责任规则只能解决平台经营者可以控制行为的责任，如对知晓的侵权行为没有采取措施阻止，其不能解决平台经营过程中因为信息偏见与误导给他人造成的损失。有研究表明，在社交媒体平台中持续向用户输入负面信息将影响用户心情，从而可能损害用户健康等。如果算法设计本身存在问题，而平台经营者又不是算法设计者，此时平台可能会以不知晓算法偏差、错误为由要求免于承担责任。然而，让消费者来承担相关后果无疑损害了消费者利益。

因而，现行以互联网平台经营者为核心的体系已不能适应以大数据与人工智能为基础构建的平台，必须构建以规制平台本身构架为基础的平台责任体系。而平台构建体系的核心就是数据与算法。

（二）以规制平台的数据与算法为核心

飙升的数据和信息流现在产生的经济价值高于全球商品贸易。[1]数字数据越来越多地融入营销战略中；它是大多数平台的核心资产。要求用户数据以换取免费服务是大多数平台获取原始数据的主要手段。除了这些原始数据外，平台通常还通过数据挖掘、处理、大数据分析等获取更适合其特殊需求的数据。平台不仅自己收集用户数据信息，还与第三方数据收集公司合作，在其他平台上或通过 APP 收集数据。据统计，Google 应用程序商店中88%的免费应用程序将与 Google 共享相关数据。Facebook 上大约43%的 APP 与 Facebook 交换数据。即使用户没有 Facebook 账户，Facebook 也可以从某些应用程序接收高度敏感的个人信息。[2]其他平台（如 Twitter、Amazon 和 Microsoft）也与该平台的外部用户共享和交换数据。[3]多年来，Facebook 为一些全球最大的科技公司（如 Microsoft、Amazon、Yahoo!）提供了比其披露更具侵入性的用户个人数据访问权限。[4]大多数第三方数据公司都能够跨平台和应用程序收集数据并集成数据。通过分析收集的数据，数字平台和第三方数据公司可以清楚地描述用户的个性特征。实际上，所有平台提供商都会跟踪其网站上的用户活动，并收集用户的个人、行为和其他数据，使得揭示用户的习惯、社交关系、品味、思想、观点、能量消耗、心跳，甚至睡眠模式和梦想的数据点与其他数据点的关联性更加巧妙、广泛且精确。然后，计算机对所有内容进行排序、分析和使用，以优化和定位高度个性化的广告，供用户在线查看。

---

〔1〕 James Manyika, Jacques Bughin, Jonathan Woetzel, "Digital Globalization: The New Era of Global Flows", https://www.mckinsey.com/business-functions/digital-mckinsey/our-insights/digital-globalization-the-new-era-of-global-flows> accessed 30 August, 2018.

〔2〕 Sam Schechner and Mark Secada, "You Give Apps Sensitive Personal Information. Then They Tell Facebook", in *The Wall Street Journal*, https://www.wsj.com/articles/you-give-apps-sensitive-personal-information-then-they-tell-facebook-11550851636 > accessed 23 February, 2019.

〔3〕 Reuben Binns et al., "Third Party Tracking in the Mobile Ecosystem", https://arxiv.org/pdf/1804.03603.pdf> accessed 2 January, 2019.

〔4〕 Gabriel J. X. Dance, Michael LaForgia, Nicholas Confessore, 'As Facebook Raised a Privacy Wall, It Carved an Opening for Tech Giants' (2018) <https://www.nytimes.com/2018/12/18/technology/facebook-privacy.html? emc=edit_na_20181218&nl=breaking-news&nlid=69176904ing-news&ref=headline> accessed 8 January, 2019.

从行业的角度来看，数据永远不会太多。[1]如今，普通消费者不可能知道如何收集和使用他们的数据，也不可能逃避收集其个人数据。数字平台获取原始数据和间接数据的能力存在巨大差距。一些平台具有使用大数据和算法来获取用户间接数据和业务数据的强大能力，而一些平台获取数据的能力有限并且必须从第三方购买数据。

收集数据只是数据货币化的第一步。收集的数据必须进行处理、汇总、分析，然后商业化，以便为平台经济利益相关者创造利润。数据处理和聚合的能力决定了平台的商业模式。通常，大多数平台的商业模式通过处理所获取的数据并将数据应用于相关区域来获得利润。数据处理是通过一个过程将原始数据转换为有意义的信息。根据欧盟《通用数据保护条例》第4.2条的规定，处理是指"对个人数据或个人数据集进行的任何操作或一系列操作，无论是否通过自动化方式，如收集、记录、组织、结构、存储、适应或通过传播，传播或以其他方式提供，对齐或组合、限制、删除或销毁的变更、检索、咨询、使用、披露"。从广义上讲，数据处理包括以下6个阶段：数据收集、数据准备、数据输入、数据处理、数据输出/解释和数据存储。数据聚合是数据和分析之间发生的步骤。数据聚合在组合、处理和聚合数据时增加数据的价值。数据聚合是一个过程，在此过程中，数据以基于报告的汇总格式进行搜索、收集和呈现，以实现特定的业务目标或流程和/或进行人工分析。

仅凭数据无法保证平台的成功。分析数据的能力对于平台而言也很重要。大数据和大分析具有相互促进的关系。如果公司无法快速分析数据并对其采取行动，那么大数据的价值将会降低。算法的学习能力随着处理更多相关数据而增加。具有大量数据的简单算法最终将优于具有少量数据的复杂算法。部分原因在于算法有机会通过反复试验来学习。另一个是看到大数据集的相关性。[2]此外，算法通过反复试验来学习，并从更大量和更多种类的数据中找到模式。随着平台收集更多用户数据，其算法有更多实验机会。通过数据的收集、聚合、处理和分析，数据最终成为一种有价值的特定信息，可以在

---

〔1〕　Ronald J. Deibert, "Three Painful Truths About Social Media", 1 *Journal of Democracy*, 25～39 (2019).

〔2〕　Ariel Ezrachi, Maurice E. Stucke, *Virtual Competition*: *The Promise and Perils of* the Algorithm-Driven Economy, Harvard University Press, 2016, pp. 24～25.

商业领域中轻松探索。[1]

数据商业化意味着将数据转换为新的收入来源。实际上，数据本身越来越成为商品。但是，有效货币化数据的能力而不仅仅是囤积数据可以成为数字经济中竞争优势的源泉。通过处理所有可用信息，从而监控和分析或预测竞争对手对当前和未来价格的反应，竞争对手可以更容易地找到他们可以达成一致的可持续的超竞争价格均衡。[2]从理论上讲，公司可以同时采用多种方法来实现数据货币化。

以电子商务平台为例，平台通过整合、处理消费者提供的数据信息，并将其提供给相应的数据经纪人，买方使用该数据信息从目标广告服务中获取利润。平台还通过探索综合信息向消费者推荐新用户，以扩大用户规模，从而产生更多数据和更多广告收入。此外，用户数据具有固有的可扩展性，可以非常低的成本轻松扩展到其他相关领域。平台可以快速构建一个相对独立的数字平台生态系统。阿里巴巴在非购物领域快速扩张和成功的主要原因是它能够整合消费者数据并将其应用于相关领域。此时的关键资源是数据，不仅仅是针对广告，而且还要优化产品和服务本身，拥有最多数据的公司不仅仅处于主导自己行业的最佳位置，也准备好接管相邻的田地。此外，如果这些公司编制有关用户的政治敏感信息并调解他们的内容体验，他们也是强有力的政治角色。平台的核心资产是数据。平台从本质上讲是数据收集、整理与商业化平台。因而，从规制有效性角度看，控制了平台数据就控制了平台。

除了数据，算法也是规制互联网平台必须考虑的要素。算法是设计良好的可计算的过程，它把某个值或某些值作为输入并产生某个值或某些值作为输出。换句话说，算法是完成某个特定的设计良好的任务的路线图。[3]算法是计算机科学领域最重要的基石之一。算法决定了用户使用 Google 搜索的结果，算法决定了新浪微博向用户展示的话题，算法决定了 Netflix 向用户推荐的电影，算法决定了用户 QQ 对话窗弹出的横幅广告等，这都意味着"算法

---

〔1〕 Barbara H. Wixom, Jeanne W. Ross, *How to Monetize Your Data*, Research Highlight, 2017.

〔2〕 "Competition Law and Data"（2016 French Autorité de la concurrence and the German Bundeskartellamt），http：//www. autoritedelaconcurrence. fr/doc/reportcompetitionlawanddatafinal. pdf＞accessed 9 September, 2018；Ariel Ezrachi, Maurice E. Stucke "Artificial Intelligence and Collusion：When Computers Inhibit Competition", *5 Illinois Law Review*, 1776（2017）.

〔3〕 https://blog. csdn. net/asivy/article/details/18404579.

在统治世界"。[1]就平台而言，算法决定了平台的商业模式。不同的互联网平台从本质上讲就是不同的算法模式。数据是重要的。但是，没有正确方法的数据只是噪音。因而，算法对于平台的发展至关重要。特别是在人工智能的环境下，深度学习算法日益获得广泛应用。

平台算法是平台发展的基础，算法决定了平台的商业模式与发展基础。而数据是平台发展的核心资产，没有数据，算法就没有可供利用的资源，对于自我学习的算法而言，也缺乏了修正错误与改进算法的基础。因而，数据与算法构成了平台发展的核心。从规制有效性角度看，只有有效规制数据与算法的应用才可能有效规制平台的发展。

（三）以促进算法正义与数据正义为目标

算法与数据规制的目标为何？传统规制互联网平台经营者责任的规则强调从主观的注意义务角度规制其责任，要求平台经营者承担一定的管理、合作等注意义务，很少涉及算法与数据的规制问题。平台法必须从平台自身的结构与模式出发，强化对算法与数据的规制。算法与数据的规制核心就是必须坚持算法正义与数据正义。

尽管作为一个发展中的理念，数据正义的含义远未定型，但"数据反歧视"和"数据透明"必然是题中之义。[2]"数据透明"要求数据的收集、处理必须公开、同意，不存在数据黑箱。从平台规制角度看，"数据透明"原则意味着平台的数据收集行为必须是公开的、获得明确授权的。未经许可的数据收集行为不符合数据正义的要求。此外，对于数据处理与加工行为而言，未经许可不应对数据主体的数据信息进行加工处理，即使获得许可，也只能在许可范围内进行加工处理。对于"数据反歧视"原则而言，平台的数据收集应该是全面的、不带偏见的，不能恶意收集数据主体的负面数据信息。另外，加工数据时应全面客观分析数据信息，在算法设计时，要考虑数据输入与输出的全面性、完整性，要保障数据主体的异议权。此外，数据安全也应是算法正义的应有之义。没有数据安全，就没有个人隐私，个人就可能成为网络环境下"裸体的人"。因而，在数据收集、存储、传输、处理、使用等活

---

〔1〕 http://www.sohu.com/a/146740483_ 733133.

〔2〕 https://new.qq.com/omn/20180307/20180307B13W7E.html.

动中必须坚守数据安全原则。

算法正义要求算法具有透明性与解释性，避免算法偏见。对于算法歧视，应要求算法设计者不将自己的偏见嵌入算法系统。算法结果建立在数据之上，基础数据的不完善将直接影响算法输出的科学性。因而，算法设计者应力促通过算法获得数据的准确性、全面性。对于通过算法输出与输入的数据，应要求数据全面、完整、非歧视。此外，对于人工智能等深度学习算法，由于系统的自主学习、决策能力很强，它的开发者无法预测最终将输出什么结果，那么"黑箱"的存在将不可避免。对此，应强化算法设计者对算法的解释性阐释，应禁止完全不能解释的算法的应用。

三、平台法的制度框架

平台无疑会成为未来互联网经济发展的核心模式。规制平台应成为未来规制网络经济秩序的重中之重。随着平台在经济发展中的地位越来越重要，某些领域平台成为事实上的网络基础设施，影响了经济与社会生活的各个领域。因而，强化平台责任是制定平台法的主要原则。这一趋势在欧盟版权法改革中得到了明确体现。欧盟版权法改革中两个最具争议条款涉及"链接税"与"上传过滤器"，这些条款都以强化平台责任为目标。强化平台责任的方向无疑具有正当性，然而欧盟所采取的规制手段却引发广泛争议，公众担心上述方式将对公众言论自由等带来伤害。事实上，平台法的制度框架不应针对平台经营者的具体经营行为而应以具体架构为基础进行规制。这既不利于平台向有利于公众利益的方向发展，也防止了平台以法律规制为幌子个案限制公众的言论自由与表达自由。因而，平台法的制度框架应以平台的整体构架为基础构建。

平台法的总体制度目标是促进平台经济的健康可持续发展。对于平台施以过于严苛的责任将损害平台的健康发展。因而，平台法施以平台本身的责任必须考虑平台的自身发展现实、技术现实与商业模式基本逻辑。举一例为证。现今几乎所有平台都进行数据收集工作。然而，数据收集也涉及用户隐私等问题。我们能不能以保护数据安全为由完全禁止平台收集与使用数据呢？答案无疑是否定的。如果禁止平台收集与使用数据，几乎所有的平台都将宣布关闭。因而，平台法必须在数据安全与数据利用之间找到恰当的平衡点。

这一平衡点的确立既要考虑用户数据安全，也要考虑平台的经营现实与经营模式。

平台法的规制对象为数据与算法。在相关数据立法中，平台法应关注数据安全、数据正义等问题。平台法应确保用户数据的安全性，确保用户数据获取的合法性、用户数据存储与使用的安全性。另外，数据正义也应是平台法必须关注的问题。平台应确保数据收集的完整性。在使用数据时，确保数据的真实性，防止数据偏见。平台法应规定用户对数据的修正权以及对不良数据的遗忘权等。对于算法而言，平台法应要求算法设计者对算法本身及其运行的可解释性进行阐述，对于不可解释的算法，平台法应要求建立事后审查机制防止算法引发灾难性后果。平台法应确保算法正义，对一些重要的算法应建立审查机制，防止算法错误与偏见发生。此外，平台法应要求算法在运行过程中的合法性、全面性。算法在数据的收集、整理、运用于商业化过程中必须坚守数据的全面、完整、非歧视、同意等原则。

平台法应坚持事前预防规则为先的原则，坚持从数据收集与利用环节以及算法的设计环节等建立事前预防的责任体系。基于人工智能与大数据的发展，平台运行过程中的用户信息利用越来越难以被外界知晓，算法黑箱与数据黑箱正成为平台经济的普遍现象。在有些情况下，算法设计者自己都不清楚平台信息的利用情况，更遑论平台的经营者。因而，要解决数据黑箱与算法黑箱问题，平台法需遵从的事前预防规则就成为必然选择。

总之，在人工智能与大数据的背景下，传统的以互联网服务提供商为核心建立的规则已然不适应现今平台经济的发展要求，需要建立新的规制范式来处理互联网平台的责任问题。这种新的范式以规制平台自身的架构为目标，强调对平台算法与数据的规制。要求数据的收集者、利用者与算法的设计者、利用者遵从数据正义与算法正义原则。只有这样，平台才有可持续发展的可能，用户利益才可能获得有效保护。

结 论

　　互联网平台作为一种独特的双边市场，其不但是现今数字经济发展的基础，也对现存的权利与义务体系以及规制理论带来巨大的冲击。互联网平台经济是一种迥异于传统经济的独特经济，传统经济一般以古典经济学为基础构建，古典经济学以线性供需理论为基础，而互联网平台经济是一种非线性的经济，即以所谓的双边市场经济为基础构建的非线性经济。传统经济模式下的权利、义务体系以及规制体系的构建都以古典经济学为基础构建，这些体系在新的经济模式下必然遭遇非适应性问题。因此，必须以新模式、新规则来规范互联网平台经济的发展。

　　互联网平台是具有延展性的由软件支撑的系统。该系统提供了在其上运行的 APP 所需的核心功能并提供互操作的接口。互联网平台不是单边市场，也不仅仅是供应链更加复杂的版本。互联网平台的核心特征是其开放性与延展性。所谓开放性是指平台的商业模式以吸引更多的多边用户为特征。绝大多数平台都存在着多种具有明显区别特征的用户类型。互联网平台的同类型可以产生单边效应，而多种不同类型的用户在同一平台上可以产生跨边效应。这些单边效应与跨边效应的结合就产生了巨大价值的网络效应。互联网平台都以追求所谓的网络效应为核心，因而其必须坚持互联网平台的开放性。另外，互联网平台是数据的流通平台，这些数据可以轻易延展到不同的应用领域。对于互联网平台而言，利用数据流动的便利来延展其平台业务也是必然的选择。通过不断延展业务类型，互联网平台也获得了更多的数据，其平台的价值不断提升，从而更多的用户愿意加入其平台。这些互联网平台就形成良性的发展，从而逐渐成为互联网经济时代的核心支撑要素。

　　基于互联网平台的开放性与延展性，对于互联网平台的规制必须确保有利于平台朝着开放、多元模式发展。现阶段对互联网平台的规制中，互联网平台多以"技术中立"抗辩。其核心观点是其对互联网平台上信息的传播并没有控制力，其纯粹提供的是技术服务。而技术服务本身并无好坏之分。然而，我们必须认识到中立性常常不是真实的，而是一种假象。事实上，算法都是人编写的，人们可以把所有的偏见与观点植入其中。著名科技史学家马尔文·克兰兹伯格提出的"克兰兹伯格第一定律"指出，"技术既无好坏，亦非中立"。算法在编写过程中存在偏见与观点，但在运行过程中确实是客观不受人偏见影响的。因而，以技术中立来免除自己的责任承担并不符合互联网经济发展现实。互联网平台对其平台上信息的流动无疑具有某种控制权，即可以控制数据收集的范围、数据的处理方式与使用途径等。值得注意的是，互联网平台对平台上数据的流动与传播的控制力存在差异。有些平台对其平台流动的数据具有强大的控制力，而有的平台对其平台上数据的流动控制力较弱。

从法律的角度看，互联网平台无疑是一种互联网服务提供商。现今的相关规制互联网服务提供商的规则无疑适用于互联网平台的规制。然而，现阶段在运用互联网服务提供商规制方法规制互联网平台时存在着规制过度、不足以及规制方法错误等问题。现今互联网平台的监管政策忽视了平台的开放性特征，迫使部分平台转向封闭经济模式。比如在社交媒体平台的监管上，要求社交媒体的经营者监管其平台上的不良言论。在视频分享平台的监管上，要求平台提供者对不良内容存在责任。在共享经济平台的监管上，要求平台对他人的损害承担责任。在搜索平台的监管上，要求对搜索的结果承担法律责任。事实上，赋予平台提供者一定的监管责任具有正当性，但是过度监管，课以过于严格的责任将带来"寒蝉效应"，损害平台的创新与发展。现阶段在对平台的规制方面，由于我们对于平台经济发展模式认识多有不足，导致在对某些方面的过度规制的同时，而在应进行规制的领域疏于规制。许多平台都是通过收集用户数据然后向广告商出售或允许其使用这些数据获利的。然而，许多平台并没有提供有效机制来保护这些数据的安全，同时，由于在收集与处理数据过程中的非透明性，数据泄露与数据偏见时有发生，导致消费者权益受到损害。现今虽然各国制定了保护用户数据的一些法律与规章，但由于对用户数据的定性以及保护范围存在着不同的看法，导致个人数据的保护存在着不足，损害了消费者利益。规制方法方面，现今中国对平台经济的的规制主要从三个层面出发：一是民事责任；二是行政责任；三是刑事处罚。现今我们混淆了民事、行政与刑法规制的边界，将本应由民法规制的领域强行纳入行政法与刑法领域进行规制，将本应由行政法规制的领域纳入民法规制的范畴，混淆了对私权的侵犯与对公共利益损害之间的边界。由于缺乏统一规范，现行有关平台行政责任的规定散见于《互联网信息服务管理办法》《食品安全法》《广告法》等法律法规中。行政领域的规范，首先由行政机关进行解释。身负监管压力，又受资源和预算的约束，监管部门自然希望扩张平台注意义务范围，促使其帮助甚至替代自身去审查，从而减轻监管压力。这样做的后果就是本应在民法中处理的侵权责任问题被转化为行政违法行为，导致平台承担更严格的行政责任，损害平台的健康发展。比如平台上出现了一些侵犯他人权利的信息，如果这些信息没有损害社会秩序，显然由当事人自己进行救济是最好的选择。但在严格监管的心态下，行政机关可能对平台施加行政责任，监察机关可能以刑事责任威慑平台经营者。这些做法虽然有利于一定的良好社会秩序的建立，但与技术发展、商业模式现状不符，损害了互联网经济的发展。

因而，对平台的规制必须考量各方的利益，既不能过度监管，也不能过于放松。平台的经营者需要承担监管责任，这种责任的违反可能需要承担一定的行政责任。除非对社会公共秩序造成一定损害，平台的规制一般应以私人规制为主，通过私人行动来规制平台的发展。另外，对平台施以刑事责任需要非常谨慎。与传统犯罪行为相比，平台提供者的行为大多数情形下并不能清楚地界定对错。即使其行为对社会秩序有一定的损害，但有时也可能具有正面意义。对于这种正负面效用兼具的行为纳入刑法的范畴确实需要慎重。

互联网平台的民事责任主要是针对用户数据的侵权责任以及平台对第三方承担侵权责任。现阶段各国对互联网平台民事侵权责任的承担模式有主动介入与被动应对两种不同模式。主动介入要求互联网平台提供商积极采取措施发现平台上存在的侵权行为，而被动应对互联网平台并没有主动防范侵权行为的义务，只有在互联网平台提供商在知晓侵权行为而未采取任何措施阻止侵权行为时，其才需要承担侵权责任。主动介入模式的核心是要求互联网平台提供商对其业务采取主动监控措施。要求互联网平台提供商承担主动监控义务混淆了公法上的审查义务与私法上的审查义务。公法上的审查义务是基于公共利益与公共秩序的需要；而私法上的审查义务是基于注意义务的需要。将公法上的审查义务移植于私法领域将扩张互联网平台的审查责任，以保护公共利益之名实际上给个体的私人利益提供了保护。这将无限延展互联网平台提供商的审查义务，损害平台的开放性与延展性，损害互联网经济的创新。互联网平台的私法审查义务来自于其私法上的注意义务。互联网平台私法上的注意义务来源于私法的规定、业务模式的要求以及平台的先前行为等。就审查义务而言，私法上的审查义务是互联网平台针对个体利益所承担的义务，而公法上的审查义务是平台对社会承担的审查义务。具体而言，互联网平台私法上的审查义务主要包括基于反复侵权的审查义务以及基于某种业务模式的审查义务。在民事侵权责任中要求互联网平台提供商承担主动监控义务混淆了公法下的审查义务与私法审查下的审查义务的界限。这既违背国际共识，也不利于技术创新，同时也可能损害他人的合法权利。此外，主动介入模式在技术上与商业上也不具有现实性。从民事侵权的角度看，互联网平台具有一定的管理与合作的义务，其不能对其平台上的侵权行为听之任之，放任不管。互联网平台民事侵权责任的构建需考虑互联网平台是否有违反注意义务的行为。这里的注意义务有的源自于法律的直接规定，有的是基于互联网平台先前的行为。这里的义务类型主要为事前的监管与事后补救义务。而事前的监管义务不是普遍的审查义务。其次，互联网平台还必须具有履行注意义务的可能。互联网平台履行注意义务需要考虑商业现实与技术现实、对创新的影响等。最后，互联网平台还必须具有过错。现行法律要求其必须知晓侵权行为。这里的知晓应该是对具体侵权行为的知晓而不是对侵权行为的普遍认知。互联网平台侵犯他人民事权益的主要类型包括对用户数据的侵权以及对平台用户对他人侵权行为所承担的教唆、帮助责任。互联网平台的数据收集、处理与利用行为必须遵守法律的规定。由于互联网平台收集的用户数据信息并不都是隐私信息，因而需要建立新的规则来处理互联网平台的数据收集、处理与利用行为。互联网平台在收集、处理与利用数据信息时必须坚持合法、正当、必要原则，必须取得用户同意，保障用户数据信息安全、完整与可删除。对于互联网平台侵权他人数据信息的责任承担，可以依据合同法与侵权责任法的相关规定进行处理。互联网平台对于平台用户侵犯第三人的行为是否需要承担责任一般以其是否具有教唆、帮助行为进行判断。教唆必须是针对特定侵权行为的积极作为行为；而帮助既包括积极帮助行为又包括消极的不作为行为。互联网平台的帮助行为也必须是对特定侵权行为的帮助行为。然而，司法实践中也存在着对具体的侵权行为并无任何教唆、帮助行为而仅仅依据其业务模式界定互联网平台侵权责任的情形。比如在网约车情形下，有法院就认为即使互联网平台对司机的行为没有教唆、帮助，但只要司机的行为造成了第三人的损害，其就需要承担侵权责任。这样的做法无限扩张了互联网平台的侵权责任，限制了平台的发展与模式创新，误读了互联网平台的双边属性，将损害"互联网+"经济的发展。

互联网平台的知识产权责任虽然是民事责任体系中的一部分，但基于知识产权在互联网平台应用的广泛价值，各国都对互联网平台的知识产权责任采取特殊的制度，制定一些特殊的规则。互联网平台市场是一个多边的复杂市场，在这一市场中，众多利益相关者创造、使用知识产权。在互联网平台上，知识产权侵权形式呈现出多元性、广泛性与复杂性特征。在解决互联网平台的知识产权侵权责任时，需要平衡不同利益参与者的利益，关注技术中立原则的价值与意义，关注平台的技术创新与商业模式发展。互联网平台直接侵犯他人知识产权的行为与他人的知识产权侵权行为并无差别。现阶段关于互联网平台直接侵权行为的判断存在着"服务器标准""用户感知标准""实质性替代标准"的争议。笔者认为，"服务器标准"是较为适宜的标准。坚持"服务器标准"不会对知识产权人带来损害，也可通过所谓的间接责任要求互联网平台承担责任。互联网平台提供商的直接侵权责任主要表现为将知识产权侵权信息置于其服务器中或与他人合谋将侵权信息置于互联网平台中。互联网平台承担的知识产权责任主要是间接侵权责任。互联网平台提供商的知识产权侵权判定的主观要件是维护知识产权间接侵权制度平衡机制的关键阀。然而，司法实践中存在着诸多对这一要件的理解相冲突的判决。间接侵权判定的关键是如何认定行为人"知道"相关的侵权行为。知道包含实际知道与推定知道两个方面。现有的知识产权司法实践一般不区分应当知道与有理由知道。"红旗规则"是判定知道的独特标准，其不同于实际知道与有理由知道。故意忽视是知道证明方法，其可以用于证明实际知道与有理由知道。而对侵权风险的故意漠视一般不能要求网络服务提供者承担间接侵权责任。间接侵权的主观判定必须以对特定侵权行为的知晓为条件，仅仅概括知晓存在侵权行为一般不宜认定构成侵权。同时，行为人必须对行为的侵权性有认知。互联网平台提供商的间接侵权责任是一种故意而非过失责任。互联网平台的作为间接侵权责任主要表现为教唆与帮助行为。教唆行为必须是积极的作为行为。互联网平台的教唆行为的表现主要指推荐、通过积分奖励等方式鼓励用户上传侵权内容，为侵权内容传播提供支付、结算服务等。互联网平台的知识产权间接侵权行为主要表现为不作为。现行规则通过限制互联网平台的主观认知来限制其不作为责任范围。然而，司法实践通过扩张"应知"范围与对象以及偏颇适用不作为侵权的一般法理扩张了互联网平台提供商不作为的责任范围。互联网平台提供商不作为责任范围的恣意扩张打破了立法所建立的互联网平台提供商与知识产权保护之间的利益平衡，损害了互联网经济的健康发展。从技术与商业发展现实角度看，互联网平台提供商必须承担一定的不作为知识产权责任。在运用不作为侵权一般法理界定互联网平台提供商的责任范围时，需要关注作为义务来源与作为可能。作为义务来源于法律的直接规定、业务要求以及先前行为等。作为可能需考虑商业与技术现实、对技术创新、言论表达与利益平衡的影响等。注意义务不是互联网平台提供商承担不作为责任的考虑要素。

互联网平台作为一种典型的双边市场。主流的传统规制互联网竞争的经济学以"价格理论"为基础在双边平台的适用存在着问题，需要回归反垄断实践中的结构主义方法。互联网平台的竞争法责任包括反不正当竞争法下的责任以及反垄断法下的责任。反不正当竞争法下的责任以争夺数据资源为核心。非法获取、加工与利用其他平台的数据资源构成不正当竞争行为。值得注意的是，互联网平台不能对其平台上的数据享有完整的控制权，其应允许第三方使用可以合法从其平台获得的数据资源。在反垄断法的规制方面，基于互联网平台的双边市场特征以及网络效应的存在，互联网平台经济中的相关市场界定存在困难。在互联网平台的反垄断审查中，需弱化互联网平台相关市场界定，更关注平台自身的结构特征。对于互联网平台滥用市场支配地位行为、掠夺性定价、搭售以及拒绝交易行为等的反竞争效果需结合互联网平台的双边市场特征以及商业模式现状进行分析。对于互联网平台的横向合并而言，反垄断审查机构必须关注整合后公司对数据的垄断与滥用的可能。值得注意的是，互联网平台的数据整合不是一加一等于二的问题，互联网平台所存在的间接网络效应使得两家企业的数据整合产生更强大的市场力。芝加哥学派理论认为，对杠杆和排斥效用的担忧存在误导。在"单一垄断利润定理"下，企业从一个市场获得的利润数量是固定的，如果两种产品按固定比例使用，则不能通过扩展到邻近市场来扩大利润。在此前提下，垄断杠杆不会造成任何竞争问题，因为其只能是效率驱动，而不是利润驱动。在互联网平台的纵向合并中存在着所谓的交叉杠杆效用问题。目前的反托拉斯方法没有充分考虑纵向一体化如何引起反竞争性利益冲突，也没有充分解决占支配地位的企业可以利用其在一个领域中的优势来推进另一个业务领域的方式。在垂直整合互联网平台的背景下，这种担忧加剧了，这些平台可以利用通过一个部门获得的数据产生的洞见来破坏另一个部门的竞争对手。解决这一缺陷的潜在方法包括仔细审查将使公司获得有价值数据并可能带来交叉杠杆使用的交易，对引起利益冲突的合并进行预防性禁止。

数据是互联网平台经济发展的核心要素，被称为数字经济时代的石油资源。对于互联网平台而言，其对数据资源具有天然的渴望。这种渴望导致其在数据的收集、处理与利用时会追求数据效益的最大化，忽视数据安全、隐私等。对于一些具有基础设施地位的超级平台来说，其拥有的数据资源的数量与质量可以跟一些政府强力收集的部分数据相匹配，其收集的数据资源渗透进了消费者的各个领域。这些互联网平台掌握了消费者的个人身份信息、家庭情况、个人生活轨迹、朋友生活圈、个人财务状况、个人心理状况、个人学习状况、个人健康状况等。一些超级平台构成了所谓的数字威权主义者，它们可以利用这些数据来影响人的情感、操纵选举、跟踪人的行踪，也可以利用这些数据来扩展其服务。在这一数据帝国中，互联网平台如果未采取有效措施来保护这些数据，一些影响公共利益与国家安全的行为就会不断涌现，如煽动民族仇恨、销售假药、强奸、盗窃、诈骗、黑客攻击等行为。现阶段对互联网平台的行政规制主要采取一般法与特别法相结合的方式。规范互联网平台行政责任的一般法试图为平台构建一个合理注意义务，而特别法如《食品安全法》《广告法》等为互联网平台在某些领域建立了些特殊义务。从相关规定以及监管实践来看，在对待互联网平台的行政责任时，我国相关的法律规定与实践存在着一定的非契合性。法律所要求的明显注意义务在实践中转化为普遍的监督义务。从法律文本到实践异化的主要原因在于互联网平台的监管者在面临具有重大影响的监管事项时，为免于自己承担可能的责任，有采取严格监管的趋势。采取比法律更为严格的监管，将给互联网平台带来"寒蝉效应"，使得平台为免于承担不确定的责任，对平台采取更为严格的审查。但是，这样做的后果是损害了互联网平台的发展。对互联网平台的行政监管主要涉及互联网平台收集、处理与利用数据的行为损害了公共利益与公共秩序的行为。互联网平台的行政义务包括审查义务、保护数据安全的义务、保护用户隐私的义务、算法正义的义务等。现阶段对互联网平台所赋予的行政义务存在着混淆公法义务与私法义务的趋势。公法义务必须是法律所明确规定的义务，是对公共利益的损害。私法义务是针对特定民事主体的义务，其以保护特定的个体利益为核心。将公法义务移植入私法领域将扩张私法领域互联网平台的侵权责任的承担，以保护公共利益的方式为私人利益提供了保护。

互联网平台作为数字经济发展的基础，基于互联网平台的开放性、延展性，第三方容易在互联网平台从事相关的犯罪活动。作为互联网时代最为重要的网络基础设施，刑法在互联网平台领域的介入必须慎重。现阶段我国在规制互联网平台的刑事责任时，存在着将互联网平台的不作为行为界定为作为行为的趋势，即将本不构成犯罪或构成不作为犯罪的行为纳入作为犯罪领域进行规制。严格的刑事责任规则会给互联网平台提供商带来"寒透"的"寒蝉效应"。任何平台经营者都不希望自己因为经营平台上存在的犯罪行为而让自己承担牢狱之灾。其后果是互联网平台提供商将放弃具有某种风险的平台的开发与经营。互联网平台经济发展的核心要素是数据，数据资源是互联网平台争夺的核心资源。从互联网平台的作为犯罪来看，其主要表现为非法获取数据与非法利用数据的行为。非法获取数据的行为表现在非法收集用户数据、窃取他人的数据等。非法利用数据的行为表现为非法出售数据、非法整合数据、非法传播数据、非法利用数据获取利益以及利用非法的数据等。现行刑法规定了侵犯公民个人信息罪，而其他类型的数据的非法获取、出售与提供行为并不受刑法规制。对于非法处理与整合数据的行为，现行刑法并无规制措施。此外，互联网平台的作为犯罪还包括对犯罪行为的教唆与帮助行为。对互联网平台用户提供一视同仁的普遍的技术支持与服务行为不构成这里的教唆、帮助行为。这里的教唆、帮助行为必须是互联网平台在明知第三人的行为构成犯罪时，仍然为其提供某种技术支持与服务工作。互联网平台提供商的技术支持与服务是专门针对第三人犯罪行为的特定的支付与服务工作。司法实践与相关司法解释将无视他人的犯罪行为仍为其提供技术支持与服务的行为一般界定为帮助与支持的行为。事实上，互联网平台在此情况下并无特殊的帮助与支持行为，其只是依据其商业模式向用户提供普遍的技术支持与服务。此种情况下，互联网平台行为的非法性在于其不履行处理犯罪信息的行为而不是提供技术支持与服务的行为。互联网平台这种行为的不法性显然不能与第三方犯罪主体从事的传播淫秽物品牟利罪等重罪的不法性相提并论。将两种不法性差异巨大的行为纳入共同犯罪并以重罪行为进行处理缺乏正当性。互联网平台的不作为犯罪主要涉及拒不履行信息网络安全管理义务罪。此罪主要涉及互联网平台拒绝履行信息安全管理的义务。这里的信息安全管理义务既包括合法信息也包括非法信息。此罪处理的问题主要是互联网平台拒绝履行其管理互联网安全的义务。拒不履行信息网络安全管理义务罪处理的非法信息主要是大量传播的违法信息，针对某一特定犯罪而言，其只能处理导致刑事案件证据灭失，情节严重的行为。该罪不能处理互联网平台无视他人的犯罪行为，仍为其提供技术支持与服务的行为。拒不履行信息网络安全管理义务罪也不能处理特定犯罪信息在互联网平台的传播。现阶段司法实践中将互联网平台不处理犯罪行为的行为纳入教唆犯、帮助犯进行处理，将互联网平台不处理犯罪行为的行为等同于犯罪行为。将互联网平台的不作为行为作为化处理加重了互联网平台的刑事责任。虽然在民事侵权领域，存在着将互联网平台拒不处理违法信息的行为纳入教唆、帮助行为的趋势，但由于侵权行为的判断与认定不存在所谓的层级性问题，即使将互联网平台的不行为侵权行为作为化处理其法律后果并无多大的差别。但是刑法作为一种最严厉的惩罚当事人的制裁措施，其适用必须审慎与严格。对于互联网平台不履行处理犯罪信息的行为，不能将之纳入共同犯罪的框架中，需要建立单独规则来处理互联网平台的不履行处理犯罪信息的行为。基于互联网平台信息的公开性与传播的广泛性，刑法需要建立某种规则来处理互联网平台故意或怠于处理犯罪信息的行为。

随着大数据与人工智能技术的飞速发展，互联网经济呈现出与传统经济不同的样态，数据与算法成为平台经济的核心支撑。传统以规制平台经营者为核心的制度模式已然成为损害互联网平台经济参与者利益的重要推力。在大数据与人工智能时代，规制互联网平台必须从数据与算法入手，以数据正义与算法正义为核心目标，强调从规制平台经营者到平台本身的转变。现行以互联网服务提供商为基础构建的规则必须向以平台本身规制为基础的平台法转变。平台法强调平台自身的架构必须符合数据正义与算法，强调平台经营管理过程中必须关注数据正义与算法正义。

主要参考文献

一、英文文献

1. Adam Kramer, Jamie Guillory, Jeffrey T. Hancock, "Experimental Evidence of Massive-Scale Emotional Contagion Through Social Networks", *Proceedings of the National Academy of Sciences*, 111 (2014).

2. Amrit Tiwana, *Platform Ecosystems: Aligning Architecture, Governance, and Strategy*, Morgan Kaufmann, 2013.

3. Anand, Bharat, *The Content Trap: A Strategist's Guide to Digital Change*, Random House, 2016.

4. Annette Kur, "Secondary Liability for Trademark Infringement on the Internet: The Situation in Germany and Throughout the EU", 37 COLUM. J. L. & ARTS, 525 (2014).

5. Anupam Chander, *How Law Made Silicon Valley*, 63 Emory L. J., 639 (2014).

6. Bertin Martens, "An Economic Policy Perspective on Online Platforms", *Prospective Technological Studies Digital Economy Working Paper*, 2016.

7. Clements, Matthew T., "Direct and Indirect Network Effects: Are They Equivalent?", available at SSRN: https://ssrn.com/abstract=313928.

8. David S, Evans, Richard Schmalensee, *Matchmakers: The New Economics of Multisided Platforms*, Harvard Business Review Press, 2016.

9. David S, Evans, Richard Schmalensee, "The Antitrust Analysis of Multi-Sided Platform Businesses", *Nat'l Bureau of Econ. Research*, 2012.

10. Deborah Tussey, *Complex Copyright*, Ashgate, 2012.

11. Deborah Tussey, "Music at the Edge of Chaos: A Complex Systems Perspective on File Sharing", *Loyola University Chicago Law Journal*, 101~165 (2005).

12. Ed Finn, *What Algorithms Want: Imagination in the Age of Computing*, MIT Press, 2017.

13. European Commission, "Communication from the Commission to the European Parliament, the

Council, the European Economic and Social Committee and the Committee of the Regions: A Digital Single Market Strategy for Europe-Analysis and Evidence", 2015.

14. Felix Oberholzer-Gee. , Koleman Strumpf, "The Effect of File Sharing on Record Sales: An Empirical Analysis", https://www. gsb. stanford. edu/sites/. . . /2006_ 10-05_ Oberholzer-Gee. pdf.

15. Felix Oberholzer – Gee. , Koleman Strumpf, "P2P's Impact on Recorded Music Sales", https://www. eecs. harvard. edu/p2pecon/confman/papers/s1p2. pdf.

16. Frederic Jenny, *The Economic Analysis of Two-sided Markets and Its Implications for Competition Law*, Mexico, 2015.

17. Geoff Boeing, *Visual Analysis of Nonlinear Dynamical Systems: Chaos, Fractals, Self-Similarity and the Limits of Prediction*, Systems, 2016.

18. Geoffrey Parker, Marshall Alstyne, Sangeet Choudary, *Platform Revolution*, WW Norton, 2016.

19. Graeme B. Dinwoodie, "Secondary Liability for Online Trademark Infringement: The International Landscape", 37 COLUM. J. L. & ARTS, 463 (2014).

20. Henry Terry, "Negligence", *29 Harvard Law Review*, 40 (1915).

21. Jean-Charles Rochet, Jean Tirole, "Platform Competition in Two-Sided Markets", *4 Journal of the European Economic Association 1*, 990~1209 (2003).

22. John H. Shenefield, J. Rwin M. Stelzer, *The Antitrust Laws*, The AEI Press, 1993.

23. John M, Golden, "Biotechnology, Technology Policy, and Patentability: Natural Products and Invention in the American System", *50 Emory Law journal*, 101~104 (2001).

24. Joost Pauwelyn, "At the Edge of Chaos? Foreign Investment Law as A Complex Adaptive System, How It Emerged And How It Can Be Reformed", available at SSRN: http://ssrn. com/abstract = 2271869 or http://dx. doi. org/10. 2139/ssrn. 2271869.

25. Joseph Kennedy, *Why Internet Platforms Don't Need Special Regulation*, Information Technology & Innovation Foundation, 2015.

26. Julian Wrigh, "One – sided Logic in Two – sided Markets", *Review of Network Economics*, *Vol. 3*, 2004.

27. Katja Weckstrom, "Secondary Liability for Trademark Infringement in the United States", 49 U. Louisville L. Rev. , 555 (2011).

28. Kevin M. Garnett, Gillian Davies, *Copinger and Skone James on Copyright*, Sweet and Maxwell, 2005.

29. Komaitis, Konstantinos, "Internet Society Issues Paper on Intellectual Property on the Internet", available at SSRN: https://ssrn. com/abstract = 2304124.

30. Koopman et al. , "The Sharing Economy: Issues Facing Platforms, Participants, and Regula-

tors", available at SSRN: https://ssrn.com/abstract = 2610875 or http://dx.doi.org/10.2139/ssrn.2610875.

31. Liliana Chang, "The Red Flag Test for Apparent Knowledge Under the DMCA § 512 (c) Safe Harbor", 28 Cardozo Arts&Ent LJ, 195 (2010).

32. Lina M. Khan, "Amazon's Antitrust Paradox", 126 Yale L. J., 710 (2017).

33. Marc Rysman, "The Economics of Two-Sided Markets", 23 J. Econ. Perspectives, No. 3, 125 (2009).

34. Mark A, Lemley, "The Economics of Improvement in Intellectual Property Law", *Texas Law Review*, *Vol. 75*, 1997.

35. Mark Bartholomew, John Tehranian, "The Secret Life of Legal Doctrine: The Divergent Evolution of Secondary Liability in Trademark and Copyright Law", *Berkeley Technology Law Journal*, *vol. 21*, 2006.

36. Mary Victona et al, *The Modem Law of Copyright and Designs (vol. 1)*, *4th edition*, Butterworths, 2011.

37. Maxwell et al., "Technology Neutrality in Internet, Telecoms and Data Protection Regulation", *Computer and Telecommunications Law Review*, November 23, 2014.

38. Melvile Nimmer, David Nimmer, *Nimmer on Copyright*, Mattew Bender & Company, Inc., 2003.

39. Michael N. Rader, "Toward a Coherent Law of Inducement to Infringe: Why the Federal Circuit Should Adopt the Hewlett-Packard Standard for Intent Under § 271 (B) ", 10 Fed. Cir. Bar J., 299, 300 (2000).

40. Mitchell Waldrop, *Complexity*, Simon & Schuster, 1991.

41. Neil Weinstock Netanel, *Copyright's Paradox*, Oxford University Press, 2010.

42. Paul W. Phister Jr., "Cyberspace: The Ultimate Complex Adaptive System", *The International C2 Journal*, *Vol 4*, 2010~2011.

43. Pierre N. Leval, "Trademark: Champion of Free Speech", 27 COLUM, J. L. & ARTS, 187 (2004).

44. Richard A. Posner, "The Chicago School of Antitrust Analysis", 127 U. Pa. L. Rev., 925, 932 (1979).

45. Robert P et al, *Intellectual Property in the New Technological Age*, Aspen Publishers, 2012.

46. Rochet, Tirole, "Two-Sided Markets: A Progress Report", 37 Rand J. Econ., No. 3, 645, 648 (2006).

47. Sandra Wachter, Brent Middelstadt, Luciano Floridi, *Why a Right to Explanation of Automated Decision-Making Does Not Exist in the General Data Protection Regulation*, International Data Privacy Law, 2017.

48. Stuart Kauffman，*The Origins of Order*，Oxford University Press，1993.

49. Suchana Seth，"Machine Learning and Artificial Intelligence：Interactions with the Right to Privacy"，*Economic & Political Weekly*，2017.

50. Susy Frankel，Daniel Gervais，*The Evolution and Equilibrium of Copyright in the Digital Age*，Cambridge University Press，2015.

51. Thomas D. Morgan，*Cases and Materials on Modern Antitrust Law and Its origins*，West Publishing Co.，1994.

52. Tim Wu，"The Copyright Paradox"，*229 Supreme Court Review*，2005.

53. Tom W，Bell，*Intellectual Privilege：Copyright，Common Law，and the Common Good*，Mercatus Center at George Mason University，2014.

54. William Cornish，David Llewelyn，*Intellectual Property：Patents，Copyright，Trade Marks and Allied Rights，6th edition*，Thomson/Sweet & Maxwell，2007.

55. Winston Maxwell，Marc Bourreau，"Technology Neutrality in Internet，Telecoms and Data Protection Regulation"，*Hogan Lovells Global Media and Communications Quarterly*，2014.

56. Yang Cao，"Indirect Infringement of Intellectual Property in China"，*Queen Mary Journal Of Intellectual Property*，2016.

57. Yang Cao，"Intellectual Property Policy for Internet Platform"，*WIPO - WTO Colloquium Papers*，2017.

58. Yochai Benkler，"Degrees of Freedom，Dimensions of Power"，*American Academy of Arts & Sciences*，145（2016）.

59. Adam Kramer，Jamie Guillory，Jeffrey T. Hancock，"Experimental Evidence of Massive-Scale Emotional Contagion Through Social Networks"，*Proceedings of the National Academy of Sciences*，111（2014）.

二、中文文献

1. 丁茂中："论 SSNIP 测试法与相关市场的界定"，载《经济法论丛》2008 年第 2 期。

2. 丁春燕："论我国反垄断法适用中关于'相关市场'确定方法的完善——兼论 SSNIP 方法界定网络相关市场的局限性"，载《政治与法律》2015 年第 3 期。

3. 于志刚："网络犯罪与中国刑法应对"，载《中国社会科学》2010 年第 3 期。

4. 王迁：《网络环境中的著作权保护研究》，法律出版社 2011 年版。

5. 王迁："超越'红旗标准'——评首例互联网电视著作权侵权案"，载《中国版权》2011 年第 6 期。

6. 王华伟："网络服务提供者的刑法责任比较研究"，载《环球法律评论》2016 年第 4 期。

7. 王利明主编：《民法》（第 5 版），中国人民大学出版社 2010 年版。

8. 王泽鉴：《侵权行为法》（第 1 册），中国政法大学出版社 2001 年版。

9. 王剑锋："专利引诱侵权之主观故意的认定——以美国阿美山姆诉培肯艾尔莫案为视角"，载《电子知识产权》2003 年第 8 期。

10. 王胜明主编：《中华人民共和国侵权责任法释义》，法律出版社 2010 年版。

11. 王磊："互联网企业搭售行为的认定困境及判断路径"，载《上海政法学院学报（法治论丛）》2016 年第 1 期。

12. ［德］克雷斯蒂安·冯·巴尔：《欧洲比较侵权行为法》（上卷），张新宝译，法律出版社 2004 年版。

13. ［德］克雷斯蒂安·冯·巴尔：《欧洲比较侵权行为法》（下卷），焦美华译，张新宝审校，法律出版社 2004 年版。

14. ［美］卢克·多梅尔：《算法时代：新经济的新引擎》，胡小锐、钟毅译，中信出版集团 2016 年版。

15. 叶名怡："重大过失理论的构建"，载《法学研究》2009 年第 6 期。

16. 叶名怡："侵权法上故意与过失的区分及其意义"，载《法律科学（西北政法大学学报）》2010 年第 4 期。

17. 叶明、陈耿华："互联网不正当竞争案件中竞争关系认定的困境与进路"，载《西南政法大学学报》2015 年第 1 期。

18. 朱丹："关于建立我国专利间接侵权制度的思考"，载《人民司法》2009 年第 1 期。

19. 仲春："互联网行业反垄断执法中相关市场界定"，载《法律科学（西北政法大学学报）》2012 年第 4 期。

20. 全国人大常委会法制工作委员会民法室编：《中华人民共和国侵权责任法：条文说明、立法理由及相关规定》，北京大学出版社 2010 年版。

21. ［美］丹·B. 多布斯：《侵权法》，马静等译，中国政法大学出版社 2014 年版。

22. 刘文杰："网络服务提供者的安全保障义务"，载《中外法学》2012 年第 2 期。

23. 刘信平：《侵权法因果关系理论之研究》，法律出版社 2008 年版。

24. 孙道萃："网络平台犯罪的刑事制裁思维与路径"，载《东方法学》2017 年第 3 期。

25. ［美］约翰·冈茨、杰克·罗切斯特：《数字时代　盗版无罪?》，周晓琪译，法律出版社 2008 年版。

26. 寿步："互联网市场竞争中滥用市场支配地位行为的认定"，载《暨南学报（哲学社会科学版）》2012 年第 10 期。

27. 李平、郝俊淇："互联网行业滥用市场支配地位认定中相关市场界定问题研究——基于'奇虎诉腾讯垄断案'终审判决的思考"，载《西部法学评论》2015 年第 4 期。

28. 李琛：《知识产权片论》，中国方正出版社 2004 年版。

29. 李颖、宋鱼水："论网络存储空间服务商合理注意义务——以韩寒诉百度文库案判决为切入点",载《知识产权》2013 年第 6 期。

30. 杨立新、韩煦:"被遗忘权的中国本土化及法律适用",载《法学适用》2015 年第 2 期。

31. 杨立新:《侵权损害赔偿》(第 4 版),法律出版社 2008 年版。

32. 杨垠红:《不作为侵权责任之比较研究》,法律出版社 2012 年版。

33. 杨通进:"爱尔维修与霍尔巴赫论个人利益与社会利益",载《中国青年政治学院学报》1998 年第 4 期。

34. 吴汉东:"论网络服务提供者的著作权侵权责任",载《中国法学》2011 年第 2 期。

35. 张广良:《知识产权侵权民事救济》,法律出版社 2003 年版。

36. 张玉东:"论不作为侵权与作为侵权区分的必要性",载《烟台大学学报(哲学社会科学版)》2014 年第 4 期。

37. 张江莉:"互联网平台竞争与反垄断规制 以 3Q 反垄断诉讼为视角",载《中外法学》2015 年第 1 期。

38. 张志伟:"中国互联网企业拒绝交易行为的反垄断法律规制探讨",载《江西财经大学学报》2015 年第 3 期。

39. 张新宝:《侵权责任法原理》,中国人民大学出版社 2005 年版。

40. 陈兴良:"在技术与法律之间:评快播案一审判决",载《人民法院报》2016 年 9 月 14 日。

41. 陈兴良:"'应当知道'的刑法界说",载《法学》2005 年第 7 期。

42. 陈洪兵:"作为犯与不作为犯的区分——以交通肇事逃逸为例",载《法治研究》2017 年第 1 期。

43. 林平、刘丰波:"双边市场中相关市场界定研究最新进展与判例评析",载《财经问题研究》2014 年第 6 期。

44. [澳]彼得·凯恩:《阿蒂亚论事故、赔偿及法律》(第 6 版),王仰光等译,中国人民大学出版社 2008 年版。

45. 金凌:"略论注意义务对我国侵权行为法的启示",载《法学评论》2009 年第 2 期。

46. 赵鹏:"私人审查的界限——论网络交易平台对用户内容的行政责任",载《清华法学》2016 年第 6 期。

47. 胡敏洁:"一种双重面向的权利——论福利权的法律性质",载《河北法学》2007 年第 10 期。

48. 钟洲:"论双边平台横向兼并的反垄断",载《财经理论研究》2017 年第 6 期。

49. 姚志伟:"公法阴影下的避风港——以网络服务提供者的审查义务为中心",载《环球法律评论》2018 年第 1 期。

50. 袁秀挺、胡宓:"搜索引擎商标侵权及不正当竞争的认定与责任承担——网络环境商标间接侵权'第一案'评析",载《法学》2009 年第 4 期。

51. 高艳东:"不纯正不作为犯的中国命运:从快播案说起",载《中外法学》2017 年第
    1 期。

52. 高铭暄主编:《新型经济犯罪研究》,中国方正出版社 2000 年版。

53. 郭泽强、张曼:"网络服务提供者刑事责任初论——以中立帮助行为的处罚为中心",
    载《预防青少年犯罪研究》2016 年第 2 期 。

54. 唐红、黄鼎、吴渝:"因特网突现行为研究综述",载《计算机科学》2010 年第 5 期。

55. 曹阳:"互联网平台提供商的民事侵权责任分析",载《东方法学》2017 年第 3 期。

56. 曹阳:"知识产权间接侵权责任的主观要件分析——以网络服务提供者为主要对象",
    载《知识产权》2012 年第 11 期。

57. 曹阳:"数据视野下的互联网平台市场支配地位认定与规制",载《电子知识产权》
    2018 年第 10 期。

58. 盛媛:"互联网行业垄断规制中相关市场界定",载《现代经济信息》2016 年第 5 期。

59. [英] 维克托·迈尔-舍恩伯格、肯尼思·库克耶:《大数据时代:生活、工作与思维
    的大变革》,周涛等译,浙江人民出版社 2013 年版。

60. 敬力嘉:"论拒不履行网络安全管理义务罪——以网络中介服务者的刑事责任为中心展
    开",载《政治与法律》2017 年第 1 期。

61. 焦海涛:"论互联网行业反垄断执法的谦抑性——以市场支配地位滥用行为规制为中
    心",载《交大法学》2013 年第 2 期。

62. 蔡唱:"网络服务提供者侵权责任规则的反思与重构",载《法商研究》2013 年第
    2 期。

63. 熊文聪:"被误读的专利间接侵权规则——以美国法的变迁为线索",载《东方法学》
    2011 年第 1 期。